浙江省社科规划课题成果

（科普读物类，课题编号：23KPDW02YB）

共同富裕的乡村实践

——台州36村108人共富故事

◎王焕斌 编著

中国财经出版传媒集团

经济科学出版社
Economic Science Press

图书在版编目（CIP）数据

共同富裕的乡村实践：台州 36 村 108 人共富故事/
王焕斌编著 . －－北京：经济科学出版社，2023.1
　ISBN 978 - 7 - 5218 - 4516 - 7

　Ⅰ.①共…　Ⅱ.①王…　Ⅲ.①共同富裕 - 案例 - 台州
Ⅳ.①F127.553

　中国国家版本馆 CIP 数据核字（2023）第 019178 号

责任编辑：孙丽丽　胡蔚婷
责任校对：杨　海　靳玉环
责任印制：范　艳

共同富裕的乡村实践
——台州 36 村 108 人共富故事

王焕斌　编著

经济科学出版社出版、发行　新华书店经销
社址：北京市海淀区阜成路甲 28 号　邮编：100142
总编部电话：010 - 88191217　发行部电话：010 - 88191522
网址：www. esp. com. cn
电子邮箱：esp@ esp. com. cn
天猫网店：经济科学出版社旗舰店
网址：http：//jjkxcbs. tmall. com
北京季蜂印刷有限公司印装
710 × 1000　16 开　25 印张　370000 字
2023 年 4 月第 1 版　2023 年 4 月第 1 次印刷
ISBN 978 - 7 - 5218 - 4516 - 7　定价：128. 00 元

共同富裕的"台州样本"

党的二十大报告指出，中国式现代化是全体人民共同富裕的现代化。中共中央、国务院发布《关于支持浙江高质量发展建设共同富裕示范区的意见》。浙江省委十四届九次全体（扩大）会议系统研究部署高质量发展建设共同富裕示范区。浙江作为习近平总书记"两山"理念的发源地，全面实施乡村振兴战略，坚持农业农村优先发展，按照"产业兴旺、生态宜居、乡风文明、治理有效、生活富裕"的总要求，建立健全城乡融合发展体制机制和政策体系，加快推进了农业农村现代化。

台州是浙江实施乡村振兴战略的先行地，同时也在全省共同富裕的跑道上，争当高质量发展建设共同富裕先行市。台州市委五届十二次全体（扩大）会议，吹响了高质量发展建设共同富裕先行市号角，台州市紧紧围绕"九富"特色路径，推行党建引领"共富工坊"建设，集中力量、集聚资源、集成政策，系统性谋划、体系化推进。推动人和资本"下乡"，吸引人才、项目进村落地；深化"三农"领域改革，不断为共同富裕注入新的活力；打造城乡靓丽风景，推动美丽城镇与美丽乡村美美与共。2022年市委农村工作会议提出打造以新农民、新农村、新产业为特点的"三新"农村共富台州模式……

台州市在全国率先建立乡村振兴学院。台州乡村振兴学院采用联盟开放办学模式，携手北京大学、浙江大学、同济大学、中央美术学院等20多所全国知名高校联盟办学，着力打造一个集乡村振兴理论研究、人才培养及实践指导三位一体的综合性学习教育平台，携手培养一支懂农业、爱农村、爱农民的"三农"工作队伍和一大批懂技术、善经营、会管理的"新型职业农民"。

台州开放大学作为台州乡村振兴学院的主校区把学院联盟办学体系建在乡野之中，把课堂开在田间地头。开发出乡村生态系统、乡村产业发展、乡村空间布局、全域旅游发展、美丽乡村建设等近百个课程，形成农业供给侧结构性改革、美丽乡村建设、乡村共同富裕建设等系列特色培训班次，培养了一批又一批引领乡村共同富裕的各类人才。

如今，在乡村振兴、共同富裕的实践探索中，涌现出一批推动乡村共同富裕的"名村""名人"，党建引领"共富工坊"建设如火如荼，鲜活的实践成果正成为台州高质量发展建设共同富裕的"台州样本"。

台州市三门县城西村九任书记60多年来接续奋斗、矢志兴村，让一穷二白的村庄变为拥有固定资产3.6亿元、集体经济年收入上千万元、村民人均年收入8万多元的"浙江省小康示范村"；

中国建设银行台州市分行原副行长徐曙鹰兼任台州开放大学乡村金融研究院院长，发挥专业特长助力乡村振兴促共富；

从小因患小儿麻痹症致残的仙居县白塔镇良潭村支部书记吴立新，身残志坚，不忘继续教育再深造，创办了养殖公司，"借鸡生蛋三步曲"带领村民走上农村养殖业科学化现代化道路；

还有村民"股东"众筹、发展美丽经济的玉环干江上栈头村、空心村到网红村蝶变的三门横渡潘家小镇、乡村规划师绘就美丽新蓝图的黄岩屿头乡沙滩村、打造"民宿＋康养"休闲驿站的天台塔后村；"头雁领富村民的方中华、发明火山茶创富"三部曲"的林招水、"我要把论文写在大地上"的黄金道、云南扶贫的"核桃县长"王炳华、村民为何"四按手印"都要留住的张新建、始丰源溪畔期盼致富的蒋青海……

《共同富裕的乡村实践——台州36村108人共富故事》是台州市在推进共同富裕示范区建设中的经验做法和成果的纪实与汇集。书中讲述的108位共同富裕能人的故事，剖析的36个村庄共富内在逻辑，提炼的共富要诀方法，是台州高质量发展建设共同富裕先行市的闪光印记，为浙江高质量发展建设共同富裕示范区提供了"台州样本"。

序言

　　共同富裕是中华儿女的千年梦想，是中华民族伟大复兴的硬核标志，也是中国共产党人的初心使命。家国情怀、以小见大，脚踏希望大地，眼观四海风云，小切口大场景一直是社会科学研究最重要的思想方法之一。家是国之基，国是千万家，家旺国可盛，国盛家可旺。经济学是研究"百家兴旺"和"国家昌盛"的学问。中国是历史悠久的农业大国，"大国小农"是最基本最重要的国情农情，以农为本的村落农户经济是中国经济的基础和压舱石，也是中国共同富裕的重点和难点。

　　浙江是5000年中华文明的实证地，中国革命红船启航地，改革开放先行地，也是习近平新时代中国特色社会主义思想的萌发地。习近平总书记任浙江省委书记期间十分重视"三农"问题，用创新思路抓"三农"工作，强调浙江比较富是农民率先富，浙江搞得活是农村率先活。这些年来浙江"三农"改革发展一直走在全国前列，习近平总书记要求浙江成为全面展示中国特色社会主义制度优越性的重要窗口，支持浙江高质量发展，建设共同富裕示范区，要求浙江先行先试，为全国共同富裕率先探索路子。习近平总书记和党中央之所以选定浙江为高质量发展建设共同富裕示范区的唯一先行省，其中很重要的原因是浙江是改革开放以来特别是新世纪以来发展最快、城乡居民富得最快、城乡收入差距最小的省份，尤其是浙江农民收入连续三十多年居全国省、区首位。浙江现有的体制机制特别有利于共同富裕目标的实现。我们知道中国共同富裕的重点、难点、突破点就在农民农村如何实现共同富裕上。

　　台州市是浙江农村市场化改革先行地，也是民营企业民营经济先发地。

在改革开放中形成的以千百万农民闯市场为主动力，以农民分工分业分化为基础，大众创业万众创新和全民创业全面创新的机制，以及从乡镇企业和个私企业发展起来的民营经济所形成的以公有制为主体多种所有制共同发展的体制机制以及一二三产业协调发展，城乡经济社会融合发展，特别有利于共创共享、共赢共富的共同富裕目标的实现，这也是可以解读台州农村农民普遍富得快，城乡收入差距比较小的秘诀。由台州开放大学王焕斌书记编著的《共同富裕的乡村实践——台州36村108人共富故事》生动地讲述了富有创新创业精神的台州农民群众中的创富精英，民营企业家和乡村领头雁们带领广大农民群众共创共享，创造共同富裕美好生活的故事。

综合台州36村，108人创富的经历和故事，是贯彻落实"八八战略"的生动实践，其经验可圈可点，可推广，可借鉴！这种共创共富经验，可以概括为以新时代五大发展新理念为引领，探索出的五条共创共富新路子：一是以创新发展理念为引领，走大众创业、万众创新的"两创"之路。这也是以农民创新创业为主力军，以民营企业民营经济为主要形式的全民创业及全面创新，形成了发展依靠人民，发展为了人民，发展成果由人民共享的共创共富的新路子；二是以绿色发展理念为引领，走绿水青山就是金山银山的"两山"之路。把绿水青山保护得越来越美，把生态优势转化为高效生态农业优势，绿色制造业优势，绿色美丽经济的优势，让金山银山越来越大，绿色已成为台州乡村发展最动人的色彩；三是以协调发展理念为引领，走城乡融合、一二三产融合的"两融"之路。台州充分利用城乡融合发展趋势已经形成的新机遇，积极实施"两进两回"政策，让城镇成为更多农民创业就业的新家园，也让美丽乡村成为市民休闲养生养老的生态乐园，构建起了以城带乡、以工促农，城乡互促共进的新型工农城乡关系；四是以开放发展的理念为引领，走对外开放、对内开放，双循环互促共进的"两开"之路，台州已经成功探索出了把"一带一路"和"一城一乡"结合起来，以及扩大外贸与扩大内需互促共进的创富新路子；五是以共享发展理念为引领，走先富带后富，快富帮慢富的"两富"之路。36个村和108人创富故事最多的是先富的能人、快富的精英们发挥共富领头雁作用，带领乡亲们走共创共赢，共建共享的共富之路，形成了共同富裕要靠人民共同奋斗来赢得的共识。这五条共创共富之路汇成了通向社会主义共同富裕的金光大道！我们祝愿台州共富之路越走越宽广！为浙江共同富裕贡献更多的台州智慧！

中共浙江省委高质量发展建设共同富裕示范区咨询
委员会专家委员，原浙江省委省政府农办正厅级副　　顾益康
主任，浙江大学中国农村发展研究院特聘教授，农
业农村部软科学委员会专家，著名"三农"问题专家

Contents

台州 36 村共富故事篇

第一章　产业兴旺

第二章　生态宜居

目录

第三章　乡风文明

第四章　治理有效

第五章　生活富裕

台州 108 人共富故事篇

第六章　乡村创业致富

目录

第九章　乡村集体增富

第十章　乡村服务享富

▌目录

第十三章　乡村生态育富

第十四章　乡村治理安富

目录

引言

　　中国式现代化是全体人民共同富裕的现代化。共同富裕是中国特色社会主义的本质要求，也是一个长期的历史过程。我们坚持把实现人民对美好生活的向往作为现代化建设的出发点和落脚点，着力维护和促进社会公平正义，着力促进全体人民共同富裕，坚决防止两极分化。

　　全面推进乡村振兴。全面建设社会主义现代化国家，最艰巨最繁重的任务仍然在农村。坚持农业农村优先发展，坚持城乡融合发展，畅通城乡要素流动。加快建设农业强国，扎实推动乡村产业、人才、文化、生态、组织振兴。全方位夯实粮食安全根基，全面落实粮食安全党政同责，牢牢守住十八亿亩耕地红线，逐步把永久基本农田全部建成高标准农田，深入实施种业振兴行动，强化农业科技和装备支撑，健全种粮农民收益保障机制和主产区利益补偿机制，确保中国人的饭碗牢牢端在自己手中。树立大食物观，发展设施农业，构建多元化食物供给体系。发展乡村特色产业，拓宽农民增收致富渠道。巩固拓展脱贫攻坚成果，增强脱贫地区和脱贫群众内生发展动力。统筹乡村基础设施和公共服务布局，建设宜居宜业和美乡村。巩固和完善农村基本经营制度，发展新型农村集体经济，发展新型农业经营主体和社会化服务，发展农业适度规模经营。深化农村土地制度改革，赋予农民更加充分的财产权益。保障进城落户农民合法土地权益，鼓励依法自愿有偿转让。完善农业支持保护制度，健全农村金融服务体系。

　　　　　　　　　　　　（摘自《中国共产党第二十次全国代表大会报告》）

引言

共同富裕是社会主义的本质要求，是人民群众的共同期盼。改革开放以来，通过允许一部分人、一部分地区先富起来，先富带后富，极大地解放和发展了社会生产力，人民生活水平不断提高。党的十八大以来，以习近平同志为核心的党中央不忘初心、牢记使命，团结带领全党全国各族人民，始终朝着实现共同富裕的目标不懈努力，全面建成小康社会取得伟大历史性成就，特别是决战脱贫攻坚取得全面胜利，困扰中华民族几千年的绝对贫困问题得到历史性解决，为新发展阶段推动共同富裕奠定了坚实基础。

党的十九届五中全会对扎实推动共同富裕作出重大战略部署。实现共同富裕不仅是经济问题，而且是关系到党的执政基础的重大政治问题。共同富裕具有鲜明的时代特征和中国特色，是全体人民通过辛勤劳动和相互帮助，普遍达到生活富裕富足、精神自信自强、环境宜居宜业、社会和谐和睦、公共服务普及普惠，实现人的全面发展和社会全面进步，共享改革发展成果和幸福美好生活。随着我国开启全面建设社会主义现代化国家新征程，必须把促进全体人民共同富裕摆在更加重要的位置，向着这个目标更加积极有为地进行努力，让人民群众真真切切地感受到共同富裕看得见、摸得着、真实可感。

当前，我国发展不平衡不充分问题仍然突出，城乡区域发展和收入分配差距较大，各地区推动共同富裕的基础和条件不尽相同。促进全体人民共同富裕是一项长期艰巨的任务，需要选取部分地区先行先试、作出示范。浙江省在探索解决发展不平衡不充分问题方面取得了明显成效，具备开展共同富裕示范区建设的基础和优势，也存在一些短板弱项，具有广阔的优化空间和发展潜力。支持浙江高质量发展建设共同富裕示范区，有利于通过实践进一步丰富共同富裕的思想内涵，有利于探索破解新时代社会主要矛盾的有效途径，有利于为全国推动共同富裕提供省域范例，有利于打造新时代全面展示中国特色社会主义制度优越性的重要窗口。

（摘自中共中央 国务院《关于支持浙江高质量发展建设共同富裕示范区的意见》）

　　高质量发展建设共同富裕示范区是习近平总书记亲自谋划、亲自定题、亲自部署、亲自推动的重大战略决策，将浙江"重要窗口"之于全国的示范性摆到了新的高度。这是时代之幸、浙江之幸，更是生活在这片土地上的人民之幸。在全省共同富裕的跑道上，台州的奋斗目标和应有姿态，就是高质量发展建设共同富裕先行市。

　　高质量发展建设共同富裕先行市，关键就是走深走实"九富"特色路径。要推动民营经济创富，牢记总书记"再创民营经济新辉煌"的嘱托，全面放大民营经济的"造富属性"，畅通普惠金融渠道，优化"国民共进"环境，奋力打造"中国民营经济示范城市"的标志性成果。要做强现代产业造富，强化创新驱动产业升级，深入实施数字经济"一号工程"2.0版，做强未来产业，构建制胜未来的台州数字"新智造"体系。要畅通内外循环聚富，以"融长接沪"重构城市区位价值，以平台聚力迭代开放制度体系，以促进消费激活内生增长动能，打造长三角高端要素的重要循环节点。要协调收入分配增富，探索"提低""扩中"的系统化路径，加快形成与共同富裕相适应的居民增收格局。要优化公共服务享富，进一步加大民生投入、补齐民生短板，让公共服务更优质、更普惠、更贴心，推动人的全生命周期公共服务优质共享。要促进城乡统筹奔富，以"二次城市化"为牵引，持续做强龙头，推动山区跨越发展，升级山海协作互济，构建龙头引领、山海呼应的市域发展新格局。要构建文化高地润富，坚持物质与精神协同发展，赓续红色血脉基因，放大多重文化优势，提升城市文化软实力，打造发展社会主义先进文化的时代亮点。要打造美丽台州育富，深入践行"绿水青山就是金山银山"的理念，强化生态系统治理，掀起绿色低碳革命，绘就全域美丽画卷，构建人与自然和谐共生的共同富裕社会形态。要完善市域治理安富，坚持法治引领，优化基层治理，强化风险管控，更好统筹发展与安全、富民与安民，打造以"和合善治"为内涵的低风险社会。

　　　　　　　　　　　　　（摘自《台州市委五届十二次全体（扩大）会议报告》）

引言

深化"扩中""提低"行动，引导产业入乡村，推进渔民转产转业、农业增产增效，打造以新产业、新农村、新农民为特点的"三新"农村共富模式，筑实共同富裕底板。

（摘自《2022 年台州市政府工作报告》）

党建引领"共富工坊"指各级党组织在遵循市场规律前提下，通过资源下沉、产业进村、加工入户等形式，引导企业把基础加工、零售服务、农业分包等产业链、物流链、供应链布局到农村，利用农村党群服务阵地、闲置房屋土地等创办车间式、工坊式、田园式新型帮共体。注重对标未来乡村、未来社区建设丰富"共富工坊"内涵，探索产业飞地、片区联营、作价入股、村企共建等工坊协作模式，积极引导电子商务、康养善育、文化创意、运动健康、乡村旅游、餐饮民宿、快递物流等新业态新产业参与"共富工坊"建设。2022 年全市建成"共富工坊"1000 个，培育市级示范工坊 50 个以上，加速形成"党建引领、产业为基、村企联动、多方共赢"的工坊助力共同富裕体系，努力把党建引领"共富工坊"建设打造成全省共同富裕的标志性成果。

（摘自《关于推进党建引领"共富工坊"建设的实施意见》）

台州36村共富故事篇

第一章　产业兴旺

　　乡村振兴，产业兴旺是重点。必须坚持质量兴农、绿色兴农，以农业供给侧结构性改革为主线，加快构建现代农业产业体系、生产体系、经营体系，提高农业创新力、竞争力和全要素生产率，加快实现由农业大国向农业强国转变。要夯实农业生产能力基础，实施质量兴农战略，构建农村一、二、三产业融合发展体系，构建农业对外开放新格局，促进小农户和现代农业发展有机衔接。

　　　　　　　　　　——中共中央　国务院《关于实施乡村振兴战略的意见》

1. 玉环干江上栈头村：村民"股东"众筹发展美丽经济

要诀：众筹入股

点评：上栈头村在推进全村共同富裕上，推行众筹入股，走出了一条"让稍有积蓄的农民增加'资本性收入'"的新路子。

从 2018 年开始，玉环市干江镇以收入分配制度为核心，积极探索"村民 49％＋村集体 51％"股权分配比例筹措资金，村民则按股份众筹，让村民从以往的乡村旅游建设旁观者变成抱团主动参与者，放大了民营经济的"造富属性"，开辟了一条促进共同富裕的新路子。

干江镇的"股份众筹"改革，发轫于上栈头村。

这是东海边的一个山区海岛村，碧海、蓝天、岩石、海鸥……独特的海韵风貌在村中随处可见。

近年来，随着美丽乡村建设的推进，上栈头村的风景越来越靓，吸引着附近群众来看景，但遗憾的是：游客只留下满地垃圾，旅游业却未促进当地经济发展。

"村'两委'一直在思考'如何把美丽风景转化为村民和村集体收入'，但总找不到好思路。"上栈头村党支部书记、村委会主任吴法林说。

一个偶然的机会，联系该村的干江镇人大副主任颜光冬，在朋友圈里刷到了张家界的网红玻璃桥，便向村里提议建玻璃吊桥。

上栈头村的村民分红大会

"根据设计方案，造玻璃吊桥要投资近700万元，这对村集体年收入不足8000元的上栈头村，简直是个天文数字。"吴法林说，我们把难题交给村民代表大会来讨论决定。

会上，村"两委"提出两种方案：一种是引进工商资本来投资，双方利益分成；另一种是村民众筹投资，自己运营。

出乎意料的是，村民代表们不约而同地选择了第二种方案：拒绝工商资本！

"老板来投资，如果成功了，村民只有有限的土地租金收入，村集体分成也有限，而且老板也不会爱惜土地。"65岁的上栈头村村民陈仕东道出了村民拒绝工商资本的缘由。

于是，新时代版"打硬股"——"股份众筹"，便应运而生。

上栈头村注册成立了浙江栈头渔村旅游开发有限公司，负责开发运营玻璃桥项目，公司通过"村民49%＋村集体51%"股权分配比例筹措资金，村民以每人每股2500元的标准认筹，年底按股权分红。

第一轮，上栈头村全村1036人，自愿入股810人。

2018年12月23日，玻璃吊桥历时7个月的建设后投入运营。

上栈头村的玻璃吊桥面朝大海，飞架于悬崖峭壁之上。全长138米，宽2～3米，桥面至谷底垂直高度达70米。

玻璃吊桥一开放，在温州、台州地区迅速蹿红，游客蜂拥而至，不到4个月，门票收入达400多万元。2019年4月15日，村里进行了第一次分红，每股分红1000元。

"区别于以前的'打硬股'，这次分红不是村民投入劳力的收入，也不是卖村集体资源的收入，而是'以钱生钱'的资本性收入。这对许多当地老百姓来说，是开天辟地头一回。"颜光冬说。

"两村相邻，炮台村开发说了多年，却一直没动静，而上栈头村不到4个月就有分红，村班子压力很大。"炮台村党支部书记、村委会主任骆福忠说。

经考察、村民代表大会讨论，炮台村决定众筹建设玻璃漂流项目。2019年5月起草方案，5月20日开工，10月2日项目试营业。

"项目总投资1100多万元，按'村民49%＋村集体51%'的筹资比例，全村 1048 人，1060 人（包括户籍在外村民）入股，每人每股 5000 元，众筹资金 530 万元。村集体向银行贷款 500 万元，加上 50 万元村集体自有资金，筹资 550 万元。"骆福忠说。

2020 年，炮台村旅游项目共收入 270 万元，村里拿出 108 万元，每人每股分红 1000 元。

看到在这么短时间就有分红，之前正在观望、没有投资入股的上栈头村民坐不住了，向村委会主动提出要求追加入股。

于是，上栈头村顺势启动了第二轮"股份众筹"，按每人每股 3000 元众筹，建设了海底隧道、滨海摩天轮、神州飞碟等项目，此轮共有 980 人入股。2020 年 1 月，村里进行了第二次分红，每人每股 1100 元。

时代版"打硬股"的实践告诉我们——以"给城市人提供农产品，提供娱乐、恢复体力、净化身心等休闲服务"为内容的乡村新型服务业，是农民第二次创业致富的大红利。

而如何建立起"人人都投得起，人人能享受乡村振兴红利"的机制，则是走向共同富裕的必答题！

2. 黄岩南城山前村：党建引领"共富工坊"到"共富园区"的共富样板

要诀：共富工坊

点评：突出党建引领，由村党组织牵头专门建立了产业型党小组，让产业能人党员带动村里个体户"抱团"闯市场，通过资源下沉、产业进村、集约入园、加工入户等形式，不断增加村民收入，壮大村集体经济，提升全村共富水平。

　　走进黄岩区南城街道山前村，明澈如镜的呑兜里湖畔，花红柳绿，别墅式新居掩映其中。每到夏天，村部前的两口池塘里，荷叶田田，幽香阵阵。文化广场边，一家人携手起舞其乐融融的"幸福"雕塑格外醒目……在山前，所到之处，所见之景，无不让人感到美好而幸福。

　　"2008年以前的山前村是一个穷村，村庄环境更是'脏乱差'，一下大雨，老百姓都要踩着水坑走路，用我们黄岩话说就是'水窟塘'。"山前村党委书记、村委会主任张胜荣回忆当时村里的场景，吐露了心声，"那年一当选村委会主任，我就暗下决心要把山前村好好改变，让村民住得舒服。"

　　如何让村民更富裕，让村庄更加美丽宜居？——朴素的想法，支撑着张胜荣14年来带领村干部，挑战村里的"顽疾"，攻克一个个拦路虎。

　　2008年，正好黄岩区启动了农房改造项目。张胜荣想借这个东风，既帮村民解决宅基地问题，也可以改善村容村貌。他牵头召开数次村务联席会议和村民代表会议，自己也是街道、部门到处跑，终于成功争取到项目。期间，为了解决资金问题，他发动村里20个开办小微企业、先富起来的党员为村集体贷款，最终完成210间农房改造，让108户村民住进了花园式"别墅区"。

　　在解决了老百姓的住房问题后，张胜荣又和两委班子成员一起把目光放到了发展壮大村集体的经济上。

山前村小微工业园区

2009 年，山前村成功建成菜市场，通过收取摊位租金，为村集体经济争取了第一桶金。

2011 年，又抓准汽摩城搬迁的机会，凭借着城郊接合部和国道的区位优势，一次性引进了 3 家汽车 4S 店，约定租期 15 年，每三年租金递增 11%，村集体经济每年增收 300 多万元。

在村集体经济有点起色后，张胜荣和村干部们希望带动更多的村民致富。以党建为抓手，他们逐步探索出初期"共富工坊"的雏形。

山前村村民主要生产塑料日用品、服装、帽业，销往路桥、义乌小商品市场，但是市场竞争力比较弱。为了解决这个问题，"领头雁"们专门建立了 7 个产业型党小组，让产业中的党员能人带动村里个体户"抱团"闯市场。通过资源下沉、产业进村、集约入园、加工入户等形式，不断增加村民收入，壮大村集体经济，提升全村共富水平。

2015 年，仅靠这一项，村民就实现近 5000 万元的销售收入。2022 年，山前村村民的产品销售收入达到了 1.2 个亿元。

而在 2015 年，山前村还发生了另外一件重大的事情。山前村和原官庄梁村合并形成了如今的山前村，是黄岩区首个行政村规模调整试点。当时，因为山前村和官庄梁村的集体收入和资产差距很大，山前村的村集体经济已经实现收入 500 万元，而官庄梁村只有 20 万元，两村合并并不顺畅。

合作共赢，让"共富版图"更大，这未尝不是一个好机会？张胜荣发现，可以用原山前村的集体资金开发官庄梁村未利用土地，建设小微工业园区，提升合并村的整体效益。

于是，他将想法告诉了两委班子成员，想要用这个发展机遇来说服村民。一开始，有部分村干部也比较担心，怕小微园区项目万一批不下来，或者是投资失败了，村集体会严重受损，被老百姓骂。

思忖再三，张胜荣还是觉得这是个好机会，项目成功的话可以为村里带来巨大的收益，让山前村更上一层楼，值得闯一闯。

2015 年 11 月 25 日，两村顺利合并，随即启动了小微园项目的选址、征地工作。在征地过程中，有一户村民迟迟不肯签约，张胜荣只能自己啃这个

"硬骨头"，隔三差五上门给村民做思想工作，一次说不通就去两次，两次不行就三次。功夫不负有心人，终于在打桩前说服他成功签约。"当交易系统显示竞拍成功的时候，我知道，山前村终于闯出了一条新的发展道路，迎来一个全新的未来。"

2018 年 10 月，小微园建设项目启动。2021 年 1 月，园区完工，并完成招商引资，去年山前村的集体收入突破了 3500 万元，村集体资产达到 7 亿元。

多年来，在党建引领下，山前村从"共富工坊"到"共富园区"的共富样板的探索实践，为群众带来了真切的幸福感和获得感。与此同时，山前村也获得了不少国家、省级荣誉，比如，第七届全国服务农民、服务基层文化建设先进集体、全国民主法治示范村、全国乡村治理示范村、省市级先进基层党组织、省级美丽宜居示范村、省级幸福社区等。

而在发展村庄的这些年里，张胜荣的个人能力也与村庄发展"同频共振"。2019 年、2021 年连续被评为省级兴村治社名师，以及省优秀党务工作者、千名好支书和担当作为好支书，等等。2022 年，更是作为一名基层代表参加了浙江省第十五次党代会。

3. 温岭泽国横径村："甘蔗村"变成"淘宝村"

要诀：搭"网"出海

点评：基础设施到位，电商环境优渥，挖掘地方特色资源，让农民从干农业靠天吃饭到经营电商生活富足。

在阿里研究院整理的 2017 年淘宝村研究报告中，台州以 107 个淘宝村的数量跃居全国第一。其中，温岭市泽国镇集纳了 21 个淘宝村，横径村就是其中之一。

　　村域面积1.2平方公里，常住人口1700多人，这个看似寻常的村庄，和周边不少村子一样，分布着众多时装女鞋的制作作坊。2013年以来，这里逐渐发展为电商的集聚地。

　　2015年，横径村被认定为"浙江省电子商务示范村"。2017年底，该村的女鞋作坊和淘宝店总数有290多家，年产值近5亿元。从一个以种甘蔗为主业的农业村发展成远近闻名的"淘宝村"，近5年时间，横径村是怎么一步步实现蜕变的？

出租房屋干淘宝　村民收入大增

　　站在横径村村道上向四周望去，一排排四层小洋房成了这个村里的标准建筑。近5年时间，一双双女鞋从生产、加工、包装到后期通过淘宝运营团队销售至全国各地。这些产业链，都是在这些小洋房里完成的。

　　2013年，由于路泽太一级公路、跃岭股份新厂区等项目建设的需要，村里大量农田被征用，部分村民失地的同时，也失去了经济来源。由于房屋拆建，一部分村民盖起了新房或小洋房，却因此欠下外债，导致经济压力很大。

　　如何盘活村庄现有资源，带动全村村民共同致富？此时正逢淘宝产业势头大好，而横径村周遭又遍布着大大小小的制鞋厂及作坊，村干部们群策群力，决定利用区位优势，对民房进行集中改造和管理，出租给鞋厂和淘宝店，以此增加村民收入。

　　"温岭鞋子产量大，成本低，适合电商销售，我们定位是将房子租给女鞋企业和淘宝店。周围有产业基础在，不怕没有企业进入。"发展鞋业消防安全至关重要，现横径村

横径村的电商鞋厂

党支部书记王伟荣时任该村村委会主任。他当即成立了温岭市横径鞋业有限责任公司，提供消防安全集约化管理，为鞋厂和作坊保驾护航。

有了村干部带头，村民租房的积极性很高。由于基础设施到位，电商环境优渥，一个多月时间，就有 47 家鞋厂进入横径村。而后随着几家淘宝店的相继加入，村干部们设想中的"淘宝女鞋村"渐渐有了雏形。

经过近 5 年发展，横径村的业态逐渐丰富，目前主要分为三种：自产自销、纯粹生产和专门经营电商或是提供电商孵化和相关服务，其中以自产自销型的鞋厂居多。越来越多企业和淘宝店的加入，也为村民致富创造了条件。

"451 户村民中，有近 400 户靠出租房子增收。2017~2018 年，村民全年租房总收入近 1000 万元，2019 年，这笔收入已经达到 2000 万元。"王伟荣告诉编者。

三分之一村民涉足电商　生活越过越富余

近 5 年来，横径村的电商队伍逐渐壮大，大多数企业主和淘宝店主来自福建、温州以及台州市仙居等地。几年来，在大环境的熏陶下，近 1/3 的横径村村民也相继加入到电商行列。

村民叶希存早年在外做废旧电器生意。2014 年，其儿子叶伟开始做淘宝后，一家人就一起加入了。

"现在年轻人都爱在淘宝上购物，村里有上百家企业，鞋子品种 300 多个，我们开淘宝店很有优势。"叶伟把自己的想法告诉父亲后，叶希存非常支持，并回家协助儿子，"现在我们分工明确，我和妻子承担店铺的经营，我爸负责发货、打包，业绩蒸蒸日上，去年净收入有 80 多万元。"

从干农业靠天吃饭到经营电商生活富足，这样的变化发生在横径村的家家户户。横径村五区有 130 户村民，其中有近 100 户此前都因盖新房而负债，在"淘宝村"的发展过程中，他们逐渐还清了债务，有的还开上了小汽车。

"被征地之前，我们一家靠种甘蔗为生，一年收入不超过 3 万元。5 年前盖了房子后，不仅欠债十几万元，也因失地没了经济来源。后来村里组织我们出租房屋，我们两口子还时常接一些踩鞋帮、翘边、粘鞋花的业务，一年下来收入有十几万元。还了债后，日子也过得富余了，还买了车。"谈起家里的变化，村民叶大叔有些腼腆地说。

横径村的致富之路，不仅让本村村民安居乐业，其发展模式也引来周边村庄的效仿，带动了周边三四个"淘宝村"的发展。

近年来，温岭开始进行鞋业整治，今后民房不能办鞋厂。为了引导产业健康积极发展，横径村正在规划建设一个鞋业小微电商园区。

"园区选址在我们村里，预计投资 6000 万元，规划建设面积 2.7 万平方米，大概需要建设两年，今年下半年动工。建成后所有的鞋企都会搬到标准厂房里，也能够提供足够的仓储空间，到时候我们的产业链将更加完整。"王伟荣说，园区建好后，村民还将按照一人一股享受分红。

4. 三门横渡潘家小镇：空心村到网红村的蝶变

要诀：乡村蝶变

点评：潘家小镇让游客在幽幽山谷间听百鸟啼鸣，在淙淙溪水间流连忘返，更要把村里的绿水青山变为金山银山。

绿水逶迤去，青山相向开。

在滨海小城三门县，有一个距离县城仅半个小时车程的"网红村"——横渡镇岩下潘村，又名潘家小镇。

该村依山傍水、风景秀丽，依赖得天独厚的生态环境，乘着新农村建设的东风，紧扣乡村产业致富的节拍，该村从一个鲜为人知的空心村变成远近闻名的明星村，村民人均收入从 2009 年的不到 2000 元，增至 2017 年的 4 万余元；"中国最美村镇"、中国乡村旅游模范村、国家级美丽乡村等荣誉称号纷至沓来。

"绿水青山也是金山银山"，作为三门乡村旅游的领头雁，岩下潘村正是这一理论在浙江的生动实践。

拆旧建新，70余栋别墅拔地而起

时间回到2009年。

那时候，岩下潘村是一个名副其实的偏僻小山村。全村没有一间新房，危旧房、露天粪坑随处可见；也没有一条像样的道路，更别提广场、公厕等设施。由于资源匮乏、交通不便，全村70多户、240余人，大部分外出谋生，只有十几名老人留守村中。

也是在那一年，岩下潘村迎来了一次最重要的发展机遇：新农村改造。

怎么改造？对于背靠湫水山脉，常年溪流不断，负氧离子含量每立方厘米一两万个以上的岩下潘村来说，立足生态优势，打造生态美村，无疑是最好的选择。

于是，大规模的拆旧建新工作轰轰烈烈开展起来。2013年，一个脱胎换骨的美丽乡村呈现在眼前：全村老屋全部推倒重建，70余栋4间一栋的农家别墅拔地而起，廊桥、果园、水上乐园，簇拥在青山秀水间，构成了一幅小桥流水人家的优美画卷。

驱车来到岩下潘村，迎面是一条笔直宽阔的大道，两旁是规划有序的停车场，左边耸立着一块醒目的溪滩石，上书"潘家小镇"。往前走，两侧是一排排农家别墅，村道旁的小溪里，红的、黄的、白的各色景观鱼畅游嬉戏。再往里，是一座雕龙画凤的仿古廊桥，桥下溪水潺潺，桥的那边便是风情水坊街。

日均游客500人次，农家乐月入过万

"没有产业，即便有漂亮的房子，也留不住村民外出的心。"这是时任村党支部书记潘健所担忧的。为此，潘健有了一个大胆的想法：利用村里的绿水青山，为村民闯出一条致富路。于是，创办农家乐被提上议事日程。

会有人来这山沟沟吃饭吗？不少村民提出质疑。为了消除村民顾虑，村里一边组织大家外出考察，做通思想工作，一边积极与上海等旅行社对接，终于，有9户人家抱着试试看的态度，开始创办农家乐。

2013 年 4 月 8 日，三门县首届乡村旅游节在岩下潘村隆重开幕，吸引了近万名游客，村民们看到了家门口致富的希望。此后，潘家小镇走上了发展乡村旅游的裂变发展模式。截至目前，全村 72 户，有 40 户经营农家乐，十几户在水坊街租赁了店铺，还有一部分经营特色食品小卖铺，全村老老少少都投入了旅游业。

如今，潘家小镇日均游客量达 500 人次以上，旺季时可达 3000 人次。一到饭点，农家乐里座无虚席，经营户们忙得脚不沾地。"五一至十一期间，是我们的营业旺季。一般房间都要提前 2 周左右预订，餐厅几乎每天满座，我们从早晨 5 点一直忙到晚上 10 点左右。"农家乐经营户鲁小丽一边忙着炒菜，一边介绍道。

而水坊街的各色商铺也吸引了不少游客，新鲜牡蛎、土鸡蛋、稻米等当地特产备受欢迎。水坊街是 2016 年初引进并开工的，投资 4000 万元，包括休闲步行街和传统手工作坊区，融时尚酒吧、咖啡馆、茶楼于一体。

据统计，该村农家乐经营户带动就业 600 余人，每年每户平均纯收入 15 万余元，像鲁小丽这样的热门店可达 30 万元左右，村民人均收入达 4 万余元。

打响品牌，共享美丽"钱景"

潘家小镇乡村旅游发展得风生水起，离不开岩下潘人的开拓创新，离不开"潘家小镇"这块金名片。

2014 年，经过一年多的发展，小打小闹、各自为营的旅游发展模式已经不适应潘家小镇的旅游势头，岩下潘旅游开发有限公司应运而生，1/3 村民成为股东。

2016 年，该村引进台州水坊旅游开发有限公司，投资 4000 万元打造风情水坊街。该村以土地入股的方式，享有 20% 的股份。

2017 年，随着乡村产业发展战鼓的擂响，岩下潘旅游开发有限公司又启动了新的旅游项目——由村民共同投资 6000 万余元，建设情人谷景区。据介绍，该景区内将建成目前国内最长的玻璃悬索桥和独具特色的婚庆主题公园，

潘家小镇的悬索桥

此项目将于春节前建成投入运营，预计可为潘家小镇带来每年 50 万左右人次的游客、经济收入 3000 万元以上，且可带动东屏、岩下等周边村庄乃至全县的乡村旅游。

此外，岩下潘村还在农家乐上做足文章，发展了民俗民居型、自助民居型、风景游览型、休闲度假型等多元化农家乐模式，多次举办三门（横渡）乡村旅游节，有力提升了岩下潘、横渡及三门旅游的知名度、美誉度。同时，该村推行集烧烤、戏水、垂钓、漂流和欣赏田园风光为一体的度假模式，农家菜既有山货也有海鲜，还有特色小吃，种种服务完美契合了城市游客的需求，一辆辆来自温州、宁波、上海、江苏等地的旅游大巴车纷至沓来。

"目前，潘家小镇在江浙沪地区已小有名气，至 2020 年，我们村将实现集体经济收入每年超 200 万元，户均收入超 50 万元，岩下潘村'钱景'可期。"该村党支部书记潘礼伟对岩下潘村的未来充满信心。

5. 仙居下各羊棚头村：绘就美丽乡村新画卷

要诀：多元融合

点评：实施多元融合的产业升级战略，推动休闲观光、体验创意等多种业态创新，从而提升乡村产业振兴资源要素的凝聚力和产业辐射力。

一年好景君须记，最是橙黄橘绿时。

9月27日，驱车来到仙居县下各镇羊棚头村，村边一路青黄相间的橘子压弯了枝头，又是一个丰收的年景。

这是位于浙东南第一高峰米筛浪西麓括苍盆地的一个村子，全村有各类果园4500多亩，盛产樱桃、杨梅、板栗、枇杷、柑橘等水果，是一个远近闻名的水果专业村。

近年来，羊棚头村通过美丽乡村建设，大力发展美丽经济，一举"甩"掉了薄弱村的帽子，还先后获得省民主法治村、省旅游特色村、市级文明村等荣誉称号。上年，村集体经济收入20多万元，村民的日子也越过越好。

依托特色产业，催旺水果经济

羊棚头村四面环山，空气清新，负氧离子含量非常高。改革开放以来，羊棚头村在村"两委"带领下，家家户户栽种水果，逐渐发展成为闻名遐迩的水果专业村。家家户户靠水果发家致富，过上了好日子。

"我们村现在知名度不断提高，来村里收购水果的客商越来越多。村里集体经济不算强，但村民都蛮有钱的。村民只要勤劳，专心从事水果种植，在家一年收入10多万元没什么问题。"村主任成守进家里种植了100多亩水果，年收入20多万元。

村里还专门成立了经济合作社，统一管理村内水果产业，各色水果产销标准不断提高。

水果一多，就催生了"水果经纪人"。目前，村里有20多位从事水果生意的村民。

村民王日友不仅自家种了杨梅、樱桃等水果10多亩，还常年从事水果收购批发，年销售额400多万元。"我收购的水果主要销往上海的水果市

羊棚头村的新风貌

场，这两年市场行情都还不错，一年有 30 多万元的收入。"王日友说。

村里的水果，还插上了互联网的"翅膀"，销往全国各地。目前，村里有淘宝电商用户 40 多户。

26 岁的村民成强退伍后在外开店从事过酒类生意，近年开始在家里专职做淘宝，年销售各类水果 100 多万元。"我们村是水果专业村，每年生产水果量很大，现在又是互联网时代了，我觉得这里面的商机不错，一年的淘宝生意做下来感觉还可以。"成强说。

上年，尽管气候原因导致了村里杨梅产量的下降，但销售额不降反升，全村杨梅通过互联网的销售量就达到一万多单，销售额突破了 300 多万元。

发展乡村旅游，增强集体收入

羊棚头村山清水秀，周围的括苍山脉充满神话故事。

村西南 1 公里处有中国道教第十洞天，当地人称"括苍洞"，洞侧有库容 900 万立方米的括苍水库，自东汉起有六位皇帝为括苍洞赐名赐物，传说有十四位修道者在此得道成仙；村西山峰顶耸立着仙居"古八景"之一的"麻姑积雪"，当地人称"仙姑岩"，有三十六小洞天、七十二福地之称……

丰富的旅游资源为村里发展乡村旅游奠定了基础。近年来，村里积极落实"三改一拆""五水共治""黄皮屋整治提升"及农村环境综合整治等各类重点工作，保护并开发古民居、古祠堂、古路廊等文化景点。"村里成立了专门的公司统一对接旅游市场，打出了地方品牌。"成守进说，现在有不少旅行社来村里对接洽谈合作事宜。

村里还积极开发"花卉经济"，先后举办了三届仙居县桃花节及各类水果采摘观光节，累计吸引了 40 余万人深入山村观光旅游。

村里还大力发展民宿经济，由村游客接待中心统一负责对外营销，负责安排相关旅游接待服务，每年年底向村里的农家乐和民宿抽取一定提成作为村经济合作社集体经济收入，村民享有股权红利，其余资金作为进一步发展资金继续投入运行。目前，村里有民宿 28 家、床位 282 张。

50 岁的王永进早年从事货运工作，之后一直从事服务行业。"我开宾馆 20 多年了，现在在丽水、临海都有宾馆。"王永进说，"现在浙江实施乡村共同富裕政策，家乡的乡村休闲旅游搞得不错，我觉得在家乡开个民宿蛮好的。"

6. 路桥金清新联村：种红茄"种出"一个富裕村

> 要诀：一"业"独大
>
> 点评：深耕产业，由生产链主导向产业链融合转变，进一步拓展产业辐射圈，带动大家共同致富奔小康。

4 月底的一个清晨，车子驶进位于路桥区金清镇新联村。

村边道路两侧是一片片白色的大棚，身着薄衫、头戴草帽的农户们，正挑着箩筐进进出出。

此时，正是红茄收获的季节。大棚内，一株株饱满的茄子在碧绿繁茂的枝叶映衬下透着亮光。

家家户户种红茄

新联村地处路桥东部农业主导产业园区中心，全村有 535 户人家，约 500 户从事大棚蔬菜种植。而红茄作为村里最主要的农产品，在 30 余年时间里，带动家家户户走上致富路。

"这批红茄去年 8 月播种育苗，11 月左右开始采收，每隔两天采一次，可以一直采到今年五六月。"村民陈庆友和妻子刚采摘完上百斤茄子，回到了自家小洋房。

夫妻俩从事蔬果种植近 30 年，每天起早摸黑和红茄亲密接触，这

新联村的红茄种植户

也成了他们的乐趣所在。

"年轻的时候村里还没有集中的产业，大家的条件普遍不好，为了赚钱，我开过岩，捕过鱼，也替别人打过工。36 岁那年回到老家，一心一意想好好干农业。"20 世纪 80 年代末，在杨仁岳、杨礼池等村民的带领下，新联村"搞农业"的氛围日渐浓郁，陈庆友也因此成为村里较早种植红茄的农民。

松土、育苗、浇灌、施肥、驱虫……往后 30 年光阴里，他和妻子日复一日地从事着这些工作，一步步扩张着他们的"蔬果天地"。

"红茄季节过后，我们也种植萝卜、黄瓜、芹菜、水稻等其他农作物，通过水旱轮作调节土壤肥力，减少病虫害。"每年，陈庆友都会参加金清镇农办举办的农技培训，学习如何科学、高效地进行农业种植。在他看来，做农业不仅要吃苦耐劳，还需要技术力量的支撑，农业知识是学无止境的。

凭借着几十年辛苦付出，两口子的种植经验愈加丰富，种植面积已扩展到十几亩，家里的生活蒸蒸日上。

"一年收入 20 多万元，前两年家里盖了新房子，还给儿子买了车。"回想起这些年来夜以继日的忙碌生活，陈庆友不禁感慨："当初的选择是对的，一切辛苦都值得。"

在新联村，和陈庆友夫妇一样的"夫妻档"种植户不在少数，他们通过自己的双手，在广袤土地上创造出自己的价值。

深耕红茄产业

2011 年 3 月，新联村被省农科院授予"新联蔬菜基地"称号。目前，村里已有 4 家家庭农场和 1 家农产品合作社。

"按照红茄平均每斤 2.5 元的单价计算，年亩毛收入 2 万至 3 万元。"新联村村委会主任陶仙邦介绍，上年村里人均收入达 1.3 万元，依靠土地出租，村集体收入达到近 17 万元。

此后，以新联村为中心，红茄种植已辐射至金清镇 6000 多亩田地。1998 年，位于新联村的金清蔬菜批发市场进入运营，村民们每天将从田间采收的红茄、蒲瓜、胡萝卜等蔬菜直接运到市场里，经过人工分拣，打包后集中运往杭州、宁波等地，供应当地菜市场。如今，市场每日红茄成交量 20 万斤，其中 70% 都产自新联村。

"依托于村里的农业基础，不少村民尝试拓宽增收渠道。近几年，我们村先后成立了两家食品加工公司，专为当地学校和企业食堂提供生鲜蔬菜包装配送业务，一年收入都有三四十万元，还解决了一部分村民的就业。"陶仙邦说。

7. 天台白鹤上联新村："袜子专业村"年网销额超 2 亿元

> 要诀：借"网"兴业
>
> 点评：互联网的加入则为乡镇袜业的发展铺就了一条"高速公路"，传统产业经由互联网的传播新兴勃发之时，农民增收、乡村产业振兴的契机便随之而来。

104 国道穿村而过，上三高速近在村口。上周五，位于天台白鹤镇上联新村的白鹤国际针织袜业城前，一辆辆运输车进进出出，呈现出一片繁忙的景象。

20 世纪六七十年代起，白鹤镇村民开始到全国各地的针织厂收购成批袜子拉到镇中贩卖，并以村庄为中转站将袜子卖到各地市场。

经过三四十年的发展历程，白鹤袜业的市场地位逐渐提升，知名度逐步打响。但由于缺少品

上联新村的袜业经营户

牌优势，许多袜业经营户迫切希望有一个综合性、多元化的市场。

2017 年 12 月 8 日，历时四年建设，总投资 3.6 亿元，规模超 10 万平方米的白鹤国际针织袜业城正式开业。目前，白鹤国际袜业城内，已有 300 多家袜业实体商家大户入驻。

为了实现乡村产业发展，增加农民收入，上联新村村支书桂鹏飞告诉记者，要在原有产业上提质增量来增加收入："以袜业经营为基础，我们成功申报了中国淘宝村，以此来发展电子商务产业。"

桂荣镇是上联新村的村民。原本在外当兽医的他，2009 年回到家乡做起袜子生意。

"生活条件越来越好，养猪的人也越来越少了，看到家乡这么多人靠袜子致富，我也就回来创业了。"桂荣镇说，为了扶持像他一样的回乡创业者，当地政府给予了资金扶持（免税）、淘宝课培训、袜业贷款等方方面面的支持。

通过 7 年多时间的努力，桂荣镇拥有了两间商铺，还有 1000 平方米左右的仓库，年销售额近 1000 万元。"回到家乡创业很好，去年母亲生病，我能第一时间带她去医院，如果漂泊在外，就不会有这么及时了。"桂荣镇说。

桂鹏飞告诉编者，目前上联新村全村 1/3 人从事电子商务，其中有特色网店 207 家，快递物流点 6 个，全年实现销售额达 2 亿多元。

"为了进一步做强做大电子商务，我们村将进一步鼓励引导农户网络购物和农副产品网络销售，激发农户创业激情。此外，我们还选派人员参加有关电子商务业务培训，提高整体网络营销水平。"桂鹏飞说。

另外，上联新村还建立激励机制，对成长性好的网店给予一定的奖励。

"对于发展中出现的一些问题，我们准备成立村电子商务建设领导小组，统一协调解决，助力电商创业发展。"桂鹏飞说。

第二章　生态宜居

　　乡村振兴，生态宜居是关键。良好生态环境是农村的最大优势和宝贵财富。必须尊重自然、顺应自然、保护自然，推动乡村自然资本加快增值，实现百姓富、生态美的统一。要统筹山水林田湖草系统治理，加强农村突出环境问题综合治理，建立市场化多元化生态补偿机制，增加农业生态产品和服务供给。

——中共中央　国务院《关于实施乡村振兴战略的意见》

8. 椒江章安山前村：绿树碧水绕　美景画中来

> 要诀：妙用土地
>
> 点评：盘活现有存量土地，节约集约用地，探索自主兴建农村住宅小区模式，村集体经济从负到正，这便是乡村产业发展的"山前村答卷"。

椒江章安街道山前村曾是一个村集体收入为零的经济薄弱村，村里建设锦鹏桥时几十万元工程费还是村干部先靠个人银行贷款支付的。然而，这些年，山前村里不仅建起一幢幢整齐洋气的别墅式新房，水泥路、文化礼堂、文化长廊、老年服务中心、休闲公园等村民休闲生活的公共配套设施也一应俱全。

打破自然村界，拆旧建新，破解村民建房指标不足

沿着章梓路一路向北，经过章安中学之后，在碧水绿树的环抱中，一幢幢整齐有序的住房映入眼帘，此处就是山前村村民们集中居住的锦鹏小区。

山前村的别墅小区

走进小区，房前屋后随处可见绿树成荫，深入小区中心村办公大楼、文化长廊、休闲公园、文化礼堂等公共配套设施逐步呈现在眼前，再往里梓林东大河河清柳绿。

河对面又是一幢幢不同风格的别墅新房，这里是山前村二期的村民住房，上年刚建设完工，新房楼下，一些村民正往家里搬运着装修材料。

盖房子，在农村来说，都是一等一的大事。随着家庭经济条件的改善、子女成家，村民想要改善居住条件，盖新房子的需求便逐渐增加。

然而农村建房，关键要有土地，要有建房的指标。没有指标怎么办？这是很多乡村都面临的问题。

现任山前村党支部书记许世国介绍，2003 年，通过第二轮土地承包，山前村集体预留了一块占地 30 亩的村留地，3 个自然村的村民都想建房。此前，山前村各自然村的建房指标都是各自管理的，建房都按自然村为界。

为此，山前村两委开动脑筋，想到了打破自然村界共同建房的办法，同意本村有需要的村民在同一块地上建房。同时，经多次党员、村民代表大会商讨，山前村统一思想，提出村庄整治并开展新农村建设工作，树立规划先行的理念，希望通过科学规划，建设一个现代化的住宅小区，这就是后来村里的锦鹏小区。

2005 年，锦鹏小区 150 多间居民小康楼建成，解决了当时一部分村民的建房需求。

然而到了 2013 年前后，随着家庭条件的改善，村里大部分村民又提出了要盖新房的希望，山前村就将小区第二期工程建设提上了日程。

但当时，山前村土地指标只有 26 亩，只够建 70 间左右的房屋，却有 200 多户村民提出了申请。

山前村村两委根据山前村实际情况研究决定，将村内的老房子全部推倒重建，通过拆旧和土地整理的办法，破解指标不足的难题。在合法合规的前提下，村里按照村民认可的方案统一分配建房屋。于是，2017 年，山前村二期住宅工程 240 多间的新房全部完工，基本满足了全村村民的建房需求。

级差排基，壮大集体经济，改善农民生活环境

山前村是一个经济薄弱村，集体经济为负资产，没有集体收入，山前村村级工作运转靠"补贴"、靠"化缘"，村集体难以集中力量办大事。

村民建房可以自掏腰包，但是现代化小区里的绿化、道路、水、电、通信等基础设施建设都得村里出面建设，也需要大笔的资金，那么钱从哪来？

在建设锦鹏小区时，山前村村两委提出，村民申请建房，条件之一是每间住房要支付一定的地基费给村里，新地基建房6万元，老地基拆旧建新支付2万元。此外，房屋建设时，位置如有差异，山前村两委就采取了"级差排基"的竞投方法，对于地理位置较好的，由竞投者的中标情况依次挑选。这样一来，锦鹏小区一期建设时，为村集体增加了800万元的收入，二期建设又获得1000多万元的集体收入。

经济实力具备之后，山前村在村公共基础设施建设上也更加完善，小区房屋外墙的涂料、电路通信设备、闭路电视、绿化、道路等资金一律由村委统一负责建设。

此后，山前村陆续投入资金，补足基础设施短板，加大美丽乡村建设，让村内道路畅通，小区配套设施更完善，农民公园、篮球场、排舞场、文化长廊、戏台、老年活动中心等一一建成，小区亮化、排污建设、河道整治、饮用水改造、垃圾分类等等工作的推进，逐步改善了村民的生活环境，创造出了养眼、养身、养心的乡村宜居画卷。

如今，山前村绿树成荫，环境优美，空气清新，设施健全，傍晚时分，村里格外热闹，大人小孩都出来走走逛逛。

美丽宜居的村庄，让山前村的村民分外自豪。

81岁的许羡贤老人平日白天在村老年活动中心和老伙计们一起看电视，傍晚时分在公园河边散散步。"一般晚上，公园、广场、河边都是人，特地开车过来的也有，都说我们村搞得好。"

9. 路桥新桥金大田村：乡村田园诗意栖息之所

> 要诀：化田为园
>
> 点评：乡村美不美，关键看环境。金大田村由垃圾村变为花海的故事告诉我们，必须要以问题为导向，下足真功夫，在农村环境整治上既治"标"更治"本"，秀美乡村自然就会入画来。

约七八年前，在经历了反复思考之后，"85后"青年蔡一平从城市回到路桥区新桥镇金大田村创业。

十年间，金大田村吸引了一大波像蔡一平那样的有志青年来创业。

金大田村曾经是一个废旧拆解物遍地的"垃圾村"。是什么改变了这个村？让这个普通的村庄重获新生？

生态公园营造田园诗意

金大田村曾经到处是废旧电器、废旧塑料拆解加工厂。那时，三五成群的村民拿着锤子敲打、拆解废旧金属，村子里随处可见堆积成山的废弃金属垃圾。

金大田村的主题公园

虽然村民的腰包逐渐鼓了，但环境越来越差。

"十年前，村里垃圾遍地，臭气熏天，那时，我们晚上睡觉都要紧闭门窗。"村民金小良说，有点钱的村民都到外面置业，没有钱的想着赚钱买房搬家。但是他们怎么也想不到，十年之后，这里会成为一片人们向往的花田集市。

2010年堪称金大田村的历史转折点。当年，500多吨垃圾被清除，生态公园正式开工建设。

公园最大的特色就是"用地不占地，建田不费田"，充分挖掘原有的自然风光和人文特色，比如完善废弃的小广场，改造机耕路，铺设青石板，整理绿化等，让居住环境焕然一新。

漫步在公园，你会发现沿路而种的并非名贵之树，而是农村普遍的橘、李、桃、柿等观赏与经济效益兼备的绿化果蔬。田埂上，有孩子们爱玩的大型玩具，也有受老人们偏爱的健身器材，还有供年轻情侣谈情说爱的石板小凳。这些贴近于村民日常生活的设施，给公园平添了几分雅致。

田中有园，园中有田。路在田中，人在园中。对于村民来说，平日的劳作就仿佛置身于一个大公园，脱了鞋下到田里干农活，觉得累了，洗了脚就可到园里的石板凳上休息。这样的生活堪称诗意，而且是特有的金大田田园诗意。

乡村文创助推乡村旅游

村里进行了整治。但是，如何留住游客呢？

约9年前，村里进行整治，种下了一片向日葵。花开时节，一下子吸引了许多游客。但很快，新问题随之而来——花开了，人来了。花败了，人散了。

村里联合创业平台，招来了一批创业青年，并出台了一系列的扶持措施吸引创客入驻，越来越多的文化创意产业在这里生根发芽。

有了创意人才和产业做后盾，金大田村放开手脚，开始筹办吸引游客的各种活动。在花期空档，"花田市集"便热闹登场，短短几天就能吸引一两万人次的游客。

"我们不必交房租，做好古建筑日常管理维护工作就行。"毕业于中国美院陶艺系的蔡一平，初到金大田村，便被其恬淡的田园风景和优厚的入住条件所吸引，在古宅中落脚并组建起富有诗意的"花田市集"，安心创业。

"没有成本压力，我们可以全身心投入到创作中。"蔡一平在金大田开设了"东篱陶艺"手工店。闲暇时光搞创作，制作陶艺。游客来了，或教陶艺，或出售手工制品。

像蔡一平这样的乡村文创模式，在金大田村还有许多。

东篱茶叙、扶雅书院、凤梨画艺、香草的天空、如故手作、白纸储物……这一个个充满文艺气息的手作小店铺分布在金大田村古香古色的明清古建筑里。

花开了，赏花。花败了，游市。就这样，金大田村一年四季都充满了勃勃生机。

"接下来，我们继续探索美丽乡村之路，组合周边村落，打造首个以党建为主题的田园综合体。"新桥镇组织委员马民富告诉编者，新桥镇将以金大田村为核心打造连片田园综合体，从农基堡垒、农居微格、农旅经济、农耕文化、农园韵景等角度，全面植入党建元素，深入实践"田园党建"引领乡村生态振兴，"除了旅游经济外，还将打造会务经济、青年经济等。"

先燃星星之火，再成燎原之势。培育 3 个市级"美丽乡村"精品村、7 个"美丽乡村"重点村和 1 条覆盖 8 个村居的精品路线……从规划图上可以看到，新桥镇的田园综合体，正从金大田村这"点"开始。

2020 年台州行政村调整，原金大田村与新良居合并成为金良社区。浙江遴选的 10 个省级田园综合体中，路桥区位列其中，建设目标是"稻香果园美丽田园综合体"，核心区块正是金良社区。

10. 玉环坎门东沙村：渔村慢生活典范

要诀：巧借文化

点评：既要依托自然禀赋"增颜值"，也要靠传承非遗文化"提气质"。只有在内外美上不断拓宽，才能真正催生出"颜值"，让美丽乡村"美美与共"。

东沙渔村，坐落于玉环东南端，东濒东海，与大鹿等岛屿隔海相望。这个坐拥良好生态环境和独特自然风光的小渔村，以海洋渔业捕捞为主要产业，是个海洋气息十分浓厚的原生态古渔村。

近年来，东沙渔村依托自然禀赋"增颜值"、传承非遗文化"提气质"、完善产业配套精服务，着力打造出渔村慢生活模式，实现了生态宜居的目标。

美景怡人，一树一石皆入眼

2012年，东沙渔村被列入浙江省首批历史文化村落保护利用重点村，坎门街道就将渔村的发展定位到了旅游业，纳入了整体的保护规划。投入1500余万元修缮历史建筑，整体改造与风格冲突的建构物，修复改造古道，最终打造出了这个"东海魅力渔村"。

古朴的渔家石头屋环着海岸而建，以石墙黑瓦房居多，极具地方特色，保留着渔区风格。踏着青石板路拾级而上，两侧一间间用石头垒砌成的房子花草环绕，无法相信眼前如童话中小屋般的存在，就是村民日常居住的房子。

"墙外悬挂特色装饰是村民们自行发起的，根据村里打造全岛景区的目标，他们在自家屋子外挂上渔网、嵌上海螺，用废旧轮胎、竹子、石头这些渔村最常见的材料，改造自己的房前屋后。"东沙社区党支部副书记陈延辉说。渔家小物件的装饰让旧庭院穿上了"新衣"，空气中仿佛都能嗅到海洋的气息。

东沙渔村的原生态船模

2017 年，渔村入口的鹰东隧道意外成了一条网红隧道。和黑漆漆的隧道不同，这条 140 米长的隧道上方竟然是一片 2400 平方米的人造蓝天。这片"蓝天"为景区长留一片晴天，也为游人守住一份明媚，引来游人无数。

景区沿线房屋立面的特色渔民画也有异曲同工之妙，同样是用丰富色彩，勾勒出一幅幅耕海牧渔、悠然恬静的画卷，让游人了解到过海人日常的幸福与艰辛。

放慢脚步，去感受此起彼伏的海潮声，细嗅海风中的咸腥味，能在这缓缓前行的一分一秒中体味到渔村它内涵、古朴又独特的美。

文化醉人，醉在历史的底蕴与生命的脉络

村貌的美化，在于放慢步伐；文化的精炼，给予心灵沉淀。

走进渔海民俗馆，内部陈列的一艘艘渔船模型形态逼真，造型各异，颜色丰富。再仔细看，模型船真实还原了大海中航行的渔船上的摆设，每一处都十分精巧。

站在门口放眼望去，东沙渔业往日的辉煌在眼前尽显——这些船模映射出的是讨海人身处的海洋文化的迭代更新，包含了一些人一辈子的经历与见闻，心酸和喜乐。"母子钓船原本有个更大的模型，就在景区入口处，不久前台风掀起的海浪给破坏掉，现在就只剩一些碎片，看不到整体的样子了。"陈延辉不禁露出惋惜的表情。

石板路的尽头是东沙文化礼堂、海防历史展示馆和非物质文化遗产馆，馆内陈列的每一个物件都承载着一代代东沙人的记忆。20 世纪 50 年代，解放军曾驻守此地，他们修碉堡挖战壕。海防展览馆里的军械展品，见证了他们曾经的往事。

文化礼堂不远处，建于 1925 年的普安灯塔静静地矗立着。它是渔民们航行时的指路明灯，数百年来默默为往来船只护航指引。站在此处远眺，凉凉的海风拂着脸庞，辽阔的海面与天相连，天上飘着浮云，在云的尽头依稀还能看到对岸鸡山岛的模样。

目前，玉环东沙渔村已形成了以海岛观光、休闲度假、海岛体验为特色，

"蓝色渔海文化""红色海防文化""古色非遗文化""三色"海洋文化为主导的独特海岛旅游，并成功申报"国家 AAA 级旅游景区"。

"蓬莱清浅在人间，海上千春住玉环"是打造全岛景区的目标。"我们这里没有任何工业的历史和痕迹，产业单一无污染，天然环境宜居；村民们关系和睦、互帮互助，人情味浓。厌倦了都市喧嚣的游客来到这儿可以感受到别样的慢生活，而村民也并不会受到任何干扰，在悠闲的节奏中继续自己的生活。"陈延辉说。

11. 临海尤溪指岩村：清清溪水绕村流 美丽村庄入画图

> 要诀：倡导"新生活"
>
> 点评：改善人居环境是美丽乡村建设的重头戏。村里环境好，就等于栽下梧桐树，才能为乡村颜值增辉，才能兴业兴村。

顺着临海尤溪镇政府向西行走数里，可见一块高达数十米的岩石伫立在后山之上，岩顶张开，一边像短粗的大拇指，一边像其余四指并拢，当地人称之为"指岩"，该村也因此得名"指岩村"。

指岩村是江南大峡谷的入口村，村子虽不大，但依山傍溪，景色宜人。村内的双坑溪流经栅下、下涨、沙衣辽、柴坦等 10 多个村，在指岩杜潭头转了个 90 度弯后，由北向南 200 余米与龙岭溪汇合流入义城港水系，在杜潭头形成了天然游泳场。近些年，在启动美丽乡村建设后，这个小村子的村容村貌发生了巨大

指岩村的新村貌

变化，村里的溪流已改造完毕，溪边办起了农家乐，游客来往络绎不绝。

桥宽了 水清了 客多了

站在指岩村大桥，四周青山如黛，绿水荡漾，好一幅田园风光。谁也想不到，脚下的这座大桥，原来只有3.5米宽。

"随着买车的村民越来越多，每当双向来车，这座狭窄的桥便会让人进退两难。"指岩村村民委员会主任赵志能回忆说。

2014年，临海市旅游投资公司准备开发指岩区块的项目而投资基础设施建设，这与指岩村改造老桥的想法不谋而合，于是双方合作，投资120多万元实施桥体拓宽工程，原来3.5宽的桥面加宽后，变成双车道7米多宽，崭新的大桥，让村民开车过桥再也不用担忧彼此会"狭路相逢"，安全有了保障，也让一方的风景更美。

谈起近些年村子的变化，村民感慨最多的是村容村貌不断改善带来的商机。

村内烧烤庄园负责人张法谷告诉记者，"原先村内危房较多，村内环境脏、乱、差，现在指岩村凭着优美的环境吸引了不少外来游客。光是我们烧烤庄园，平日会接待上百名游客，在节假日人流量将达到一千人次。"

据了解，自尤溪镇小城镇环境综合整治行动以来，村内很少看见垃圾，各种绿植也美化了村庄环境，提高了指岩村百姓的生活质量。

"随着村内环境不断改善，村民的素质也明显提升，不再向河道乱扔垃圾了。原先溪水两边杂草丛生，如今抓河道整治，又有专人负责河道保洁工作，指岩村俨然成为台州人盛夏避暑戏水的好去处。"赵志能说。

新公园 新步道 新生活

如今，指岩村是临海市美丽乡村示范村，2015~2016年完成临海市美丽乡村一期、二期工程，同时开展了村入口改造、溪边民房立面改造、义城港驳岸整治。

村庄东岸的江滨公园，原先南边是荒草地，北边建有旧厂房，归村集体出租，还有20世纪90年代建的娱乐场所，早已荒废多时。这片占地面积约

500 平方米、建筑面积约 600 平方米的区域，一直以来都是村里整治的重点难点所在。

"2013 年，我们以'三改一拆'为契机，村'两委'干部多次做承租方的工作，动员他们搬移，最终将整块区域腾出来重新整合规划。"赵志能告诉记者，他们在争取了美丽乡村建设项目后，将村庄的东岸作为重点规划，建成了如今的江滨公园，也就是江南—尤溪绿道终端的衔接处。

在村子西侧，指岩村对沿溪两岸的民居进行外立面改造，修建游步道，建造休闲长廊，每天茶余饭后，村民们惬意地散步于水岸边；双休日或夏天的傍晚，不少来自临海城区的市民驱车来到此处休闲，在青山碧水间享受田园之乐。

顺着堤坝，沿溪绕一圈，这也是村民饭后最爱走的线路之一。"原先溪水两岸都是石头堆，一旦洪水来了，就会出现滑坡。对此，我们特意沿溪修筑堤坝，不仅美化了环境，还有利于防洪。"赵志能说。

为了提升村建设的档次和品位，打造生产发展、生活富裕、生态良好的美丽乡村形象，指岩村未来将进一步改造村入口，新建游客接待中心，同时建设拦水丁步、沿溪游步道及生态停车场，不断完善村内硬件设施，打造生态宜居的幸福家园。

12. 路桥桐屿坐应村：小微水体串起大风景

> 要诀：唤醒乡愁
>
> 点评：从盼温饱到盼环保，从求生存到求生态。乡村生态振兴中，美丽乡村的分量越来越重，在富起来、强起来之后，更要美起来。

走近路桥桐屿街道坐应村，最令人印象深刻的是那一湾湾池水。粉刷一新的村落院墙倒映在清澈水体下，清新美感油然而生。近一两年，坐应村成为远近闻名的美丽乡村，周末来村旅游的市民络绎不绝。坐应村村委委员郑福林说，村子这一切的改变源于"五水共治"，小微水体的成功治理串起了如今的美丽乡村风光。

池塘互通环绕，乡村风韵尽显

2017 年以前，坐应村河塘淤泥淤积，村内垃圾堆积，乱搭乱建现象普遍存在，道路两旁缺失灌木植被，宅前空间地表裸露，生态环境亟待改善。在 2017 年，该村结合桃花林、田园风光等自然风情特色，以全面剿灭劣 V 类水质为契机，掀起一场生态革命。

"我们村虽然面积不大，但是池塘沟渠众多，我们一共确定了 10 处小微水体整治对象。"在生态环境治理过程中，村两委充分听取村民意见，对村里的池塘、沟渠等小微水体进行改造。

截至目前，该村 5 口池塘共清淤 9500 多立方米，5 条沟渠清理垃圾 80 多立方米。此外，该村还将村里的池塘进行连通，打造循环水系图，实现水网环流畅通，让"死水"活起来。

"将原本相对独立的鸡亩池、后门池、前洋池和上寺头池 4 口池塘，串联成胡同的水系，将静水变成动水后，增强了池塘的自净能力。而且池塘互通环绕，更显乡村风韵。"郑福林说，小微水体的改造激发了村民对改造村庄的热情。

水体变干净后，村里在池塘内，放置种植有美人蕉、金钱草、荷花等水生植物的生态浮岛，放养净化水质的鱼类，同时安装"微型喷泉"增氧泵等，令水体更加富有灵动之美。

创新乡村治理，有效维持乡愁记忆

光有建设还是不够的，村子的美丽更需要维持。

在村民看来，坐应村的改变，还在于乡村治理模式的改变。

"现在村民都不去池塘洗衣了，垃圾分类处理也有序开展起来。"村民林阿姨指着村头的湖边的连廊说，"以前她在湖边洗衣服不仅没坐的地方，而且还污染河水，现在村民们都到那儿去洗衣服，俨然就是一个生态洗衣房。"

2017 年夏天，村里花 10 多万元建设的生态洗衣坊投用以来，这座造型古朴的建筑不仅成为村民们洗衣服的好去处，还成为大家平时聊天休闲的好地方。生态洗衣坊的用水都是直接从一旁的池塘抽取，而洗涤废水则流入集纳管，统一接入三级管网，实现洗涤废水零直排。

坐应村的美丽村景

基于"互联网＋垃圾分类"的理念，坐应村还从杭州采购了两台智能二维码垃圾分类处理设备，给每家每户发放一张智能卡，通过各户垃圾分类投放后刷二维码积分，在村居便民服务中心简历积分兑换礼品点。

每月对积分靠前的家庭户进行一次积分换相应礼品，从而调动村民参与垃圾分类的积极性。同时，对村庄进行精细化管理，开展村内道路、公共场地及村民房前屋后路面硬化工程，并成立专业环卫队伍，配备垃圾清理设备维护。

现在，坐应村将环境综合整治与美丽乡村建设、发展文化旅游产业等相结合。在美丽庭院的建设中，坐应村还充分尊重传统风貌，保留原有的淳朴风格，如利用水缸、石槽、瓦罐等农村传统物件作为点缀，打造经济型美丽庭院。同时，通过水墨画文化墙、艺术雕塑等工程建设打造美丽乡村模板；并建起了乡村记忆馆、生态园等，打造一处地域品牌鲜明的美丽村落，用村庄池塘唤醒村民的乡愁记忆。

13. 三门沙柳曼岙村：空心村变童话村

要诀：统一行动

点评：依托乡村生态和人文环境、资源禀赋，谋划发展特色产业，美丽乡村的气质自然会让乡村建设精神倍增，也自然会吸引更多的人回乡兴业，为乡村生态振兴增辉。

三门沙柳街道曼岙村，曾经是村民都往外走的穷山村；如今它却凭着优美的自然风光和缤纷多彩的墙绘，成为远近闻名的"童话村"，也成为游客争相涌入的休闲拍照打卡地。

近日，记者驱车来到三门沙柳街道的曼岙村，呈现在眼前的是"村美、水清、树绿"欣欣向荣的新农村景象：大气简洁的牌坊、水墨风格的文化长廊、整齐簇新的洋房、花团锦簇的庭院、色彩斑斓的墙绘、风景秀丽的公园……

曼岙村的庭院墙绘

环境美，人气来

走进曼岙村，干净整洁的村容村貌让人惊叹：房前屋后堆放整齐，地面上瓜皮纸屑无迹可寻，即便是垃圾分类站里的垃圾桶，也整洁如新。

这一幅美丽乡村的气象，源于曼岙村村民发起的一次次的"美丽革命"。

曼岙村是典型的半工乡村，村里青年多数外出工作，中老年人在家从事种养殖业，虽是坐落于山水环抱间，但过去村里道路坑洼、房子破旧，处处透着落后小山村的模样。

2013年起，曼岙村开启了"美丽革命"，拆旧房、建新居，清垃圾、改陋习、美庭院……村容村貌发生了美丽的"蝶变"。

曼岙村村委会主任俞圣国回忆，2015年曼岙村"美丽乡村"精品村验收之前几个月，村里房前屋后还是脏、乱、差的老样子，不少村民存在抵触的心理，村干部们压力非常大。

村看村、户看户，群众看干部。为此，曼岙村充分发挥村两委干部、党员的领头雁作用，带领着村里积极性高的村民五十余人，起早贪黑，在半个月的时间里，清理了村中积年已久的垃圾和臭水沟。

党员干部示范带头，逐渐改变村民"不差一片橘子皮"的旧观念以及随意丢弃的坏习惯，大家自觉并相互维护着身边的这份美好，让美丽整洁的环境在曼岙村成为常态。

"垃圾革命"之后，曼岙村又发起一场"庭院革命"，三门县当地相关部门又与该村的农户对接庭院建设，改善村庄环境，旧箩筐、丝瓜架、碎酒坛……农家常见的器物结合了缤纷的花草和多彩的墙绘，使农家庭院焕然一新，又带着乡村的风情。

这场美丽"蝶变"，让曼岙村成为三门县内知名的"明星村"，吸引游客慕名而来。

产业兴，农民富

一直以来，水产养殖、枇杷种植是曼岙村的主导产业，全村共有枇杷林地800余亩，青蟹、小白虾、血蛤、蛏子等海产品养殖面积达800多亩。

由于产业相对单一，品牌知名度不高等因素，村民增收路逐渐陷入"瓶颈"，品质不差，但价格偏高。

为此，曼岙村积极优化农业产业结构，推广白枇杷这种优质高产的种植技术。同时，村里成立合作社，对于全村的枇杷进行统一技术培训、统一品牌标准、统一营销，打响曼岙白枇杷的品牌知名度。

每年 5 月枇杷季，村子举办枇杷节，吸引了大批游客和收购商前来，游玩的同时，也将村里的枇杷、枇杷花、枇杷膏等农副产品带走，为村民每年带来 300 多万元的收入，提高了村子的名气，也鼓了村民的腰包。

同时，曼岙村还巧借乡村美丽变革的东风，发展乡村美丽经济，从而打开一条新的致富路。

随着近年来乡村旅游方兴未艾，曼岙村重点结合笔架山的历史文化底蕴，充分挖掘戚继光抗倭时期的巡检司和徐霞客留下的"足迹"，保留特色旧民房，全力发展乡村旅游。

俞圣国透露，目前，已有不少投资者联系到村里，要投资发展民宿。"只要把村里搞美了，人气带旺了，老百姓致富了，外出的村民也就愿意回来。"

游笔架山、吃海鲜、摘枇杷、住民宿……配套设施的建设结合村里原有的种养殖产业优势，曼岙村正不断完善软硬件环境，精心设计旅游线路，以"美丽"换经济，逐步让村民吃上"旅游饭"，实现致富梦。

14. 黄岩屿头沙滩村：乡村规划师绘就美丽新蓝图

要诀：联姻高校

点评：有了乡村规划师的掌舵，为乡村生态振兴奠定基础、指明方向，从而推进乡村建设，培育旅游新业态，建设可持续性乡村生态振兴新模式。

沿着蜿蜒的盘山公路一路西行，来到黄岩屿头乡沙滩村。这个村坐落在屿头乡最繁华的地段，82省道长决线穿村而过，是黄岩西部山区一个重要的集镇，因村前有溪名为"柔极"，故古时称这里为"柔川"。

近年来，黄岩西部大力建设美丽乡村，屿头乡看到了发展旅游的契机，依托优质的生态环境和独特的古村落资源，与同济大学合作，通过改善村里环境发展乡村旅游，增加当地农民收入。

让萧条村庄重焕生机

沙滩村有一条长约300米的老街，街的北侧几乎都是20世纪屿头乡政府各级部门的办公驻地。据史料记载，明清时期此地就有商业活动，当地村民立街兴市，为屿头农产品、土特产、手工艺品集中交易场所，清代光绪年间正式成为官市。可以说，老街当时是屿头乡的政治和商业中心。

随着政府部门的陆续外迁或撤销，沙滩新区和新市场的建成，老街人口骤减，由于村庄规划严重滞后、产业发展受阻等原因，沙滩村逐渐成为一个走向萧条和破败的"空心村"。直到2013年，该村根据村情，不断开展宜居环境的改造，才让这个古村落重焕生机。

"农村缺乏先进的发展理念和优秀的建设人才，为此我们与同济大学合作，聘请杨贵庆教授作为黄岩美丽乡村建设的'总规划师'，按照'适合环境、适用技术、适宜人居'的原则，对沙滩美丽乡村建设进行规划和设计。"屿头乡党委书记陈康说。

杨贵庆教授在对沙滩村的规划上强调古建筑的乡土味和民族化特征，在修缮过程中不搞大拆大建，而是充分利用既有建筑，在完全保留老宅外观的基础上，尽可能地就地取材；通过建筑立面改造、内部修固和景观环境布置等环节，因地制宜地对原废弃建筑和用地实施有机更新。

空间环境品质的改善，为沙滩村旅游产业发展、社区文化建设等提供了较好的物质场所。沙滩村党支部书记黄官森告诉记者，原先村庄"脏乱差"，还有几条"断头路"，自从2013年开始宜居环境改造后，极大地提升了整村和集镇的形象，尤其是结合"五水共治"后，沙滩村成为水清、岸绿、景美的休闲旅游场所。

发展乡村旅游促进农民增收

过去屿头乡属于贫困乡，沙滩等集镇周边的村落依靠工业厂房虽然也可以致富，但对环境影响较大。凭借着美丽乡村的优秀成果，2016年沙滩村开始投身乡村旅游事业，发展生态经济。

80亩的四季采摘园、"柔川岁月"牌坊、书吧、茶吧……得益于宜居宜游环境的构建和旅游事业的发展，沙滩村实现了农村经济结构的优化，淘汰了产能落后污染较高的企业，形成了民宿、农家乐等特色的旅游产业，并且盘活了闲置的集体用地，激发了源源不断的发展后劲。

沙滩村宜居宜游环境的形成，对于村民来说，就好像生活在景区里，房前屋后井然有序，处处是景。茶余饭后还能到四季采摘园散步，到老街书吧茶吧休憩，而且老街的改造为沙滩村提供了一批特色的店铺，很多长年外出的村民选择回村发展，米酒店、馒头店、民宿陆续开业，整村的商业氛围与人气也越来越旺，老街重现了旧日"风采"。

"原先村民外出打工居多，现在村里开始发展旅游产业，不仅村民回乡创业，还吸引了不少外乡人在村里安家。"黄官森说，通过制作销售当地特色食品，村民们的收入也增加了。"春节期间，村里经营麦鼓头的村民一天能赚3000元，这在以前是想都不敢想。"

竹海、群山、溪流、太尉殿、柔川书院……通过建立四季采摘园、民宿

沙滩村的柔川书院

改造示范点、社戏广场、东坞观光栈桥、旅游集散中心等休闲旅游场所和设施，沙滩村得天独厚的环境和深厚的历史文化底蕴既发展了当地森林休闲旅游业，也逐渐推广了美丽乡村的品牌建设，使古村落重新焕发了新活力。

第三章　乡风文明

　　乡村振兴，乡风文明是保障。必须坚持物质文明和精神文明一起抓，提升农民精神风貌，培育文明乡风、良好家风、淳朴民风，不断提高乡村社会文明程度。要加强农村思想道德建设，传承发展提升农村优秀传统文化，加强农村公共文化建设，开展移风易俗行动。

——中共中央　国务院《关于实施乡村振兴战略的意见》

15. 椒江前所街道前所村：打造农民 "精神家园"

> 要诀：文化立村
>
> 点评：让村民在潜移默化中陶冶情操，提升文化修养，打造书香前所。

前所村地处椒江北岸，是前所街道办事处所在地。在村部大楼，编者见到了文化书记——李贺龙。

李贺龙在前所村当了21年村干部，12年村书记，亲眼见证着前所村20年的文化发展，并主导着后10年的文化大跨越。

"10年前，我听很多外出经商的村民回来说，前所村就像一个博物馆，10年前是啥样，10年后也是啥样，这句话深深刺痛了我。"李贺龙说，"我决定从文化入手改造前所村的面貌。"

近几年来，前所村下大力气进行文化建设，投资250万元建文化广场，投资100万元建文化礼堂，出资办春泥计划、组建文艺团队……

运动文化——首开全民健身风气

前所村大规模运动文化兴起于2006年，当时广场舞刚刚在城市中流行，家住椒江市区的李贺龙有一天来到市民广场，看到许多市民跟着音乐节奏跳舞，作为村书记的李贺龙立马意识到应该把这种运

前所村文化广场俯瞰图

动引进到前所。

"当时前所村没有什么文化娱乐活动，一到晚上，村民要不在家看电视，要不就约朋友打麻将、打扑克，娱乐活动既单一又不健康。如果引进广场舞，既可丰富村民的业余生活，也可强健村民体魄。"李贺龙说。

第二天，李贺龙就召集了王香玉、蔡冬仙等村里的文艺骨干商量，并安排他们到椒江市区学习。同时，又通过熟人借到了广场舞学习光盘，让村里的文艺骨干白天在家里学习动作套路，晚上在广场上教村民。

"刚开始来学的人不多，跳来跳去就我们十几个人，后来越来越多的人参与进来，现在最多的时候有好几百人跟着我们一起跳广场舞。"王香玉说，"村里还组织了排舞队、广场舞队，经常到各地进行演出，队员的参与热情很高"。

此外，前所村还组建了腰鼓队、篮球队、太极社团等社团。篮球队在台州市篮球比赛中拿到第五名的好成绩，而腰鼓队每逢节庆就在广场上免费为村民表演……

学习文化——夯实全村文化底蕴

以往的暑假对于家长来说是一个劳心劳力的时期，既要上班工作，又要照顾放假的孩子。而现在的暑假，对前所村的家长来说，是一个"省心"的暑假。

"村里实施了'春泥计划'，利用前所村文化大礼堂、文化公园以及新建的村部大楼，设立了春泥活动室、春泥阅览室、春泥舞蹈室、春泥画室等，吸引周边的家长带着孩子前来学习。"前所村村委委员李婷说。

"春泥计划"实施当天，就有130多名学生报名参加，村里开办了篮球班、英语班、书画班三个兴趣班供学生选择。

此外，老年电大的学习也是前所村学习文化的一大特色。

前所村的道德讲堂成为老年电大的上课地点，村里每周都会邀请不同领域的老师来给闲居在家的老人上课，老师们讲三字经、讲养生保健、教老人唱歌……而老年大学的学员像普通学生一样，每年分两个学期上课，上半年正月十四开班，下半年9月初开班，每到学期末还要组织考试，评出优秀学员予以表彰。

据了解，前所村的老年大学已办了四五年，每一学期都有六七十名老人参加学习，由于办得比较成功，前所村老年电大被评为浙江省老年电大先进教学点。

艺术文化——培育本土文艺新风

在前所村村部和文化礼堂内，随处可见书画墨宝张挂墙上。"前所村墙上所有的书画都出自村里的书画爱好者和钟山书画摄影协会会员之手。"李婷说。

为了提升村民素质，让村民时时刻刻接受文艺的熏陶，前所村的文化礼堂建设别出心裁，与钟山书画摄影协会合办"聚义堂"，将文化礼堂建设成书画创作室和书画教室。在"聚义堂"里，每天都会有书画爱好者在此写字作画，同时负责免费培训有兴趣的村民和孩子学习书画。

金利明是钟山书画摄影协会的会员，也是书画班的老师，由于家住附近，他一得空闲便来文化礼堂教孩子学习书画。"仅这一个暑假，我们就教了四五十名孩子，孩子们兴趣浓厚、学习认真，我们教得也比较开心。"

"我现在希望成年村民能克服羞怯心理，也来参加书画学习。"李贺龙说，"前所村的许多村民年轻时早早出去打工赚钱，养家糊口，现在村里有条件，希望有更多的村民参加学习。"

近期，前所村还出资进行村歌创作，希望用优美的旋律把前所村的文化、历史和精神唱出来，传承下去。

对李贺龙来说，他最大的愿望是实现前所村经济和文化的互促共进——以经济发展促进文化繁荣，以文化建设带动经济发展。

16. 路桥螺洋双庙村：让乡风文明长在村民心间

> 要诀：点面结合
>
> 点评：该村全面弘扬传统文化，立足于激活"人"的因素，以文化人，以文育人，激发乡村公共参与意识，涵养淳朴向上的民风，衍生出助推乡风文明的旺盛元气。

2003 年，双庙村积极响应区政府号召，成为路桥历史上第一个村民安置房实施"立改套市场化运作"的试点村。

矮房变高楼，村庄变小区，农民变市民，双庙村也遭遇了"成长的烦恼"。如何融入城市生活，如何在城市氛围中再造乡风……这个问题摆在徐学初等村干部面前。

打造文明景观，使乡风文明落地生根

螺洋街道的香樟湖畔小区是路桥第一个按市场化模式运作的"立改套"小区。小区由东西两块区域组成，西区里住的全部是双庙村的村民。

虽然都住进了套房，但是村民们还维持着以往的生活习惯。"比如村民不爱在垃圾桶里放袋子，倒完垃圾就在景观湖里冲洗。这么一来，漂亮的小区景观湖，渐渐地就变成了垃圾湖。"双庙村主任徐学初说，以往东区商品房的住户觉得西区"脏乱差"，从来不往西边走。

许多村民回忆，十几年前刚住进小区，习惯垃圾随手一扔的双庙村民总

双庙村便民服务中心

是很受伤。"那时高空抛物成了小区一景。"行走时，大家总是东张西望，害怕什么时候垃圾突然从天而降。

如何汇聚乡村正能量，让文明新风在小区落地生根？村里借小区空余的墙壁，张贴孝文化墙画。一个个"德孝"故事，通过细腻传神的画笔、生动的讲述，推动着双庙村乡风持续好转。

在螺洋街道指导下，双庙村投入巨款，还在道路两侧、坐廊、楼牌、凉亭台等处，开展家风家训和文明乡风宣传。

关于文化双庙，有一句顺口溜，即"一礼堂、二中心、三公园、四长廊"。

小区道路是村民每天必经之地，村里借用道路两侧灯柱，以沿路道旗的方式，传播"和文化"，长廊是村民闲暇小憩的地方，村里在所有柱子上都张挂家风家训。为了切实推进乡风文明建设，村里还在30多个村民进出单元醒目处，张挂文明标语。这些标语不仅成为小区一景，更成为展示乡村文明的新窗口。

这几年，不文明的现象一去不复返，小区还实行了垃圾分类处理。徐学初说："现在小区越来越整洁，广场上还常常搞活动、演大戏，东边住户来西边也越来越多了。"

设立乡村示范屏，身边事激励身边人

因拆迁安置走到一起，原有的老街坊、老邻里之间的"熟人关系"消失，不仅给新建保障房小区的居民带来许多生活上的不便和困惑，也给小区管理、社区管理带来挑战。

为了激活新的邻里关系，双庙村为搬进新小区的村民构建新型"熟人关系"想办法。

邻里好，赛金宝。双庙村村民虽然住进小区，但是邻里的熟稔度却没有减少。村民程雪君说："为了帮助重构邻里关系，村里尝试了许多办法。比如举办广场舞赛，以舞会友。另外，还定期举办文化娱乐活动，放电影、慰问困难家庭，大家有钱出钱、有力出力。通过活动，邻里熟悉了，就有了团结关爱的群众基础。"

另外，双庙村以道德示范点建设，推进"塑造乡风文明"工程，精心开展了"好干部""好夫妻""好媳妇""好妯娌"等评比，并制作乡风示范屏，对助人为乐、见义勇为、孝老敬亲等好人好事进行展示，向身边的人学身边的事，让群众学有榜样、赶有方向，让道德的力量，带动乡风向好、民风向上。

乡村示范屏、和文化道旗、古训尚风廊、出记入悟楼、孝文化墙画、知足常乐亭、善曲高奏台……走进双庙村，会发现这是一个很注重文化培育的地方。该村始终秉持着挖掘文化、传承文脉的理念，充分结合双庙的地域、环境、文化特征等，通过统一规划，成为一个宜居宜业的美丽新农村。

17. 黄岩宁溪桥亭居村：文明乡风入万家

> 要诀：传承文脉
>
> 点评：挖掘农村文脉，坚持以文化人。只有完善农村基本公共文化服务，活跃农村群众文化，把丰富农民精神文化生活作为美丽乡村建设的重要内容，美丽乡村的成色才会更纯。

在黄岩西部山区有一个小山村，名为桥亭居。虽身处大山，却因洁净优美的村居环境、丰富多彩的文娱活动以及温润友善的君子之风而成为全国文明示范村，被广为人识。桥亭居是如何让文明新风深入人心、家喻户晓的？

文化之美充实人心

经济基础决定上层建筑，早在新中国成立前，桥亭居已是宁溪的经济文化中心，村民大多从商，虽处黄岩西部山区，却是个不折不扣的"富裕村"。

近年来，桥亭居更是因地制宜，开发零散土地，大力发展农村集体经济，投资建成 160 余间平房，吸引了模具工业和塑料制品等行业入驻，村里人均年收入 2 万元以上。

"邻里之间多多少少会有小摩擦，但我们争取大事不出村，从源头解决问题，大事化小小事化了。当然，村民生活富裕，因为经济引发的矛盾倒是很少见。"桥亭居村委会主任陈华中说，"在让村民获得物质满足的

桥亭居村的专业表演队

同时，还得丰富他们的精神世界，有事干了，鸡毛蒜皮的事儿也就少了。"

在没有电视机的年代，其他村子的不少村民靠打牌、搓麻将打发时间，而桥亭居村民的娱乐活动却是拉胡琴、下棋、"作铜锣"……自学、自编、自唱，文化的种子早已深植在代代桥亭居村民的心中。

从20世纪60年代的农村俱乐部到20世纪70年代的文艺宣传队，再到如今遍地开花的群众文艺队伍，这个小山村在文化的滋养下，逐渐发展为现在的生态、文明、和谐村庄。

近年来，桥亭居结合自身实际情况，牢筑硬件基础，繁荣村居文化，让文明乡风拂及每一个角落，浸润每一颗人心。

"桥亭文化大礼堂、农家书屋、农家学习会馆等文娱中心成为大伙茶余饭后学习锻炼的好去处。"这些喜闻乐见的文化活动在满足居民日益增长的多方面、多层次、多样性的精神文化需求发挥着巨大的作用，有效改善了农村文化生活匮乏的状况，也避免不良消遣方式和腐朽文化的死灰复燃。

陈华中说："在推进群众文化的过程中，村里赌博、封建迷信的不良风气少了，读书讲文明讲礼仪的氛围浓了，来宁溪的外来务工人员都喜欢住在桥亭居。"

优质文化满足精神追求

每年农历二月初二，宁溪都会举办灯会活动，这一习俗是从宋末元初就传下来的，其自发的主办单位，就是桥亭居村委会。

"作铜锣"是宁溪特有的民间大型器乐合奏曲，迄今已有700多年的历史，已被列入浙江省民族民间艺术保护项目，以及市、区两级的首批非物质文化遗产保护名录。

为了让这一文化瑰宝能更好地传承下去，一直负责桥亭居文化的村妇女主任陈慧萍组织村里的文艺爱好者们积极开展"作铜锣"的演奏练习，并邀请本村"作铜锣"传承人陈公云在家手把手教学。

"现在在宁溪会演奏作铜锣的最年轻的也50多岁了，我们想把这个东西传承下去，现在'作铜锣'的专业表演队已经扩大到了43人。"陈慧萍说。

在桥亭居，像陈公云这样的"土艺人"还有不少。舞龙，也是桥亭居人的传统文化之一。陈慧萍说，自己小时候，每个节庆日，村里都有舞龙活动，但以前村里有个说法：女人不能舞龙。别说拿龙棍，就是摸一下龙头都是不被允许的。

"重男轻女的传统要不得。"20年前，因为老的舞龙道具破旧了，村里打算新买一条，刚担任妇女主任没多久的陈慧萍就站出来说："谁说女人不能舞龙？这次要买就买两条龙，男的舞一条，女的舞一条。"

就这样，桥亭居有了一支独特的女子舞龙队伍。每逢活动，陈慧萍在龙前拿着龙珠，后面二十几个妇女举着龙棍，一路伴随古乐，翻腾起舞……

对于这里的群众来说，文艺活动早已不再是阳春白雪，而是当地群众生活的一部分。如今，作铜锣队、舞狮队、排舞队、演唱队……桥亭居里大大小小的文艺队伍就有12支，凡是遇到重大节目，村民总是自发出演，从来不谈一分钱。

18. 仙居上张姚岸村：红色基因焕发时代价值

要诀：红色兴村

点评：把红色旅游资源和绿色生态资源紧密结合，引领良好乡风，促美丽乡村绽放新魅力。

"今天很忙，县里两所小学来我们村搞国庆爱国主义教育活动，加上家长有六七百人呢。"10月1日，仙居县上张乡姚岸村党支部书记姚西洪说。

姚岸是中共仙居县委旧址和省级国防教育基地所在地，境内山清水秀、空气清新，区位优势突出。

近年来，姚岸村以农旅结合为抓手，大力实施乡村产业振兴工程，致力于打造融吃、住为一体，集休闲、避暑于一身的多功能复合型乡村旅游胜地。一幅"产业兴旺、生态宜居、乡风文明、生活富裕"的乡村胜景图正在徐徐展开。

整治生态环境，打造美丽乡村

良好的生态环境是农村最大的优势和宝贵财富。

如今，走进姚岸村，沿着环绕全村的主村道前行，只见古树参天、小桥流水、白墙黛瓦、屋舍俨然、门庭花香，江南山水田园古村映入眼帘。

2004年以来，姚岸村先后实施了三次大规模旧村改造，全村80%以上的村民都搬进了新房。2012年，姚岸村被评为省绿化村、卫生村。

姚岸村还结合"清洁家园""五水共治"和农村环境综合整治等重点工作大力开展美丽乡村建设。仅上年，该村就投资420万元，建造了绿道、人工湖、文化广场、生态停车场、3A级公厕等。

为了让村民们都能自觉投入环境整治，村里还开展了评比门前屋后"三包"先进家庭活动，每季度进行一次综合评比。目前，姚岸村20个垃圾投掷点垃圾分拣率在95%以上，垃圾量减少超过七成。

"一开始其实很不习惯，不少人觉得农村垃圾能进桶就不错了，分类实在太麻烦。但在见证村容村貌确实有了很大改善之后，大家愈发自觉地做好垃圾分类。"村民姚柳燕说，"自从开展美丽乡村建设后，这几年村里是一天一个样，越来越漂亮"。

发展红色旅游，搞活民宿经济

姚岸村作为革命老区，村内有中共仙居县委旧址、红十三军兵工厂遗址等，在浙东南革命史上具有重要地位。

姚岸村的美丽环境

红色旅游，成了村里发展的最佳选项。

2016 年以来，该村先后完成了中共仙居县委旧址二期扩建工程、尚书故居、游客中心等项目建设，并投资 150 多万元建成了红色体验基地。"五一"当天，该村游客量就达 3000 多人次。

目前村里有农家乐 16 家，可一次性接待 500 多人同时就餐。村里还成立专门的旅游接待服务公司，统一管理村里的旅游接待事宜，截至目前以来已为村集体经济增收 4 万多元。

得益于爆火的红色旅游，当地的农产品也成了畅销品。"国庆这几天，在农场采摘的游客挺多。"从事家庭农场的村民姚飞荣说。

村里还通过招商引资吸引工商资本进入。目前，投资 3100 余万元"且慢民宿"主体工程已结项，正在进行内部装修。"我们做的是高端民宿，看中的就是这里便捷的交通区位优势、丰富的旅游资源和整洁的环境。"民宿合伙人之一的吴亦明说。

建设文化礼堂，促进乡风文明

姚岸村按照"文化殿堂、精神家园"的功能定位，结合"红色姚岸，慈孝名村"发展理念，将原有的村祠堂改建成以红色文化和慈孝文化为主的特色文化礼堂，每月开展主题活动，并不定期开展培训或文体活动，成了村民文化休闲的主阵地。

暑期假日，留守孩子们在这里寓教于乐；纳凉晚会，村民们自编自演，跳起排舞唱起歌；主题党日活动，开展"学党史、唱赞歌、送服务"……村民周亚平说："今年的文化活动特别多，热闹得很，大家没事都喜欢来这里转转。"

为进一步丰富村民生活，上张乡党委政府还给村里送来了二胡、笛子、舞扇等乐器和器材；为提高村民致富技能，将300余册乡土教材搬进了桐林讲堂；为老有所安，在文化礼堂开辟了居家养老中心。

早在2012年，姚岸村就在全县首批设立慈孝基金，用于60岁以上老人重阳节慰问、奖励品学兼优的学生、村民临时的困难救助等。村里每年还开展"好媳妇""好婆婆"评选活动，整个村子的氛围越来越和谐。

19. 三门海游永丰村：一村十八姓，人勤乡村兴

要诀：勤劳齐心

点评：用文明乡风凝聚乡村文化向心力，用特色产业夯实乡村产业振兴的奠基石。

永丰村位于三门县城海游东面22公里，健跳镇政府驻地西北部。

9月中旬，编者一行来到永丰村，此时永丰村已因为行政村规模调整，和马庄村、盐灶村合并成为双港村，永丰村文化礼堂上也挂起了双港村的新村牌。

在近百年之前，永丰村所处之地是一片滩涂，来自台州各地村人先辈聚集到此处围垦滩涂，聚居成村，因为所处的滩涂叫永丰塘，才有了永丰村这一村名。2017年，三门县第二批"和合"地名文化遗产保护名录就将"永丰村"收录其中。

如今，走进村中，村道宽阔平坦、农家小院精巧别致、胡柚林果实累累，村内环境优美清爽，处处呈现活力气象。

永丰村的文化礼堂

和谐相处的多姓村落

1922 年，海游人章良元出资围筑永丰塘后，永丰村村人先辈陆续从三门、临海、宁海、黄岩、椒江等地迁入，定居繁衍，形成一个多姓和睦相处的村落，全村村民仅 400 多人，姓氏却有 18 种之多。

在中国，姓氏是维系家族团结与社会和谐的细胞与纽带，具有一定的唯一性和排他性特点。不过，在永丰村，来自不同姓氏的村民形成了一个多元和谐的乡风，民风淳朴，修桥、造路、环境整治、建文化礼堂、种植胡柚致富……一代代村民共同将滩涂建设成美好家园。

"我们村姓氏多，但民风淳朴，村里的事情，大家都像一家人一样一起商量，齐心办好。"原永丰村党支部书记何昌星便是个倾心奉献的人，他是村里的坐诊医生，村民有个头痛冷热，他总是乐于相助。他被选举为村党支部书记，并且一当三十年左右。

相较于台州其他世代繁衍的村落，永丰村村史短暂且并不厚重，但村民们对自己的村却是非常自信的。

"村史中一无做官理政之人，二无豪门望族传承，代代相传，也只有四五世而已，穷则思变，为永丰村酿就了勤劳、奋斗的良好民风。使得滩涂变良田……致富了一代又一代人。……今爬剔梳理，以示不忘先人，不忘传统，更在于承前启后继往开来。"

这段话，是写在永丰村文化礼堂的村史馆中的"引言"，馆中展示了永丰村的围塘史、历史沿革、村民姓氏来源等内容，并陈列着当地的历史文化、风土人情和生产生活习惯，以及永丰村获得多种荣誉，如台州市先进基层党组织，台州市五好村党组织，浙江省文明村，全国计生协会工作先进单位……这一笔笔记录，挖掘村落文化，唤醒村民价值认同感，培育和坚定了农民的文化自信。

陈丽苹是村中的文化骨干，谈到文化礼堂，她说道："文化礼堂让大家更好地了解村史村情，丰富了我们村民的业余生活，她是我们村的一个精神家园。"

特色柑橘产业铺就致富路

在村史馆中，永丰村特色柑橘产业的发展史也被浓墨重彩地书写。

胡柚，是永丰村的特色产业，村民种胡柚的历史已经有 20 多年，以种植浙江知名品种常山胡柚为主。

从何昌星口中了解到，20 世纪 90 年代，由于种田效益不佳，村干部在听说常山胡柚后马上组织考察，于 1993 年开始种胡柚。

2003 年，永丰村成立了三门县永丰柑橘专业合作社。目前，合作社共有胡柚 500 多亩，村民承包后自己种植，全村人均一亩，实现 2 万元每亩的产值。

胡柚是永丰村拳头农产品，2011 年永丰村被台州市授予柑橘产业强村称号。"丰升"牌胡柚、"丰升"牌脐橙，通过国家无公害农产品基地和无公害农产品认证，并多次参加浙江省农业博览会展销，分别获得金奖、银奖和优质奖。

"近年来衢州常山果园衰退，还有不少衢州果商来我们这儿收了胡柚呢！"何昌星介绍道，纯朴的笑容洋溢在他的脸上，"衢州商人来收了价值差不多一百万的胡柚用来出口，发往俄罗斯。我们产出的胡柚，也有不少是直接发到浙江省内各地和山东的。"

柑橘被村民喻为"致富金果"，这一产业也成为永丰村民增收的"聚宝盆"，基本形成了一家一业、多业并举的格局，整村依托本地资源优势，同时带动周边，在发展适合自己的特色农业方面收益颇丰。

家有余粮鸡犬饱，户无徭役子孙康。质朴坚韧、热情善良的永丰村人因地制宜闯出了一条农村致富的新路，正如村名"永丰"所寓意的那般永远丰收。

20. 温岭城南彭家村：文化礼堂为乡村振兴添动能

要诀：阵地添能

点评：利用文化礼堂传承和发扬农村传统特色文化，丰富群众的精神生活，提升群众的幸福感，把文化礼堂提升为崇高的"精神家园"，打造成乡风文明新阵地。

穿过蜿蜒的乡间小道，车子驶进彭家村。这个位于温岭城南镇西北部的村庄，四面环山，风景秀丽，乡风十分淳朴。

2016 年，文化春风吹进了彭家乡间，激活了这片土壤里蕴藏着的强大文化生命力。随着文化礼堂搭建，"接地气"的文化浸润活动，将文明之风播进了 2100 多位村民的心田。

从无到有、从小到大、由点到面、由盆景到风景，彭家礼堂实现了可喜的蜕变，呈现出一派欣欣向荣的文化胜景，已成为老百姓寄托乡情乡愁、凝聚民风民心的精神家园。

走进谷岙记忆展馆，体验农耕生活

在面积 3.2 平方公里的彭家村，文化礼堂是一个地标性建筑。茶余饭后，村里的男女老少总爱围坐在这里，下棋、拉二胡、看老电影、打羽毛球……好不热闹。你也许想不到，眼前这个萦绕着村民欢声笑语的地方，在两年之

前，还只是一个废弃的旧
小学。

2016 年 8 月，怀着给
村里人打造一个精神文化
阵地的初心，彭家村文化
礼堂正式创建。

"彭家村坐落于两山之
间谷底，旧称'谷岙'，村
民多以农耕谋生。礼堂的

彭家村的记忆展馆

设计方案紧扣本村文化内涵，以'谷岙记忆，农耕文化'为理念。"村支委、
文化礼堂管理者林瑞俊是文化礼堂的设计师，他深挖村庄文脉，将其设计成
谷岙记忆展览馆、谷岙大舞台、谷岙讲堂等多个部分。

其中，最具特色的当属谷岙记忆展览馆，它沿袭了 20 世纪前叶的建筑风
格，将农家小院、田园、水车、打稻机等富有时代特征的物件搬进现代人的
视野，配上鸟叫声和流水声，原汁原味地呈现了 20 世纪五六十年代彭家村村
民生活和生产的状况。

而谷岙记忆陈列馆则是根据旧时谷岙人的生活场景，设计成镬灶间、纺
织间、磨房间、猪栏间等多个区块。窝灶、硬刀、捣糍碗、蓑衣、三寸金莲
的鞋子……馆里收藏的由村民自发捐赠的 290 多件怀旧物品，承载着彭家几
代人的文化情怀。

凝聚了村民乡愁的文化礼堂，如今已成为他们心中共同的家园。哪家来
了客人，主人便会热情地引他到礼堂参观，俨然成为乡亲们对外展示村庄文
化和文明的窗口。

"不仅如此，村里现在还成为周边学校的教育基地，许多小学会组织学
生过来参观展览馆、陈列馆，让这些年轻的下一代在我们构建的场景中去体
会过去农耕生活的辛劳，十分有教育意义。"林瑞俊说。

村民才艺尽显，丰富礼堂文化内涵

歌曲《美丽彭家我的家》、快板《彭家村新赞》、方言小品《美丽乡村》……9 月 22 日晚，首届"农民丰收节"暨彭家村第三届村晚文艺晚会在村文化礼堂拉开帷幕，一个个由村民自导自演的节目相继亮相，台下座无虚席，村民叫好声连连。

在彭家村，这样同台联欢、全民同乐的画面时常上演。文化礼堂的创建，激发了村民文化创作和表演热情，也让大家有了施展才艺的好地方。

"村里人表演的节目大家都特别愿意看。"彭春芳曾是一名越剧演员，剧团解散后，她的表演才艺一度搁浅。文化礼堂开放后，她与彭小娟、彭冬妹三姐妹逐渐成为"谷呇"大舞台上的熟悉面孔，"我们喜欢表演语言类节目，有时演母女，有时演婆媳，台下的村民平时都与我们很熟悉，看到台上的反差，就会特别乐呵。他们有互动，我们表演也更有劲头了。"

"有了文化礼堂，村民的才艺和热情在逐渐被挖掘和释放。"林瑞俊说，如今，彭家村文化礼堂已经组建了排舞队、篮球队、器乐队及儿童舞蹈队等 11 支精品文艺队伍，不断发挥着文化影响力。

目前，彭家礼堂已能够按照特定要求快速编排节目，并多次承接镇里交办的演出任务，团队规模不断壮大，演出质量不断提升，其文化辐射力、影响力持续扩大，已成为城南镇乃至温岭市名声在外、实力强劲的村级演艺团队。

林瑞俊说，结合端午、重阳、中秋等传统节日，村里还会开展村晚、启蒙礼、文明家庭评选等各种形式的活动，在传承中华民间优秀传统文化的同时，也提升了基层群众的文化道德修养。

"文化礼堂的创建不仅挖掘了乡村的文化精髓，还调动了群众参与文化建设的热情，老百姓的文化生活丰富了，努力奋斗建设家园乡村的动力也就更足了。"林瑞俊说。

21. 临海桃渚永兴村："道德评议会"评出文明新风

> 要诀：道德新风
>
> 点评："群众说，乡邻论，榜上亮"，敦化好民风，驱除旧陋习！

走进村子，党旗形的牌坊上"和合永兴"四个大字和宽阔的大马路边红色的"最美"展牌引人注目，邻里和睦，民风淳朴，这是临海市桃渚镇永兴村给人的第一印象。

矗立在道路两边的展牌上印有每一位"最美人"的事迹，这是永兴村自创的"村民道德评议会"的成果，在这里，牌上的人得到奖励，以身作则，观看的人受到启发，力争先进。短短几年，永兴村通过"道德评议"治理乡村顽疾，以德育人，以理服人，华丽转身成为桃渚镇精神文明建设的示范村。

以德育人，弘扬崇德向善正气

邻里的口角是难免的，但在永兴村却没有将矛盾激化或"对簿公堂"的现象，村民们遇事都肯主动认错或者积极改正不良行为。这一切得益于"道德评议"活动。

谈及开展"道德评议"的初衷，永兴村党支部书记葛先富介绍说，永兴村由10个自然村组成，村民将近2600人，生活中难免发生"磕磕碰碰"，一些不文明的言行既不在法律管理范

永兴村的光荣册

围内，又不受村规民约的约束，曾经一度让村干部们犯难。2015年第9号台风"灿鸿"给台州带来了强降雨。由于地势低，村里有1000多亩农田被淹，村里组织了5台水泵抽水，但其中有两台排水机水泵洞被垃圾堵死。正当大家一筹莫展时，路过的村民张茂利自告奋勇跳下水，没吭一声，花了半个钟头，处理掉了堵塞物。后来得知他的手机掉在水里后，村里决定给他补偿和工钱，却被他拒绝了。这件事深深打动了村干部和村民。为此，永兴村决定成立道德评议会，对像张茂利这样的村民进行表彰，推广身边的正能量。

三年来，道德评议会在每年的妇女节、儿童节、重阳节和春节，评选出好媳妇、好少年、好党员和最美家庭等先进人物共96人。

"评选道德模范，树立道德典型，宣扬模范事迹，以点带面，让'身边的感动'激励影响群众，最终实现人人变'美'，处处开遍'文明之花'。"葛先富说。

以理服人，树立和谐纯美民风

事实上，道德模范事迹是否经得住推敲，还得由群众来决定。这是永兴村道德评议过程中坚持的一把标尺。

永兴村村委会主任、道德评议会会长陈晓兴告诉记者，道德评议会人员组成是按"为人正直、办事公道、威信较高、说理能力强"的要求，以两个自然村为一网格，成立道德评议小组。由群众推荐，村"两委"审查确定评议会成员候选人，经村民代表大会选举产生。"目的是为了达到'好坏大家评'，让村民自治组织在基层治理中充分参与、发挥作用。"

与此同时，永兴村还制定了评议会职责和评议方法、要求、内容等，让村干部与村民共同遵守章程，最大限度吸收村民的意见。

"每逢重大节日，我们村都要组织评议表彰活动，对评出的好人好事会通过黑板报、广播等多种行之有效的形式进行表扬，对评出的不道德行为，由评议会进行批评教育。"陈晓兴说，当事人对评议结果不服的，可申请村、组评议会集体评议。

"事实证明，这样的模式很有效果，也具有一定的引领作用。"陈晓兴坦言，永兴村目前已在全村形成崇尚先进、热爱先进、学习先进、争当先进的浓厚氛围，下一步，他们将在评选道德模范等活动的基础上，进一步创新举措灵活方式，扩大道德评议会在群众中的影响。

第四章　治理有效

乡村振兴，治理有效是基础。必须把夯实基层基础作为固本之策，建立健全党委领导、政府负责、社会协同、公众参与、法治保障的现代乡村社会治理体制，坚持自治、法治、德治相结合，确保乡村社会充满活力、和谐有序。要加强农村基层党组织建设，深化村民自治实践，建设法治乡村，提升乡村德治水平，建设平安乡村。

——中共中央　国务院《关于实施乡村振兴战略的意见》

22. 椒江下陈村：文化生活激发乡村活力

要诀：阵地管理

点评：文化建设是乡村治理的源头活水。提升文化产品供给和服务，才能吸引群众积极参与，培植乡间文明风尚，从而形成乡村振兴的文化生产力。

在椒江区下陈街道，当地早上和晚上最热闹的地方，莫过于下陈村的文化综合楼周边，广场上、公园里、球场里……人声鼎沸、歌声飘扬，大家伙儿分成一堆堆、一组组跳、排舞，打门球，练太极剑、功夫扇……光是跳广场舞的队伍，就能分出好几支来。近千名男女老少从四面八方来到这里休闲、健身，这样和美欢乐的场景是下陈村民的生活常态。

当地有名的文化集市

走进下陈文化综合楼的一楼大厅，最吸引人注意的是一面笑脸墙，墙上是村里近百位男女老少灿烂的笑脸簇拥着"党建引领　和美下陈"几个大字。由笑脸墙向左右两边展开，又是一张张展现村民多彩活动的宣传板，党建活动、爱心公益、文娱风采……

由下自上，文化综合楼的功能布局一一展现，麻雀虽小五脏俱全，演出排练厅、文艺队伍器具展示厅、文化礼堂、大讲堂、村民会议室、图书馆、书画活动室、科普中心、乡贤馆等等，村民们可以根据自己的兴趣爱好开展各种文娱活动。

暑假里的图书馆人气最旺，周边中小学的学生最爱来这里阅读和做作业。"中午有点热，你坐这边，电扇吹得着。"69岁的图书管理员施玉兰熟稔地和来图书馆的孩子们打着招呼。

下陈村的图书馆

施玉兰介绍，这里的图书馆小有来头，是椒江区首家图书分馆，馆藏图书3万册左右，除了春节休息外，图书馆全年开放，很受欢迎。"不仅是下陈本地，连路桥那边都有人跑过来借书。"施玉兰说起来，颇为自豪。

文化综合楼下的大院里有年轻人喜欢的篮球场，也有老年人青睐的门球场。院子外，入眼就是有着小桥、流水、凉亭、长廊、休闲广场的村文化公园，健身器材、投影大屏幕也能在公园中找到。公园的入口处设置了村史廊、民风廊、荣誉廊、文化廊、公告廊等板块，展出了下陈村的历史、特色，讲述了下陈村对乡村文化建设的热情和重视由来已久。

下陈村地处寸土寸金的集镇中心，该村十几年来坚持"经济富了不算富，文化富才是真正富"的发展理念。

1992年，下陈村探索"土地三权分离"改革，盘活了土地资源。此后，下陈村在引项目、建厂房、搞开发壮大村集体收入的同时，也加强了文化阵地建设，先后投资建设村老人协会大楼、农民文化公园、文化综合大楼，创建基层文化俱乐部，建立农村党员远程教育基地，打造集文化、体育、娱乐为一体的多功能文体活动场所。

村党支部书记陈敏法深知农村基层文化建设的重要性："以经济养文化，以文化促经济。"

有了过硬的配套设施和文化阵地，下陈村成为当地有名的"文化集市"。"周边9个自然村的村民都会来参加活动，人多的时候有三千多，少的时候也有千把人。"陈敏法说。

丰富多彩的草根文艺社团，村民唱主角

光有场地设施，只是静态摆设，只有真正让群众参与进来，担当文化建设主角，才能让基层文化"活起来"。

下陈村乡村文化蓬勃的活力来自庞大的文化社团和活跃的文艺骨干。他们的存在和丰富的活动，凝聚成了下陈村的文化金名片。

"下陈村的文化氛围历来深厚，20世纪70年代，村里就组建过越剧团，下陈舞龙队也名声响亮。"陈敏法说，如今，剧团虽然没有了，但下陈村对于开展基层文体活动的传统依然保留至今。

为推进村基层文件团队的建设，调动和发挥村民参加文化活动的积极性，下陈村坚持为民惠民导向，村两委专门设置文化班子成员，由4名村干部及工作人员负责乡村文化建设。同时将乡村文化活动常态化，每月每季都有活动，每年年初都举办面向社会的大型活动。

此外，下陈村每年还拿出一定的经费用于文化活动的支出，资助并奖励社会活动，如在省、市、区获奖的还给予相应的奖励。

近年来，下陈村的文艺团队如雨后春笋般冒出来，涌现了排舞队、门球队、腰鼓队、合唱团等16个文艺社团。这些社团实力非凡，屡屡在省、市级比赛中获奖，成为下陈村宝贵的文化财富。

活跃的文化社团也肩负着传承当地传统文化的使命。70岁的陈普林是下陈村男子舞龙队的带头人。"我们下陈的舞龙队有几十年的传统了，在社会上有一定名气，地方上很多活动都来找我们参加。"近年来，陈普林带着舞龙文化走进校园，培养了一批少年舞龙接班人。

在当地浓厚的乡村文化熏陶下，村民的业余生活更加丰富和充实，欢乐常驻基层，邻里关系更加团结和睦。

"文化建设给乡村管理带来了极大的好处，纠纷大大减少，在'五水共治''三改一拆'等工作中，文化也发挥了积极的宣传作用。"陈敏法说。

23. 玉环鸡山南山村：海上治理新模式共创 "平安鸡山"

要诀：海上"网格"

点评：成立渔船集中化管理中心，将渔船按队伍和网格创新性进行管理，让靠海吃饭的渔民更有安全感，形成良好渔业生产氛围。

鸡山乡是玉环的渔业重点乡，距离玉环城区 20 分钟的船程。这里海风带着咸腥味，海岸沿线晒满了各类鱼干，在陆上的渔民们在收拾各类鱼产品、修补渔网，显现出一片安宁和谐景象。鸡山乡的南山村更是被评为 2018 年度"浙江省善治示范村"。

这个靠海吃饭的地方，曾经由于作业区域较混乱，海上区域治理不规范，渔民之间产生不少冲突矛盾，海上安全事故也时有发生，打乱了村民正常的生产生活秩序。

面对这些社会治安热点难点问题，乡政府将南山村等六个下辖村统筹管理，积极借鉴网格化管理机制，将陆地网格化管理模式"移植"到海上，通过设置海上网格，成立鸡山乡渔船集中化管理中心，将渔业管理纳入综合治理，进一步加强了对渔区的动态管控，实现了管理服务的新突破。

集中进行专业高效管理

过海的渔船出海时，海上险情的应对、海上作业的安全非常重要。

鸡山乡在册的 46 艘渔船，原本是由南山村等各自进行管理，组织性不强，比较松散。由于不专业，村里在管理方面起到的作用只局限于向渔船发布关于台风、禁渔期的相关通知。加上设备和专业人员的缺乏，无法给在外渔船提供指导，更别说在遇到紧急情况时给予帮助。

2017 年 11 月，鸡山乡成立渔船集中化管理中心，将 46 艘渔船纳入统一管理。借助北斗卫星渔船监测系统，基于全球定位系统、卫星通信系统、地理信息系统和计算机网络等技术实现了对渔船的实时监测和管理。管理中心配备 3 名专职工作人员，落实 24 小时值班制度。这是对鸡山渔船服务及管理的一次提升，也为渔业经济平稳发展奠定了坚实基础。

"这两块显示屏上可以看到每艘渔船实时的位置、航速、航向、作业时间信息以及对应的渔船属性信息如归属地、船名、许可证、网具类型、功率等，每隔 2 小时我们就会进行一次点名，确认他们的动态。比如船只靠近敏感海域会发送提醒信息，天气异常发送回港提醒，防患于未然。"管理中心专职管理员陈焕兵熟练地操作着系统，向记者展示他的日常工作内容。

办公室的旁边有一间小房间，一张长椅上整齐叠着被褥，长椅斜前方又是两块大显示屏。"平时晚上实在累了就在椅子上躺会儿，精神上还是要高度集中，随时应对海上的意外情况。捕鱼通常在凌晨开始，到天明才能结束，这段时间也正是关键时刻。渔民在船上辛劳，我们在这也得做好后盾。"

"知道岸上有人时刻关注着，我们出海也安心了很多。"经验丰富的船长毛金岳说，"万一出了什么事，可以马上通过卫星电话、短信、微信向中心报告，咨询解决方案，如果问题严重，可以等待中心帮我们联系附近船只或者救援队救援。我们在船上有什么问题的，也随时可以向中心提问，比如天气、渔区之类的，他们都会给出回答和建议。"

创新"海上"网格管理新模式

根据渔民和船舶的亲缘、属地、船型等类别，鸡山乡将南山村等六村渔船编队分成 8 组、划片分区，按队伍和网格创新性进行管理，实现了管理服务的新突破。

"出海一次就是好一阵子，一般都是五六艘船一起出海，在一起作业也好有个照应。现在给我们按

南山村的渔业经营户

编队分组，就是将这种传统固定成一种制度，更加正式，也更加规范。"毛金岳说，"同一组的船只在海上可以互相成为依靠，这是至关重要的。比如机器出故障、零件意外破坏，这都是经常发生的，互助互救的例子很多。"

10 月 14 日，在舟山东海海域 1732 渔区，浙岭渔 99086 船只遇上意外。作业过程中，船底渔网被螺旋桨缠住，致使渔船失去动力，无法航行。由于问题较为严重，船长陈再华在尝试维修后仍然不能解决问题，最终借助于船上的无线对讲机与附近的同编组苏响渔 02158 取得联系，在苏响渔 02158 陈忠福船长的帮助下，将渔船拖回港口，成功获救。

"这都是再平常不过的事了。"陈焕兵拿出一本本装订整齐的台账，里面清晰记录了所有渔船编组发生的大小事件。"出海时刻伴随着出意外的风险，一方面通过船舶编组成员互帮互助解决问题，另一方面通过我们中心的远程监控指导把控整体风险，鸡山的'平安率'大大提高，形成了'编组生产、结伴航行、同出同进、互助互救'的良好渔业生产氛围。"

2022 年以来，鸡山乡已经建成省级小城镇环境综合整治乡镇，打造了 3 公里长的鸡山岛慢行系统工程，同时启动南山村美丽乡村样板村建设，完成北山村、后岙村道路改造等，吸引年客流量达 5 万余人次。

24. 临海古城东湖村：用共享思维"以地富民"

要诀：惠民为先

点评：把发展村级集体经济作为助力乡村产业振兴的重要战略，把经济做大、搞活，不断提高人民群众的生活水平，振兴之路才可持续。

"房子村里有分，看病村里给报，每月还发生活费，现在村里还在建生态公墓。"说起这些年临海东湖村的变化，村民蔡雅琳赞不绝口："从生到死，大家的需求，村里都能照顾到。"

自改革开放以来，临海东湖村从依靠农耕养家，到做企业、办工厂实业致富，再到招商引资，盘活商业地产之路，使东湖村经济实现辉煌的飞跃。截至2017年底，东湖村集体已有固定资产35亿元，年收入达4100万元，村民人均收入28000元。

强村：回购土地，以地养民

东湖村曾以47家村办企业而自豪，然而，随着市场经济的快速发展，东湖村的实业优势逐渐消失，这些让村民自豪的村办企业逐一关停，集体收益大幅减少，再发展举步维艰。

2005年，是东湖村再次飞跃的起点，当年村基层组织换届，乡村增富关键在"带头人"，新一届村"两委"，以颇具前瞻性的理念，利用东湖村"城中村"的地缘优势，积极盘活整合闲置土地，以宽容开放的投资环境，行之有效的管理制度，招商引资发展第三产业，从根本上改变了该村的经济结构，带动东湖村经济的再次飞跃。

自那以后，东湖村升级了小商品城等专业市场；建立了升辉商业街，引进知名品牌零售业；在君泰大酒店周围打造高档商旅服务区，形成了临海主城商业消费区块。

卖地换钱的城中村改造模式，农民、村集体虽然短时间内收入大增，但并非长久之计。

"90年代前后，村里的土地就已经用得差不多了，而且也没有固定资产，因此在君泰酒店和欧尚等项目开发上，我们不卖地，灵活变通，采取共同开发的方式，出租商铺，为村集体增加固定资产。"东湖村党支部书记方德森说，通过拓宽思路，以及

东湖村的电子阅览室

一系列卓有成效的增收措施后，东湖村集体经济的腰包也迅速鼓了起来。

以地养民，既推动了东湖村的转型发展，又为临海城区提供了大型具有辐射能力的商业地产。同时，在经济收益大幅增长后，东湖村开始回购土地，储备土地资源，以保证东湖村的后续发展。

富民：物质精神"双富"

村集体经济的壮大，最终受益实惠还是村民。近些年，东湖村村民生活有了质的改变，切实地实现了精神物质"双富"。

住房有分配、生活费每月发、看病医保报了村里还能报……在东湖村，16 周岁以上村民生活补助费提高到了人均 900 元/月。村集体每年为村民提供一次免费体检，村 60 岁以上老人，每月在领取生活补贴费之外，另有 460 元/年的安老补贴。

村民的农医保由村集体统一负担，村民生病可农医保报销后再来村里报销，报销率高达 95% 以上。

记者了解到，东湖村新建了 800 套村民公寓分配给村民，随着年青一代村民的成年成家，东湖村也正在规划建设新的村民安置房。

"在村里，像我们四五十岁以上的人，都有分配的房子，有些家庭还能分到两套。"蔡雅琳说，"看病村里也给报销，自己最多只掏一点零头。"

近年，东湖村斥资建立了台州一流的村级文化活动中心，设有藏书 3 万多册的图书馆、电子阅览室、远教中心、台球室、乒乓球室、棋牌室、党团活动中心等。村里还组织了村民舞蹈队、乒乓队、篮球队、象棋小组、太极拳队等，让村民休闲时可以怡情健身。

"以前的东湖村，想组个篮球队都不行，现在因为村里有条件，我的爱好也多了。"70 岁村民顾荣涨说。

东湖人用自己的实际行动，实现了物质文明、精神文明同步发展。2017 年中国名村影响力排行榜上，东湖村的排名也从 2016 年的第 123 名上升到第 90 名，实现新的提升。

25. 黄岩屿头布袋坑村：走出生态致富路

要诀：巧卖风景

点评：引入政府和民间资本，"双轮驱动"走出"旅游+"新路子。

"行也布袋，坐也布袋。放下布袋，何等自在。"在黄岩西部的屿头乡，有一个"市级美丽乡村精品村"——布袋坑村。村里有人说，得布袋和尚点化施法，这里的山水都留下了布袋和尚的禅机。这些传说暂且不论，布袋坑确是一个环境优美、底蕴深厚、民风淳朴的古村落。

布袋坑村曾是贫困的偏远山村，信息闭塞、基础设施极差、集体经济收入几乎为零。从 2010 年开始，布袋坑村大力挖掘古村落文化，依托布袋山风景区大力发展农家乐、民宿，随着农家乐等服务产业的不断壮大，古村落焕发新光彩。

探索新模式，走"旅游+"道路

布袋坑村深藏在黄岩西部大山的重重叠翠中，古桥、窄巷、木屋古墙……村人沿溪而居，房屋沿溪而建，大树沿溪而长。

"我们的村庄是一个非常偏僻的村庄，很早以前因为道路不通，村民都是步行到街上赶集，到屿头的集市至少要一天时间。"黄岩区屿头乡布袋坑村党支部书记黄官军告诉记者，村庄曾因特殊的地理位置和相对滞后

布袋坑村的观光景区

的交通，长期与外界隔绝，直到后来山路修通，情况才有所改善。

路通了，村里的青壮年为了生计纷纷选择外出打工就业，在最冷清的时候，布袋坑村里只剩下了三五十个村民，还都是老者。

如何带领全村百姓致富，让外出的"游子"归乡成了一大难题。乡村旅游正逐渐成为时尚的休闲度假方式，黄官军萌发了一个念头：把整个村庄建成一个景区。

黄官军告诉记者，过去农村不知道生态资源的开发潜质，白白浪费了很多有价值的古建筑和特色景观。为此，他们引入高水平的专家团队，高起点编制乡村规划，立足布袋坑村山水资源丰富，自然景观奇特以及古村落保存完整的特点，将其定位成一个集山水观光、农俗体验、民宿服务为一体的休闲旅游区，引领村庄发展。

同时，布袋坑村积极引入政府和民间资本，"双轮驱动"对村庄进行改造。经过几年的发展，这个原本偏僻落后的小山村名气越来越大，吸引了无数游客。

"黄岩西部山区因为地形和用地指标等因素限制，绝大多数缺乏工业基础和大规模农业发展条件，尤其是布袋坑村这类高山村，农业和工业的发展限制极大，因此屿头乡一直属于贫困乡，而布袋坑村则是经济薄弱村。"屿头乡党委书记陈康说，如今凭借布袋山景区，布袋坑村通过旅游产业带动村落发展，不仅摘掉了经济薄弱村的"帽子"，还摇身一变成为经济强村。

依托旅游，促进农民增收

2010 年，布袋坑景区正式建成；2011 年底，全村第一家农家乐"布袋山庄"正式营业；2013 年，布袋坑村入选第三批中国传统村落；2015 年被评为国家 3A 级旅游景区……

通过五水共治，更新污水管网；改造道路，使村庄与景区相互融合；旧房改造开民宿……布袋坑村的村貌发生了翻天覆地的变化。

"由于村落是沿溪而建，之前偶尔会有村民直接将垃圾丢到河水中，现在将村子开发成景区后，村民素质也提升了，在村子里都找不到垃圾的'身影'了。"黄官军说，现在布袋坑村以乡村旅游产业为基础，走出了一条生态致富之路，村民也在乡政府的鼓励支持下陆续开办高端民宿、特色农家乐、米酒店、馒头店，并形成了集观光、餐饮、住宿、特色农产品为一体的乡村发展格局。

截至目前，全村已有农家乐、民宿13家，每年接待游客达12万人次，营业收入达700余万元。

"原先我们村里集体收入不到8万元，一直依靠政府扶贫，如今布袋山旅游逐渐发展起来，不仅带动了民宿、农家乐，还带动了当地土特产的销量，比如馒头、豆腐、米酒。"黄官军告诉记者，在旅游旺季，游客需要提前一个星期预订房间，而一户人家的布袋山馒头一天则能卖掉上千个。

得益于环境的保护和旅游事业的发展，布袋坑村通过门票、停车费、民宿等方式，每年村集体收入累计获益40多万元，村民人均收入15000～20000元，高效完成集体经济薄弱村的转化，越来越多的外出村民开始返村开办农家乐、民宿，偏远山村渐渐热闹起来，村民的腰包也渐渐鼓了起来。

26. 仙居安洲下园村：村新景靓　业兴人和

要诀：村改强村

点评：乡村人居环境的改善与维护，需要集体的力量来实现。只有大力发展农村集体经济，才能实现农村"绿、富、美"的目标。

昔日，这里仅有一条两米宽的泥土路，村里遍布各式老旧木质结构房屋和露天粪坑，是盂溪沿岸远近闻名的落后村。

如今，全国"文明村镇"、省"春泥计划先进村"、市首届"和合好班子"……一系列荣誉让这个村声名远播。

这就是仙居县安洲街道下园村。十多年时间，这个村从一穷二白的落后村摇身成为村集体年收入达 200 多万元、可用资金 3500 多万元、村集体资产突破 1.5 亿元的富裕村。

在村便民服务中心挂着一张由许多笑脸拼成的爱心大图，这是村里的"全家福"。村支部书记陈东海说："村民的笑容是对我们工作最好的肯定。"

推进新村改建，扮亮村容村貌

走进下园村，一排排别墅井然有序，绿色环绕生机盎然。

"以前村里破破烂烂，人畜混居，不少外地人经过看了都直摇头。"陈东海说，再这样下去，村里没什么发展前途。

"旧村改造，势在必行！"2002 年，村两委下了决心。

拆旧建新，这是全村的一件大事。村里以户为单位进行了投票，结果除了两户弃权外，其余村民都赞成。

但具体怎么改，还需酝酿。这一酝酿，就是一年多时间。2004 年，村里对多方征求意见后出炉的全村拆迁安置办法进行民主投票，赞成率达 72%。

想法很好，但村集体经济为零，如何是好？村里注册成立了公司，以公司名义向银行贷款 500 万元，作为新村建设启动资金。

"2000 年以来，县里陆续对我们村土地进行征用。我们把返还土地进行拍卖，共卖了 5000 多万元，全部投入旧村改造中。"陈东海说。

2008 年，新村一期改造工程圆满结束；2012 年，新村二期的 161 户也建成了……

住进花园式别墅的村民王军明说："住别墅，以前我都不敢做这个梦，现在梦想成真。"

发展集体经济，大力改善民生

村集体经济为零，是下园村村两委班子必须直面的一个问题。

村里搞旧村改造时，根据相关政策实施级差排基，单此一项，就给村集体经济增加了 800 多万元的收入。

"这是我们村收获的'第一桶金'，大家都很高兴。"村委会主任张苏军介绍，"近几年，村集体经济在逐年增长。"

村里建综合楼出租给民办学校，年收取租金 40 万元；建村集体大楼对外出租，每年可收取租金 50 万元⋯⋯

最近，投入 230 多万元的物流仓储基地竣工了，村里也准备对外出租，预计每年又能为村里增收 40 万元。

下园村的中心凉亭

村里富裕了，村民的福利待遇也水涨船高。村里先后拿出 700 多万元给全体村民缴纳养老保险和农村医疗保险费，村里老人每月都能拿到养老金。此外，村里还给村民发放粮食补贴，有线电视月租费也由村里支付。

村里的老年公寓，老人只要每月花 60 元就能入住。70 多岁的村民王相仁说："能住上这么宽敞明亮的好房子，过去可不敢想。"

"下园村有今天的好日子，靠的是村干部团结和村民关系的融洽。"村民王相基说。

强化垃圾分类，优化生态环境

村子富了，村民对良好居住环境的渴望也更强烈了。

"我们从去年开始实行垃圾分类，全村已发放垃圾桶 283 个。"谈到村里的垃圾分类情况，作为村两委成员的郑雪芬如数家珍。她介绍，村里按照区块划分为 6 个网格，每个网格由 4 名党员和两名妇联执委组成负责小组，每天由各组负责分管的区块垃圾分类情况。

村民张菊芬是村里的一名保洁员，每天和她的 5 个同事负责全村的保洁工作。"我们一般定时上门收取村民家中的垃圾，并对垃圾桶内的垃圾进行二次分类，同时再把垃圾统一运输到垃圾处理站去。"张菊芬说。

下园村还将垃圾分类、卫生保洁写入了村规民约，责任到户，同时采取村民月月评制度，每月评出"垃圾分类荣辱榜"，将"先进户"与"后进户"标识牌悬挂到户。

"现在，我们每家每户都有这个意识，从老到少，都能做到从厨房开始垃圾分类。"村民童美芳说："环境好了，住着也舒坦。"

8月28日，下园村由村改为社区，站到一个新的发展起点。

27. 天台塔后村：打造"民宿＋康养"的休闲驿站

> 要诀：特色民宿
>
> 点评：塔后村从发展精品民宿到形成民宿群落，辅以康养产业，将乡贤转化为乡村产业振兴的合力，在实施高端民宿村落发展中走出了一条特色之路。

塔后村坐落在天台县赤城街道的赤城山脚下，环境清幽，景色优美。塔后村因赤城山顶的梁妃塔而得名。

塔后村周边有国清寺、桐柏宫等景区，地理位置优越，休闲旅游资源丰富。近年来，塔后村依托优美的田园风光和深厚的文化底蕴，打出"特色民宿村"招牌。同时，对村庄整体规划和乡村产业发展进行全方位的提升规划，并结合中草药花园及中医养生祖方物化展示，已初步形成以精品民宿集聚为特色的禅修养生度假村。

因地制宜　发展民宿

近年来，塔后村依托优美的田园风光和深厚的文化底蕴，开展美丽乡村建设，村庄面貌日新月异，游客慕名而来，一个民宿特色村应运而生。

回顾塔后村民宿发展，总共经历了四个阶段。塔后村村委会主任陈孝形介绍："2011年，我们全村实施农房改造，制定精品民宿发展规划，全面提升村庄环境。2015年，村里上峂里民宿办出了第一张民宿执照，拉开了精品民宿村发展的序幕。2017年，随着民宿越办越多，以村集体为龙头，成立旅游公司，建立经营管理、服务、安全等标准化体系。2018年，搭建民宿共享平台，为民宿经营业主、游客提供更加便捷温馨的服务。"

陈孝形介绍，塔后村民宿发展模式共有三种，分别是外来资本注入模式、品牌连锁模式以及村民自主运营模式，这

塔后村的精品民宿群

三种模式在价格定位和主打特色上错位发展，相互补充，构成了一个完整的塔后村民宿集聚群。

截至目前，塔后村共有民宿 61 家，其中省级民宿 1 家，四星级民宿 8 家，三星级民宿 15 家，客房 380 间，床位 800 余个。全村 1180 人中有 150 人经营民宿，60 人从事洗衣、打扫等民宿配套产业。2018 年底，全村接待游客 19 万人次，营业收入 1677 万元，民宿户均年纯收入达 30 万元，村民人均纯收入 3 万元，村集体收入 127 万元。

提升品质　特色经营

"如何避免千村一面，找准塔后村的特色，走出一条民宿经济可持续发展的道路，是我们一直在考虑的。"陈孝形说，在这样的探索中，塔后村开始发展民宿，也是农家乐的升级版，相比传统农家乐，它硬件设施更好，服务标准更高。

同时，塔后村还成立了民宿协会，引导村民结合本地资源发展特色民宿。"在发展初始阶段，存在经营业态同质化、主题特色不突出、缺乏行业标准、服务水平低等问题。成立民宿协会是为了加强民宿规范化管理，提高从业人员素质，提高民宿发展品质。"陈文斌说，协会会帮助村民解决碰到的问题，如审批、装修、定价等。在村"两委"、民宿协会的努力下，塔后村的民宿不断发掘文化内涵，经营户参加培训班，学习插花、泡茶等传统手艺，让软

件服务跟得上硬件提升的步伐。

另外，塔后村还对民宿资源进行整合，让各家的民宿特性互补、主题互补，吸引游客留下来。陈孝形介绍，在布置民宿时，每家每户各有特色，有传统厨艺的人可以做"早餐文章"，专门手工制作天台特色的饺饼筒、麦饼。善于刺绣的家庭，可以打造有刺绣主题的居住环境。

如今，塔后村的民宿各有各的风格，寻山民宿联合体是由陈文斌打造的品牌连锁民宿，分为道养风、工业风、青年旅舍等不同风格和价格定位，能满足不同消费群体的个性化需要。花谷闲农走的是文艺范儿，读书、品茶，还有各种休闲艺术活动。山林小筑这类民宿，则以干净淳朴接地气的农家特色为主……

大力发展康养产业

塔后村被誉为"仙草生长的地方"，中药材资源丰富。陈孝形说："近年来，我们以'天台大农场'建设为引领，以'康养塔后'为品牌核心，打造'中药材种植＋深加工＋销售＋服务＋旅游五位一体'的产业链，推动康养产业集群发展。"村里流转土地 126 亩建成中草药样本园，种植了乌药、白芨、洛神花等 11 种中草药，带动整个塔后片区中草药种植 1200 亩，帮助周边 6 个村增加集体收入。

说到中草药种植，就不得不提铁皮石斛产业。

大鳌山是铁皮产业的发源地，也是野生铁皮石斛的母本所在地。村内乡贤陈立钻对野生石斛进行引种驯化，对塔后村的项目建设、产业发展起到了引领作用。

"发展康养旅游业，关键在'景'，核心在'人'。围绕民宿产业发展需求，塔后村每周组织一次实用性培训课程，如中医药膳、易筋经研修、插花、摄影、舞蹈、茶艺、安全教育、家风家训、乡风文明等，不断提高从业人员的业务能力。"陈孝形说，"康养产业还能带动村民就业，带动民宿的发展以及土特产销售等，民宿村正向'康养福地'转变。"

28. 天台平桥三新村：打造平安和谐家园

> 要诀：网格治村
>
> 点评：网格化管理，治理重心下沉，在乡村治理中充分发挥村民自治的自我管理、自我服务、自我监督的功能，打造共建共治共享的治理新格局。

强光手电筒、对讲机、头盔、防护盾牌、巡逻电瓶车……走进天台县平桥镇三新村的巡逻安保室和微型消防室，齐全的专业配备，让人眼前一亮。

"这些设备花了几十万元呢。" 9 月 11 日，三新村党支部书记徐青海说，去年以来，三新村以提升村居（社区）综治中心建设要求，以"3＋3＋1"为标准，即在"自治、德治、法治"基础上，创新性融合了"人防、物防、技防"及"网格化管理工作机制"，进一步提高乡村（网格）社会治理水平。去年至今，全村零发案。

夯实"三治"，打牢基础

三新村由长洋徐、长洋周和沸头三个自然村组成，全村 306 户、998 人，其中党员 37 人。

这么大一个村子，如何管理是一个问题。"我们以'自治、德治、法治'为切入点，着力夯实基层基础。"村委会主任庞联学说，"既然村民信任我们，那就要给大家干点实事。"

村级财务，是广大村民关注的一个焦点问题。

2000 元以内，村党支部书记和村委会主任共同决策，村监委监督；两千元至两万元，村"两委"班子开会决定；大于两万元的，召开村民代表会议讨论；大项目必须经过招投标……

在三新村，村"两委"深化重大事务民主决策"五步法"和"五议两公

三新村的靓丽小区

开"民主协商工作法，扎实推进村民民主协商，并深入推进村务公开制度，规范党务、村务、财务公开的时间和内容。

"我们所有活动都按规定程序进行，确保公开透明。"村党支部副书记、村监会主任庞正江介绍，村里建立了由村级普法依法治理领导小组、村级法律顾问、村民小组法制宣传员组成的三级普法网络。

三新村还持续推进移风易俗，开展乡风评议活动，定期开展文明家庭、最美家庭、文明户等创建选树活动。

加强"三防"，提升能力

巡逻，如今已是村民洪志苗的一项重要职责。

配备好强光手电筒等设备，骑上巡逻电瓶车，洪志苗和其他村民一道，在村里开始了工作。小孩池塘边玩水、老人骑电瓶车不注意安全等，这些事他们都管。"村里发生的大多是小事情，但对每个村民来说，就可能是大事。"洪志苗说，村里组建的治保巡逻队伍，都由热衷公益事业、自愿做好村内社会治安的村民志愿参加，还接受了治安、巡逻、消防等业务培训。

有一次，村里两个四五岁的小孩子往邻村走了，家里人焦急万分，巡逻队及时查找，在邻村的集市上将小孩找了回来。

巡逻队的帮手，就是村里安装的82只摄像头。近年，村里投入20余万元，在"天网"基础上对村的出入口、主干道、重要路口、河塘等重点部位加装摄像头，并接入视频监控室，每天由专职网格员定期进行监控巡查。

王文月是沸头自然村的一名兼职网格员。村里自来水管漏水、村口马路边存在交通安全隐患……平时只要遇到，她都会及时向村里的专职网格员报告。"担任兼职网格员，我觉得很有意义。"王文月说。

织密网格，强化管理

三新村不仅完成了对三个自然村的监控全覆盖，还做了一张特色网格百晓图，航拍图上将全村多少户全部在图中标注清楚，真正实现了"网中有格，人在格中"。

三新村将全村分为 9 个网格，并建立了专门的网格员队伍和"一长三员"网格工作职责，加强网格内信息事件的采集上报工作。

现今，村里成立了"金钥匙"调解团，成员由村"两委"班子人员、村里的退休干部和热心调解事业的村民组成。巡逻队在一次巡逻中发现一户村民将自家杂物堆放到公共场所，影响村民交通出行。但这背后，是一起遗留了七八年的农房改造问题。"金钥匙"调解团先后花了两个多月时间多次上门调解，最终使问题妥善解决。

平桥镇党委副书记张圣明介绍，三新村是天台县 57 个网格示范点建设之一。村里以"发现得早、解决得了、责任捆牢、群众讲好"为目标，把网格的触角延伸、再延伸，把问题消灭在萌芽状态，确实做到了微事不出格、小事不出村。

第五章　生活富裕

　　乡村振兴，生活富裕是根本。要坚持人人尽责、人人享有，按照抓重点、补短板、强弱项的要求，围绕农民群众最关心、最直接、最现实的利益问题，一件事情接着一件事情办，一年接着一年干，把乡村建设成为幸福美丽新家园。要优先发展农村教育事业，促进农村劳动力转移就业和农民增收，推动农村基础设施提档升级，加强农村社会保障体系建设，推进健康乡村建设，持续改善农村人居环境。

　　　　　　　　　　　　——中共中央　国务院《关于实施乡村振兴战略的意见》

29. 温岭大溪五峰村："三改一拆"腾出致富新空间

要诀：破"障"前行

点评：规划引领，谋定而后动；拆改结合，项目早落地；产业升级，民富而村美。

　　水泥搅拌机发出阵阵鸣响，建筑工人们忙碌着作业……位于温岭市大溪镇五峰村的工业地产项目施工现场，钢筋搭建出的一幢幢楼房已经雏形初现，似乎可以预见这片土地上日后的繁荣景象。

　　由于地理位置偏僻、发展空间小、交通不便，五峰村村集体经济收入曾经十分微薄，两年前还曾被列为"经济薄弱村"。

　　这几年，靠着盘活土地，开发工业地产项目，村庄告别落后穷困的发展格局，迎来了崭新的"春天"。

"三改一拆"腾土地　村里发展谋出路

　　时间倒退回4年之前，那时的五峰村还矗立着大批的违法建筑，但这却是村集体的主要经济收入来源。这些成片的违法建筑里聚集着大量的不合规生产企业，最为突出的是大量的翻砂铸造厂。这些翻砂厂办厂历史近15年，不仅给生态环境带来巨大伤害，也给群众生活带来不良影响。

　　2014年，温岭市着手于"三改一拆"环境整治，五峰村两委干部开始大力推进关停不合规企业，拆除违章建筑的工作。2015年，温岭市政府的工业地产项目引起了村两委的关注，在与镇里积极对接后，村里下定决心，要拿下指标，争取成为工业地产项目的试点单位。

　　看到了广阔土地资源带来的发展机遇，也明白自身的资源优势，村两委干部清楚地认识到拿下指标的前提条件是必须清退违法空间。

　　可想而知，近70亩土地的征拆工作不可能简单。"拆迁工作举步维艰，不知道挨了多少冷言冷语。别说拆厂房是断了企业老板的财路，就连村民也觉得我们拿地做项目是'吃子孙饭断子孙路'。"谈起征迁工作，村党支部书记潘林福非常感慨："为了村庄的环境整治和经济发展，项目必须拿下，想尽一切办法也要做通村民的思想工作，把地腾出来。"

　　潘林福告诉编者，村两委干部一方面带头拆除自家违章建筑，出让闲置土地，为村民做好榜样，另一方面多次召开村民代表会议、党员会议，传达镇里关于"三改一拆"的相关精神，并为村民详细讲解拆后政策的优越性。村干部的努力慢慢获得了村民的理解，五峰村工业地产项目终于成功落地。

产业升级建园区　开启致富新天地

　　"利用村里近70亩的拆后土地，工业地产项目就落户在这里。"看着工地上忙碌的景象，潘林福的脸上写满了期待，他说："未来这里将建成建筑面积11.74万平方米的工业园区，包括10栋厂房和1栋物业配套楼。"

　　令村民们开心的是，项目建好后，村集体将获得1.8万平方米的厂房，这份价值5400万元的资产，也让五峰村具备了"养鸡生蛋"的能力。

　　"村里都商量好了，一部分房产租给酒店、超市、农贸市场用，另一部分出租给企业当厂房。这样的话，村集体每年就能增加经营性收入四五百万元。"潘林福告诉记者，得知村里将出租厂房的消息后，村里村外的不少机电企业主都看中了这片厂房的地理优势，已经找上门寻求合作了。

五峰村的规划图

　　大溪镇农办主任林雄伟告诉记者，园区主要将集聚一批机电类企业，准入门槛比较高，入园企业不仅要达到一定规模，同时从事的生产也要对环境友好。目前，已有10家规上企业确定进驻园区，以从事电机、水泵生产的机电类型的低污染企业为主。

"项目落地后，势必会引来许多劳动力。人多了，需求也就大了，由此创造的就业机会也就更多了。以从事农业生产为主的村民们在家门口就可以销售农产品，自产自销，创收增利。超市、酒店等服务业更能吸引一部分外出务工的本村村民回流，实现在家门口赚钱的愿望。"潘林福说。

摘下"经济薄弱村"的帽子，五峰村朝着富裕村行列前行。看着村里一天天的变化，村民们心里的顾虑少了，期待多了。

"翻砂厂迁了之后，村里的环境越来越好。等到工业园区投入使用，不仅村集体的收入能增加，我们村民的出路也更多了。"村民老宋说，自己当初对"拆建"很不理解，但看着园区的建设一天天推进，他相信这里将开启村里致富的崭新天地。

30. 天台街头后岸村：从"卖石板"到 "卖风景"

> 要诀：三"生"融合
>
> 点评：促进生产、生活、生态"三（生）融合"，抓住民宿经济的新引擎，打造山区农村转型发展"美丽经济"的"后岸样本"。

始丰溪畔，千岩竞秀。

9月11日下午，细雨蒙蒙中，横亘十里的"铁甲龙"格外俊秀挺拔。山对面就是天台县街头镇后岸村。临窗而坐，高端民宿经营户俞彩萍悠闲地展示茶艺，动作娴熟，当天上午，她刚送走一批客人。

"现在环境变好了，越来越多的人到这里度假，我就把自家房子装修起来，做了高端民宿。现在一年收入有60多万元，比在外奔波强多了。"作为一名后岸村的媳妇，俞彩萍说，"绿水青山"的确就是"金山银山"。

现如今，后岸村共接待游客近百万人次，村民人均收入由2012年7500余元增至4.5万元，村级集体经济从2010年空白增至370万元。

"卖石板"转向"卖风景"

后岸村地处天台县街头镇西南部，毗邻唐代诗僧寒山子隐居地寒明岩景区，现有农户348户，人口1203人，党员60人。

曾经的后岸村，家家户户靠采矿、加工石板为生，赚了钱不假，很多村民却为此付出了惨重的健康代价。

"我17岁开始打石板，打了20多年。"后岸村党支部副书记陈定恩说，后岸村祖祖辈辈都沿袭着"靠山吃山"的发展传统，在那时的村民眼里，打石板这个营生，只要有力气就能挣钱。

20世纪90年代，后岸村的村集体收入高达24万元，小村里建起了自己的电影院，还被称作"小香港"。

老百姓的钱袋子鼓了，可引以为豪的"石头经济"同时陷入困境——生态、健康和经济三者何以能兼得？

从2007年开始，后岸村陆续关了100多个石头矿，选择了转型发展。陈定恩介绍，村"两委"班子将目光投向了这方熟悉的山山水水，后岸周边风景资源好，发展农家乐或许是个方向。

2011年9月，后岸村的农家乐正式开张。一个月下来，首批开张的11户农家乐，每户净利润就达到1.2万元。"生意火得不得了。"陈定恩说。

后岸村的绿水青山

可观收益让后岸村农家乐如雨后春笋般冒出来。目前，村里已有70多家农家乐、床位1800多张、餐位5000多个，平均每家农家乐年收益15万元左右。如今，全村80%村民吃上了"旅游饭"。

加强村庄环境管理

"办好农家乐，先把环境美"。这句话已成了后岸人的共识。

如今的后岸，先后获得国家 4A 级旅游景区、中国最美休闲乡村、全国美丽宜居示范村、全国特色景观旅游村、全国休闲农业与乡村旅游示范点、长三角地区最受欢迎休闲旅游目的地等荣誉，良好的生态环境已然成为推动乡村富裕的支撑点。

保护好生态环境，成了村里的一件大事。

"现在后岸整体环境已搞好了，需要全村人齐心协力维护好。"陈定恩说，当初决定发展农家乐，就是对后岸古朴优美的自然风光有信心，如果环境脏乱差，后岸的优势就荡然无存。

为打造有序的环境，村里专门安排 4 名村干部和党员，对后岸村道上沿道摆设的摊位进行劝离，让他们统一搬到新开设的"农产品一条街"上。

年初，村里还一次性投入 20 万元，对全村环境进行了一次彻底的清理。自 2011 年开始，村里已经累计投入数千万元完善基础设施和环境建设。

近几年，村里还将"和合文化"融入乡村治理和乡村建设，由民宿经营户自发组建和合调解小组，帮助游客解决各类诉求和纠纷处置。同时，村里连续三年为游客购买景区责任险，保费由村里出，游客不用花一分钱，给每年接待的近百万人次游客和农家乐经营业主吃了一颗"定心丸"。

推陈出新做强产业

街头镇副镇长谢法庆说："镇里非常重视后岸的发展，在基础设施建设、环境改造、农家乐管理等多方面给予支持。"

经过多年发展，后岸人在致富路上渐渐创造出"后岸模式"，即"农村 + 公司 + 农户"模式。2011 年 6 月，村经联社出面注册了天台寒山旅游开发公司，对农家乐农户按照四星级标准统一装修，全村农家乐统一管理、统一营销、统一服务，就连客源也统一分配。

"接待好一位客人，就能迎来一整批客人。"寒山居老板娘汪倩嫦说："大部分客人都是回头客，一位温岭的客人在一年里就来了 6 次。"

"有花可赏、有景可看"，是后岸人追求的目标。如何让游客一年四季都来，后岸人以四季办节的形式来吸引客源。

春季，利用村前 500 亩桃园办桃花节，接着又借助杨梅园、桂花地、黄花梨及大片荷花地，将观赏性旅游战线拉长。春夏秋三个季节的游客量趋于稳定，冬季怎么办？村里尝试着办起了"开羊节"，热情邀请游客免费品尝，给村民带来了上百万元的收入。

陈海军原本在外地工作，如今回家乡成了一名民宿经营者。"在家门口就能赚钱，又能兼顾家里，比在外奔波强多了。"陈海军说。近年来，村里已有 30 多位乡贤回乡创业。

如今，在"共同富裕"精神指引下，天台县决定以后岸为龙头，涵盖 10 个旅游村，打造寒山田园综合体，面积 21.3 平方公里，规划花艺、茶艺八大特色产业组团布局。后岸村将迎来新的发展契机！

31. 临海括苍黄石坦村：民宿让古村焕新生

> 要诀：土洋结合
>
> 点评：从"空心村"摇身一变成为美丽的乡村艺术区，文化价值被提升到和经济价值同等的重要地位，黄石坦的经验和模式，不仅是对于建筑的改造和环境的提升，也为乡村增富提供了鲜活的样本。

在那群山环绕间，有一个古村落，集奇峻清幽于一地，汇峰林洞瀑于一域，它就是黄石坦。

从"空心村"到"民宿村"，近几年，黄石坦村凭借优越的自然环境，通过精品民宿村、国家 3A 景区、美丽乡村精品村等项目建设，着力把黄石坦村打造成充满活力的传统村落。

目前，村内已有 12 户民宿完成改造，黄石书吧、停车场、公共活动广场等配套即将建成，一个承载着乡村记忆、有着原汁原味风土人情的文化艺术村落正逐渐成形。

"空心村"老宅涅槃重生

临海市括苍山镇黄石坦村，一个海拔 400 米的原生态小村落，有着保存相对完整的石屋建筑。随着村民逐渐走出大山，这座偏僻小村庄的人口越来越少，最后只留下破旧的房子和年迈的老人，和很多的乡村一样，变成了一个只有美景没有人气的"空心村"。

括苍镇党委委员王艳说："年轻人外出工作多，众多屋子也逐渐被闲置。"

但是最近几年，黄石坦村悄然改变，一些闲置的老房子变身民宿，村子也逐渐热闹了起来，从最初的两三家民宿，到如今各具特色的 12 家民宿，这里成了许多城里人的"休闲之地"，在这座古村落里，越来越多的民宿开始兴起。

峡谷石村、巨石瀑布，民宿与山水相辅相成，文化焕发新生，共同的乡愁在这片土地上不断衍生。"黄石坦位于方溪水库源头、九台勾景区入口，背靠括苍山，有着优质的自然资源。村落建筑外墙多由当地石材砌筑而成，内部为木结构，与周边环境形成极具特色的传统建筑群落和乡村风貌。"王艳告诉记者，借助原有的资源，他们对石屋进行修缮改良，加上竹子等元素和风格，让黄石坦的民宿更具特色。

要做好古村落保护和发展，基础设施建设是重中之重。从排污、自来水到电力、通信，黄石坦村一切都是从零开始，因地制宜、精心布局，停车场、游客接待中心、旅游公厕、公共活动广场等设施也正在规划建设中。

黄石坦村的竹编新景

散步有广场，看书有书吧，夜出有路灯，上网有网络……基础设施的建设与完善不仅满足了外来游客的需求，也为当地的村民带来便利。

多业态发展主题民宿

走进黄石坦村，发现这里的民宿多数是以石头和木制品为元素，简约、古朴，怀旧中透着点小资情调，配套设施又不失现代理念。

"节假日一般都客满，供不应求。"说起自家民宿，泊星民宿的老板同时也是黄石坦村书记的许双飞满脸笑意，他的民宿位于村子较高的地方，窗外是翠绿葱葱，晚上可以在这里看到满天的星星，故取名"泊星"。

许双飞的民宿是村子里较早的一批民宿之一，作为村书记，他要带头发展民宿，让村民看到成绩，才会有更多人愿意加入发展民宿的行列。

为什么朴素破旧的老宅子比豪华酒店更有归属感？因为这里有故事，有情怀。

"我们不过度装饰，对自家的老房子进行改造，保留了石头、瓦片、竹子等本地元素。"许双飞说。

除了本地村民外，黄石坦村也吸引了一些外地文艺青年来办民宿，他们改造利用数栋古民居，打造手工、绘画、音乐等主题的特色民宿，提升了黄石坦村现有本土民宿的整体质量。

民宿的发展，同时也带动了当地番薯、笋干、土蜂蜜等特色农产品的销售。王艳表示，接下来他们将积极推广特色民宿建设，引导本地村民办有主题的民宿，融入做豆腐、养蜜蜂、竹编手工等农家活动，以吸引更多客人。

"我们打算从外地请竹编高手，对民宿游经营户和村民进行专业技术培训，使他们学会利用本地丰富的竹林资源，编制各种工艺品和儿童玩具及小摆件，梳理出土蜂蜜等具有本地特色的农产品，设计统一的标志（logo），提升农产品档次，拓宽村民增收致富的渠道。"王艳说。

在未来，除了个性化民宿外，村子还将引入艺术创意产业，布置书吧、茶吧、咖啡吧等休闲配套，举办民宿派对、乡村音乐节等文艺活动……在黄石坦村，可以呼吸新鲜的空气，沐浴温和的阳光，一方庭院、几亩绿地、一杯清茶，三五好友，天南地北地闲聊，享受恬淡闲适的慢生活。

32. 温岭坞根坑潘村：将"美丽"转化成滚滚财富

> 要诀：巧用"怀旧"
>
> 点评：文化是乡村的"灵魂"，乡风是乡村的印记。乡村有文化，村民有盼头，自然会回流。

传统婚俗展演、农产品展出、美食小吃汇聚、非遗展览、手作体验……2023 年 5 月初，一场乡村文化旅游节，让坑潘这个位于坞根镇东北面的小村庄走进了台州老百姓的视野。

大莱山中，千年古樟下，接踵而来的游客使这个偏远的传统村落呈现出盎然生机。8 天时间，创造收益近 200 万元，吸引人流量 15 万人次。

从南宋时的古朴村落到"浙江最美乡村"，再到如今的"喜事坑潘"休闲乡旅目的地，坑潘村的老百姓充分发挥自己的智慧和经验，在"乡村增富"的道路上画下了浓墨重彩的一笔。

"喜事坑潘"，打造乡旅目的地

青山依依，绿水环绕，老旧的石头房子透着别致，古朴的木栅栏写满诗意。初夏，记者走进这个处于回龙溪与里洞门溪汇合之处的小村时，不由得被它的自然风光和文化韵味所吸引。

凭借着悠久的历史、浓郁的文化气息和优美的环境，2012 年，坑潘村被认定为首批"浙江最美乡村"，由此为人所知。

由于地理位置远离城区，村里多数青壮年都选择外出经商和打工，留下的老幼妇孺以种植枇杷、杨梅等水果以及生姜、药材等谋生，收入十分微薄。

"有这么好的旅游资源,如何发挥它的价值,带动村庄致富?"过去几年,坑潘村党支部书记潘道舜一直在思考这个问题。慢慢地他心中终于有了答案。

"民间有句谚语:'欲问坑潘在何方?樵夫遥指百丈樟。'"潘道舜告诉记者,在坑潘村有一株高 30 余米的千叶古樟,传承着村子从古至今的乡风文明,成为村里的标志性景物,"古樟树的故事,结合村里抬花轿、唱洞房经的传统婚俗,都可以成为我们打造'爱情村落'的载体。"

潘道舜的想法,得到了负责坑潘村建设规划的温岭市规划研究院副院长方伟的认可与支持。在他看来,所有项目都必须以文化为载体,将一些物质的东西转化为精神的东西,坑潘具备了打造"爱情村落"的先天条件。

"乡村旅游目的地设计的重要一点,在于乡风文化和乡土文化的保留,增加乡村体验感,才会具有吸引力。"在考察了整个村庄后,方伟发现,除了古樟树和传统婚俗外,坑潘村还有许多东西值得挖掘,"由乱石奇石堆砌而起的石屋群,散发着氏族聚居群体的古老建筑风韵;古法做糖、灰雕、手工帽等都是坑潘人独有的'绝技',既有传承性又有体验感……"

上年年底,经过村干部和规划设计师们一次次的商量,一个挖掘婚俗文化,集文化体验、休闲娱乐、艺术创作展示、文化传播等功能于一体的"喜事坑潘"休闲乡旅目的地的构想跃然纸上。

村民回流,多种业态齐绽放

在"喜事坑潘"的规划图上,一街一谷一心的地理分布十分清晰。"喜市大街"以古风为主,开设时光邮局、爱情银行、月老庙、各类喜铺、青年旅馆等;"喜柿山谷"以自然为主,开设喜雨山房、玫瑰花房、爱情巴士、自然营地等;游客接待中心以咨询服务为主,开设小型咖啡吧、无边泳池等。

随着村庄建设的逐步推进,"喜事坑潘"的业态也日渐丰富。按照规划,坑潘村将朝着"爱情村落""研学旅行目的地""红色旅游观光点"三个方向引入业态,既留住传统特色,又融入现代元素。

"作为'爱情村落'，我们不仅有婚俗表演，还希望引进更多婚庆产品、手工艺品等商家；古法做糖、传统糕点、灰雕、手工帽等独有手艺，可以以研学的方式实现分享体验；坞根是中国工农红军第十三军二师的诞生地，即将推出红色文化之旅的游线，

坑潘村的景区一角

坑潘作为其中重要组成部分，将承载这条游线观光旅游体验以及餐饮等多个项目。"方伟告诉记者，目前已有婚纱摄影、珠宝定制、酒庄、邮局等 13 户商家入驻"喜事坑潘"。

从外部引入各种产业的同时，坑潘村也不忘对内进行人才和技术的挖掘。于是，越来越多的人才开始回流。

54 岁的潘道林，18 岁学做手工糕点，后来在红糖厂当糕点师傅。在村集体的鼓励下，他回家搭了古色古香的门面，和妻子一起制作和出售麻花、姜糖等手工糕点。

"'五一'期间试了个水，生意特别好，超乎我的预想，8 天收入突破 10 万元。"潘道林难掩心中喜悦，他鼓励更多村民回到坑潘发挥特长一同致富。

潘道林这一尝试，振奋了不少村民的心。随后，在村干部的组织下，37名坑潘村村民奔赴西塘、乌镇等地参观，希望借鉴外地经验，应用在坑潘村的产业发展中。

"我们村盛产药材，开一间专卖药茶的店铺，或许是个不错的选择。"村民谢大叔告诉记者，这一趟考察后不少村民都有所启发，"有的想开民宿，有的想搞文化衫印染，有的想开鲜榨果汁店，想法特别多"。

村民的参与度让潘道舜十分喜悦，如今的坑潘村，离他的设想越来越近。

"景区将于今年 10 月 1 日全部建成，接下来我们将推出季节性文化节目，结合七夕、世界杯等焦点元素，以文化激活人情，让来到坑潘的人都能喜欢上这里。"潘道舜说。

33. 三门海游前郭村：在美丽盆景中探索乡村振兴之路

要诀："玩"出致富

点评：因地制宜调整产业结构，引领分散生产转向规模经营，新思路为乡村发展注入活力。

沈海高速三门市出口下来，向东行驶不到 2 公里，就见到一株昂然挺立的百年老樟树，这便是三门市赫赫有名的盆景村——前郭村。

过去，前郭村是附近有名的集体经济弱，经济收入单一，基础设施薄弱。

近年来，借着美丽乡村建设的"东风"，前郭村抓住盆景文化做文章，因地制宜大胆调整产业结构。

2015 年开始，前郭村不仅摘掉了贫困村帽子，还走出了一条由盆景带来的"美丽产业强村、全民创业致富"新路子。

眼下，盆景产业已成为前郭村一张响当当的名片。许多游客慕名而来，在盆景中流连拍照。前郭村盆景交易市场及盆景风情美丽庭院吸引不少外来客商，创造了 2000 多万元的年营业额。

侍弄盆景，玩出致富机遇

走进村里，房前屋后到处可见大大小小、千姿百态的观赏盆景，形成了一道独特的风景线。村民介绍，眼前这些盆景，根据造型和年份，在市场上便宜的卖几百元，贵的则要上万元，而且还很抢手。

动辄数万元的盆景，与平常人家似乎难有交集。那么，盆景是如何走进前郭村的寻常百姓家？

原来，在前郭村素来有盆景栽培传统，有近 200 户村民是盆景栽培爱好者，其中不乏研究盆景栽培 20 余年的专家。目前，村里共有七八十户是盆景大户，散户也有一百来户。

黎林辉是村里的"美丽庭院"示范户之一，从事盆景制作六年，种有金豆、茶梅等二十余个品种的盆景共 300 盆，是个实实在在的盆景大户。如今，他一边在客运中心上班，一边花了不少心思从事盆景经营，收入翻了好几番。

现在村里经营的主要品种是金豆盆景，一般从山上采挖然后造型。"金豆的观赏价值较高，挂果时间长，能一直挂到明年清明。"黎林辉介绍道，金豆以野生为主，分布于浙江、福建一带的山区。"福建金果挂果少，三门产的金豆叶子少挂果多，品种最好，观赏价值也最高，市场也大。"

村里划分 20 来亩的土地建起了育苗基地。村民们除了上山采挖外，也会通过网上购买树苗进行培育，各种盆景种植难易不同、培土种类不同，但经过村里经验丰富的"种植专家"的技术指导和自己的一双巧手，最终形成规模。

规模发展，形成集聚效应

早前，全村只有五六个人经营盆景。村民中虽有不少"盆栽迷"，那时主要还是以经商、打工谋生，一年到头只有几万元的收入。

如何将个别村民的爱好，变成可以带动全村实实在在的致富之路，并在短时间内形成盆景产业特色村呢？

前郭村村委会主任黎锦锋说："这个过程中少不了政府的引导、鼓励和帮扶。我们提出打造美丽庭院、发展美丽经济的思路之后，县里、

前郭村的盆景广场

街道及相关部门都提供了人财物的支持。"

有了政府的鼓励和扶持，村民们对于做大盆景产业充满了信心。

2017 年 7 月，前郭村占地 5000 余平方米的盆景交易市场建成并投入使用。市场 37 间小木屋出租给盆景种植户，为村集体经济创收，除本地村民外，还吸引了十多户外来盆景户慕名入驻。

在盆景交易市场中，一件件制作精美、自然生动的盆景艺术品陈列展架。

"互联网＋盆景"，让盆景经营户们尝到了甜头。在一间间小木屋前悬挂盆景户的个人信息牌，展示他们的姓名、联系方式、种植经验和收款二维码。

据介绍，盆景市场发挥集聚效应后，村中盆景经营户平均年收入能有 20 万元。

打造盆景小镇，助推产业升级

乡村共同富裕，没有休止符，只有进行时。

由于前郭村交通便捷、区位优势凸显，不少游客游三门市都会选择在此地停歇。

前郭村不失时机地抓紧完善各项基础性旅游建设，大力发展农家乐、民宿等旅游配套设施，带动盆景市场的销售。

目前，前郭村农家乐及民宿经营户已有 5 户近 60 个床位。

黎锦锋说："随着经济的高速发展，人们对生活品质的追求也随之提升，我们想把村里的老年公寓建起来，然后再把村前的山路造上去，在村里的山林上种水果，好好规划观光路线。"

据悉，在文化长廊和美丽院落的基础上，前郭村将继续对整村进行改造。目前，该村正在研究扩大村庄旅游观光带，计划五年内打造有前郭特色的休闲旅游新农村。

如果说三门市的母亲河珠游溪是三门市的彩带，那么现在的前郭村就是彩带上一颗璀璨的"明珠"。

34. 黄岩新前前洋村："黄岩淘宝第一村"的升级之路

> **要诀：引人入"网"**
>
> **点评：以点带面带动全村融入电商产业，在实现农村剩余劳动力充分就业的基础上，利用电商优势，实现规模化输出，促进农副产品产业链改革，不失为乡村增富的一条好路子。**

当你打开淘宝网，输入"塑料日用品"，你会发现搜索出的各类网店中，有半数来自台州，而在这半数网店中，大多数商家都来自黄岩新前街道一个不起眼的小村庄——前洋村。

这个曾经靠天吃饭的农业小村，如今却成了电商扎堆、年销售额上亿的中国淘宝村，实现了村庄发展、产业转型的华丽转身。

走进前洋村，只见全村淘宝店铺都采用统一的规格与颜色，店招上印有淘宝户的网店编号、店铺名称和联系方式等信息，早已摒弃了原先的杂乱无章，令人耳目一新，浓浓的电商氛围扑面而来。

从"农"到"商"　农村电商引领大发展

在前洋村，随处可见四层楼的民房内，一楼堆满了塑料制品，工作人员麻利地将一个个收纳箱贴上标签并包装。而二楼成了淘宝店主的办公地点，电脑频繁地响起消息的嘀嘀声。

早在 2009 年以前，这里还是以种植茭白等农作物为主的农业村，直到一名"80 后"女孩将电商的"种子"带进了这个村庄。

张媚，是村里做"淘宝"的领头人，她生于"羊毛衫之家"。

她的父亲早年一直从事羊毛衫加工行业。2006 年，大学毕业后的张媚打算自谋生计，当时新前还有不少羊毛衫厂，但生意已经开始走下坡路，因此

前洋村的电商车间

她萌生了通过淘宝营销的模式帮助父亲打开市场的想法。

足不出户，不用奔波，在家门口就能创业。尝到电商模式带来的"甜头"后，张媚开始和朋友们一起自己经营淘宝店，渐渐地，村里年青一代也纷纷加入电商行业。

"我们村原本是农业自然村，当时，村里只有六七户家庭从事羊毛衫生产，村里人大部分是靠种农产品赚点辛苦钱，那时候淘宝兴起没多久，在淘宝上卖衣服、塑料制品的基本没有。"前洋村村党支部书记张岩国也是村里第一批"吃螃蟹"的人。他告诉记者，2009 年前后，在外打拼的前洋村村民第一次接触电商这一商业模式，之后迅速接受并熟练地运用它，开始不断丰富线上销售的产品种类。

在第一批电商的带领下，村民开始大量涌入这一新兴产业。短短几年时间，从淘宝店为主的几个玩家发展到如今以淘宝、阿里巴巴、京东、亚马逊等多平台共存的农村电商集群。

如今的前洋村，家家有货柜，已是村里最普遍的现象。

2014 年，前洋村被阿里巴巴评为"中国首批淘宝村"，此后该村电商产业增长飞快。2014～2017 年，前洋村的农民电商们在淘宝平台分别创下了8700 万元、1.36 亿元、2 亿元、3 亿元的销售业绩。2017 年，被誉为"台州第一淘宝村"的新前街道前洋村，首次登上了央视荧屏。

"从最初几家几户经营淘宝，到现在全村 80% 以上的年轻人在网上创业，目前前洋村共有 60 多户农民注册了自己的网店，成为'黄岩淘宝第一村'。实现了农村剩余劳动力本地化充分就业，吸引带动周边更多村民电商创业，提升了村民收入。"新前街道党工委书记施雄伟说，随着村里物流等配套设施逐步完备，村民纷纷回迁，前洋村的电商集聚效应慢慢显现。

以农村电商为契机　实现农业升级

近年来，前洋村以服饰、塑料制品为主的电商产品，不仅带动村民增收，还因电商们聚集形成了洼地效应，拉动了周边相关产业迅猛发展，新前街道周边大大小小的服装制造厂及塑料制造厂也重焕生机。

前洋村首批村民开网店赚钱后，一批带一批，随着做淘宝的村民越来越多，竞争越来越激烈，做电商的利润也开始下降。

该如何突破这种困境呢？张岩国告诉编者，淘宝村接下去不能再野蛮生长了，要稳固培养，可以朝农产品电商方向发展。"农产品这块可有大文章可做，只要做出特色，确保品质，以后发展线下定点配送，以最快的速度把农产品送到消费者手中。"

为此，张岩国开始摸索转型升级之路，一个立足于发展黄岩传统农业的电商平台"淘去来兮"开始出现。

前洋村通过创建"淘宝村"，已经打响了知名度，虽然全村实现了创收，但还有部分村民从事农业生产，农产品销售成了难题。"张岩国作为前洋村村支部书记，为了帮助村民解决这一难题，放弃了原有的产业，顶住压力，创办了'淘去来兮'，通过平台对外销售，解决了村民的后顾之忧。"施雄伟说。

据了解，"淘去来兮"电子商务平台自 2016 年 10 月 15 日面向全国正式运营至今，总销售额已达 3000 多万元，现如今，由于平台已进入正轨，已创下 2600 多万元的销售额。

前洋村的"本地早"、茭白通过"淘去来兮"这一电商平台被抢售一空，该平台的"农产品进城"流通功能逐渐辐射到头陀、澄江等周边乡镇，除了本村农户外，邻村甚至邻镇的村民也纷纷慕名而来。临古古法制作的红糖在平台一上线，当天就销售 100 多包，上市不到 7 天，就销售了 7000 多斤。

有了黄岩本土的几款主打农产品，"淘去来兮"开始开花结果。

记者了解到，"淘去来兮"电商平台除了营销台州地区的特色农产品——黄岩蜜橘、头陀红糖、玉环文旦外，本着"走出去，请进来"的原则大力营销全国各地的优质农产品，如新疆干果、东北大米、临安核桃、丽水香菇等。

"我们建立平台的目的，在于让村民们能够就近入驻，解决发展的空间难题，将村民们的农产品资源进行资源整合，把台州优质的农特产品推向全国。最终将'淘去来兮'打造成一流的农产品销售平台，真正实现惠农助农，把优质农产品打造成'淘去来兮'的明星品牌。"张岩国说。

35. 路桥金清剑门港村：老渔村有了新模样

> 要诀：一海多用
>
> 点评：从靠海吃海变成靠海致富，剑门港人动脑筋转思路，充分利用得天独厚的资源禀赋，走出了一条"绿富美"的新路子。

近海渔业资源衰退，大量破旧的小渔船停歇在村口的海边。这是 10 年前，路桥金清镇剑门港村的景象。

剑门港村，一个世世代代以打鱼为生的渔村。老一辈人介绍，这里捕鱼的历史至少可追溯到明末清初，甚至更久。

"除了捕鱼，我们不太懂其他。不能捕鱼，我们还能做些什么？"渔民戴美斌说，村里老老小小最大的本领就是出海打鱼，而今，这本领却无用武之地。

那么，这个地处偏僻海滨的渔村如何能翻开新的一页？

讨海人开起了观光船

60 岁的林正标，村民们叫他"船老大"，虽然仍每日与船打交道，但他不再是传统意义上的讨海人。2008 年，他与村里 6 位渔民合资，做起海上观光运输生意。

"以前我们在海边捕鱼时，常有外来游客打听，能不能跟渔船去海钓，能不能开到大陈岛。"几位渔民从中嗅到了商机，有人笃定能赚大钱，也有人充满了疑虑。

"捕鱼太辛苦，年纪一大越来越吃不消，不如用这些年的积蓄搏一搏。"这是林正标当年入股的原因。

两艘小型游轮，船身漆成悦目的天蓝色，乳白色桅杆与缆绳

剑门港村的海上观光船

相连，两层船舱可容纳 30 余人，每艘船造价超过 100 万元。"当时没有现成的游轮，我们买了钢板、木板等材料，请造船师傅按我们的图纸和要求建造的。"他回忆道。

剑门港村党支部书记戴玉琴也是促成这项投资的重要人物之一。她跑了几个部门，将船只登记备案，申请了营业执照。船造好后，她边学边摸索，亲自跑业务，很快接到了第一笔生意。

"头两年不太景气，后来有了回头客，有人慕名而来，生意逐渐上了轨道。"这个创造性的海上观光项目，像当地渔民的孩子，在全村人的关注下一点点成长起来。

目前，海上观光主要有两个项目：一是海钓，收费标准 2200 元/次，不限人数（荷载范围内），船员捕得的鱼全部归游客所有；二是登大陈岛，收费标准 4880 元/次，不限人数（荷载范围内），2 小时到达大陈岛，当天往返，途中可捕两网鱼，鱼获全部送给游客。

"去年毛收入有 70 多万元。虽然工作日生意冷淡，但节假日和周末常常客满。"戴玉琴说，今年"五一"小长假，观光船收入达 3 万元。一天跑了 5 趟海钓，还有游客想去没去成的。

两艘海上观光船，成为开拓旅游市场的先锋队伍，也承载着渔村发展新产业的梦想。

滨海游玩项目日益增多

剑门港村虽然地处偏僻的滨海之地，但有着十分丰富的海洋与渔业资源，滨海游玩的项目正在日益增多。

靠山吃山靠水吃水，剑门港村依山靠海，近年来，村民积极响应休伏渔期政策和"一打三整治"，渔业转型升级不断加快，不少渔民转而发展渔家乐，海边餐饮、海边民宿、海上捕鱼等休闲旅游业进一步发展。

编者来到坐落在金清大港入海口金清新闸边上的剑门港村时，发现这个村庄的建筑整齐划一，房前屋后没有东西乱堆放现象，村容环境很是整洁，几乎看不到垃圾。

村民们也充分挖掘当地的渔家风俗，在入村口等显著位置，以渔具为装饰品点缀村庄布置，以墙画、长廊等形式宣传海洋风情，把渔具存放点统一规划为自家房子的地下室，村里统一制作篱笆当储藏室的门，旁边配有一幅油墨画点缀。走在村里，不像是在看村民居住的小区，倒像是在参观一座海洋博物馆。

"接下来，我们准备发展'靠山'经济，建设南山头游步道，吸引更多游客前来看海、观景，从而拓宽村民的增收渠道。"戴素琴说，剑门港的旅游资源远不止港口和海水。村庄西面有 20 多亩湿地公园，北面的山腰建有妈祖庙、观音殿，南面有 100 余亩礁石，向南一公里是白沙码头，向北一公里是龙泰景区和小普陀景区。

夕阳西下，漫步金清新闸口，天空随着太阳的落下形成了不同的颜色，橘色、粉色、紫色渐变如同画卷，与停泊在此的渔船交相辉映，造就了一道独属于这里的别致风景。

如今，金清至大陈航线的开通，又为剑门港带来大量外来游客。对于正在寻求产业转型的渔民们来说，这是一个可遇不可求的好机会。

36. 仙居南峰赵岙村：蜕变中的杨梅专业村

> 要诀："洁"以引人
>
> 点评：乡村振兴，生态宜居是关键，产业兴旺是重点，赵岙抓住了这两个要义，走出了"宜居、宜业、宜游"的发展新格局。

赵岙村，位于仙居县南峰街道南面，依山傍水，风景秀丽是仙居"四大杨梅之乡"之一，由赵岙、东岸、黄湖三个自然村组成，总人口1230人。

近年来，赵岙村以"经济＋治理"为抓手，大力实施乡村振兴工程，集体经济、村庄环境、村民收入大变样。

"现在，我们村是一年一个样，越来越漂亮了。"村民李和洲说。

大力开展环境整治

走进赵岙村，给人第一印象是干净。

房屋错落有致，房前屋后秩序井然，村道两旁树木郁郁葱葱。

"以前，村里搞保洁不好搞。往往是刚打扫了，一转眼又有村民乱扔垃圾了。"从事了七八年保洁工作的村民周林兴说，"现在大家环保意识都增强了，搞保洁比过去容易多了。"

乡村要振兴，生态宜居是关键。

"我们以建设美丽宜居村庄为导向，以农村垃圾、污水无害化处理和村容村貌提升为主攻方向，加快补齐突出短板。"赵岙村村支部书记应春生介绍，村里投入了

赵岙村的新村部大楼

200 万多元，彻底消除了村里"脏、乱、差"的现象，使村庄面貌焕然一新。

村"两委"成员应世友介绍，村里还每月开展党员服务日，积极发挥党员干部带头先锋模范作用，特别是在垃圾分类方面，党员干部包片联系各户，积极打造县级垃圾分类示范村。

目前，一份《仙居县南峰街道赵岙村精品村村庄规划》已出炉。根据这份规划，未来的赵岙村将是一个以仙梅含情和农耕文化为本底，以"东魁杨梅"和"永安溪"为旅游发展主线，从山水、人文、产业、设施、空间、环境六个方面，打造仙居县精品村典范。

全力发展杨梅产业

一直以来，村里秉持以杨梅产业发展为重心，积极打造赵岙杨梅产业品牌，目前全村杨梅种植面积 3000 多亩。

赵岙村对杨梅实行市场化管理，实现了杨梅产业生产聚集、规模经营的集中模式，并通过各种培训会提升农户种植技术、拓宽村民销售渠道，大大促进村里杨梅产业发展。

"我们村家家户户都种杨梅。"村民张小和种了 20 多亩杨梅，今年年收入 28 万元。"我女儿通过网店销售了 3000 多箱杨梅，客户来自全国各地。"

如今，赵岙村 286 户农户都有各自的网上销售平台，使赵岙杨梅走向全国各地。赵岙村农户人均收入达 2.6 万元。

为搞好杨梅产业发展，村里在 2002 年投资 400 万元，完成了占地面积 30 亩的赵岙村杨梅市场建设。"这个市场的建成使用，打响了赵岙的知名度。"南峰街道农办主任王珺介绍，目前这里是仙居最大的东魁杨梅交易市场，杨梅成熟季节，该市场每天成交量 500 多吨。

目前，村里正着手在杨梅市场原址兴建一个新市场。"现在这个市场是简易的钢结构大棚，我们将在原址新建一栋楼。"应春生介绍，新市场将每年为村集体增收 30 万元。

着力拓展乡村旅游

赵岙村西靠"母亲河"永安溪，交通方便，生态环境优美，是旅游休闲的一个好地方。每年杨梅成熟的季节，外地来的游客纷纷成群结队前来采摘杨梅。

2014 年，赵岙村投入 17 万元，修建了一条长 220 米，宽 3.5～5 米的杨梅基地道路，大大方便了村民和游客进山采摘杨梅，推动了村集体经济增收。

杨梅市场出租、山林土地流转承包和漂流码头出租、杨梅基地承包出租、村自留地集体山林和水塘承包出租……作为村里的"当家人"，应春生对村集体经济的家底来源一清二楚。"去年，村集体经济收入 15 万元。我们现在和一家旅游公司洽谈了，对村边的溪滩地进行出租开发，单此一项可增收 5 万多元。"应春生说，乡村旅游是今后村里的一个发展方向。

"经过村里的绿道有 4 公里多长呢。"应春生介绍，村里还投入 20 万元，着手在漂流码头边上兴建一个文化广场，目前该项目正在施工建设中。"发展乡村旅游，目前我们还在做打基础的工作。下阶段将通过招商引资发展民宿经济。"

台州108人共富故事篇

第六章　乡村创业致富

弘扬勤劳致富精神，鼓励劳动者通过诚实劳动、辛勤劳动、创新创业实现增收致富，不断提高劳动生产率和全要素生产率。实施农民致富增收行动，完善企业与农民利益联结机制，培育 10 万名农创客，激活闲置农房 10 万幢以上，推进万户农家旅游致富计划，深入实施乡村百万屋顶光伏工程，引导农户自愿以土地经营权、林权等入股企业，带动农民就近就地创业就业。

——浙江高质量发展建设共同富裕示范区实施方案（2021~2025 年）

乡村共富"十策"之"乡村创业致富"

随着我国经济由高速增长阶段转向高质量发展阶段，大众创业万众创新持续推进，进而推动着乡村创新创业的发展。这是国家创新驱动战略的需要，也是全面乡村振兴战略，高质量发展建设共同富裕的迫切需要。目前，乡村创新创业还处在配套政策、服务和基础设施相对薄弱的阶段，更需要一批乡村创新创业的能人、带头人，来引领乡村创新创业高质量发展。

本章所述的乡村创业致富，重心在人，是如何让饱含乡土情怀、独具前瞻眼光、拥有创业激情、乐于奉献乡村的本土人才，包含农民工、大中专毕业生、退役军人、科研人员等返乡创业的乡村企业家，在他们的带领下，形成创业增就业，村民增收入，共创新乡村的致富画面。

促进乡村创业致富，要分析当前的创业动态。2020 年以来，新冠肺炎疫情虽然阻碍了农民工外出就业步伐，却壮大了本土创业规模。除上述人员外，还有部分城市白领也加入了返乡创业队伍，不断推动着乡村创业队伍层次的提升。在乡村创新创业潮中，涌现出不少依托当地特色农业资源，开发小专精新特产品，利用田园风光、乡土文化，发展乡村休闲旅游，创新出一大批当地乡土特色鲜明的品牌。同时，创新创业人员大量运用现代信息技术，发展了农村电商、产地直播、视频农业、大数据农业等新业态模式，充分运用了新型技术。据相关统计数据显示，平均每个农村创业项目能够扩大 5 倍长期就业和 15 倍短期灵活就业，带动富民兴乡的效果明显。

促进乡村创业致富，要大力给予政策支持。首先为财政支持，对于乡村创新创业带头人，鼓励首次创业，持续经营，应给予一次性创业补贴、金融贷款贴息等政策，各类产业发展基金等也要充分鼓励导入乡村创业项目。其次为土地保障，不仅要加强乡村创新创业用地计划的保障，还要盘活各类土地资源优先用于乡村新产业新业态和返乡入乡创新创业。最后是人才激励，让乡村创新创业带头人及其所需人才纳入人才引进政策，允许按规定纳入住房、教育保障范围，让乡村创新创业带头人及其团队人才不为社会保障所困扰。

促进乡村创业致富，要搭建好创业舞台。给予乡村创新创业带头人充分培训，采用多样化的线上线下结合的培训，现场教学观摩的培训，专业化的师徒制培训，综合强化创业培训质量。给予乡村创新创业项目充分便利，例如集中提供项目选择、技术支持、政策咨询、注册代办等"一站式"服务，让乡村创新创业项目享受"一站式"服务。给予乡村创新创业更好平台，可以让其依托现代农业产业园、农产品加工园、高新技术园区等，力邀加盟大型农业企业、知名村镇、大中专院校等，共同形成乡村创新创业孵化实训基地，帮助乡村创新创业带头人开展上下游配套创业。紧密对接行业协会商会，积极组建农村创新创业联盟，在线实时与资本、技术、商超和电商对接，更好地利用云计算、大数据创新创业，为乡村创业致富开启全新平台。

1. 建设好经营好村庄 带领村民实现共同富裕

> "基本保障靠集体，勤劳致富靠自己"
>
> ——方中华

从村民人均年收入147元，到人均纯收入超11万元。

从一条"石路窟"到全国首批国家级生态村。

2020年，村集体经济收入达到9200万元，市场成交额208亿元。

2016年，方林率先完成经济合作社股改，成为台州市第一个真正彻底股改、按股量化和分红的村，首次量化3.3亿元，总股份1100股，每股30万元，完成了"资产变股权、农民当股东"的转变。2020年股权分配每人49000元，发放总额5390万元，村里每年给村民的股权分配、福利和退休金就有70000元。村民的获得感、幸福感、安全感全面提升。

一个乡村振兴的"领头雁"，带来了方林村的蜕变；一份不改的初心，迎来了共同富裕发展之路。方中华，第十三届全国人大代表，全国劳模、中国功勋村官、省千名好支书、省优秀共产党员、浙江省治村名师，方林村党委书记、村委会主任。自1983年开始担任方林村党支部书记、党总支书记、党委书记以来，他不负村民重托，积极履职，始终践行着当年许下的"一名党员一面旗帜，一个支部一座堡垒，当村干部就要改变村里面貌，就要带领村民致富，就要为老百姓造福"的诺言，用自己的满腔热情，聚民心、挖民力。方林

方中华参加全国人大会议

村的发展实践充分证明，坚持党的领导是方林村共同富裕的根本法宝，跟着党走就是走上了幸福大道。

他用经营现代企业的模式来经营村庄，创新的理念加快了方林村共同富裕建设。他心系着村民的福利保障。一句"基本保障靠集体，勤劳致富靠自己"的发展理念和保障机制，充分调动集体和个人两个主体的积极性，一起奋斗实现共同富裕。39 年来，他带领方林村村民做到了"五化两坚持"，坚持党建为引领，以"党建＋"全面统筹方林发展，不忘初心、牢记使命，把信任放在心里、把责任扛在肩上、把工作落实在行动上。抓党建促发展，做好发展强党建，将党的各项富民政策落到实处。制定了党员"三个一"制度（要求每位党员每年为党组织添一分光、为乡村振兴出一分力、为群众办一件事），村民大会制度（38 年每年召开村民大会，向村民汇报年度工作情况、工作计划以及财务收支情况，充分保障村民知情权、参与权、表达权和监督权），党组织关爱和探望村民制度（村两委定期走访慰问老党员、老干部、五保户、现役军属、村党委成员专人联系部分重病伤残群众）。坚持规划先行，一张蓝图绘到底。1994 年方林村邀请上海同济大学规划设计院设计了发展规划，按照住宅区、工业区、商业区、农业园区四个区块定位一任接着一任干，经过多年努力已全面完成规划建设。"五化"：一是产业多元化。方林村紧抓发展村集体经济这个"牛鼻子"，坚持走"市场兴村"道路，因地制宜发展产业，通过整合资源、外引项目，培育壮大了一批以方林汽车城、方林二手车市场为龙头的自有产业，凝聚拉动了一批三产集聚；通过创造创业环境、提供创业平台，鼓励村民就业创业，做到"村民有项目、创业有平台"，村党委是创业者的坚强后盾和温暖港湾；坚持"走出方林、发展方林"，合作组建了中国五村、台州五村，以项目合作形式带动周边村庄集体经济年增收百万元。二是村民福利化。方林村提供"吃粮村供应、看病全报销、养老有保障、股权有分红、上学奖学金、产假有工资、参军有优抚、病残有慰问、慈善有基金"等 26 项社员免费享受综合福利，村里每年投入 100 万元的公益基金用于开展医疗救助、扶贫结对、慈善捐款。多年来方林村累计向各地扶贫慈善捐款达上千万元，如四川彭州宝山村、朝天区罗圈元村、烟灯村、云南少数民族等，较好地履行了社会责任。三是治理科学化。依法治村、有章可循，坚持把村规民约作为乡村治理的基石：从1998年开始制订了第一部《方林村村民自治章程》，20多年来经过7次大修改，形成了14章133条的"大红本"，涵盖了党组织建设、方林发展规划、村干部管理、经济发展、村庄治理、社员福利、社员医疗、社员退休、村股份经济合作社实施条例等各方面内容，明确了村民的义务、权利，成为方林村的基本法。四是村庄生态化。严格按照《方林发展规划》建设生态化住宅小区，绿化率达到50%，每户居住面积达到240平方米，配备了免费的老人公寓、游泳池、网球场、图书馆、方林大会堂、医疗服务中心等配套设施，实现了"无烟尘、无噪声、无污染"。目前，方林村266户村民"家家住别墅，户户生态园"，一户都不掉队。五是村民知识化。口袋富了不算富，脑袋富了才是富。坚持把全面提高村民的物质富裕和精神富有作为两条主线，学党史、忆村史，不忘初心实现共同富裕。通过方林网、方林报、方林集团公众号等新媒体，唱村歌、演村晚、编村志等多种方式宣传红色文化。30年来坚持开展"一张红榜促敬老""十星级文明道德新家庭""道德红榜人物""军民共建一家亲"等系列活动，以"最美榜样""家风家规"来传承文明，促进人的素质、观念、行为的转变，实现人的现代化。

加快农业农村现代化，促进全体人民共同富裕，让广大群众的获得感、幸福感、安全感更加充实、更有保障、更可持续，是全面建设社会主义现代化国家的重要课题，也是方林村一直以来的奋斗目标。站在"两个一百年"奋斗目标的历史交汇期，按照台州市委市政府的"三立三进三突围"和"六大城市"建设，对标区委区政府打造"一区四城"建设，"十四五"期间，方林村将以改革创新、数字赋能为动力，以"一图六新"为抓手，推进村级经济新发展、完善共同富裕新保障、建立村庄治理新格局、建设生态文化新面貌、发展共富共享新联盟、培育全面发展新村民，全面推进建设共同富裕现代化新方林。

2. 火山茶的创富"三部曲"

> "既然选择了一条正确的道路，那就坚定不移地走下去！"
>
> ——林招水

中等身材，面目清秀，小平头，林招水给人的第一印象特别精神。

采访是在玉环市电大一间宽敞整洁的教室里进行的，冬日的温暖阳光透过窗玻璃，落在林招水的脸上。他微笑着，侃侃而谈。

我们喝着红茶，红茶是林招水特意从自己的茶场里带来的火山茶，汤色红润透亮，香气自然，回味鲜醇。

"你看看，"林招水伸出手来，让我看，"我这一双手上布满了伤疤……"

"没有当年那些经历，后来火山茶的艰苦我可能就扛不下来了。"林招水动情地说。

林招水是台州市乡村振兴先进个人、劳动模范，全国农村青年致富带头人，现任浙江龙额火山茶业有限公司董事长，是玉环火山茶品牌的创始人。

在此之前，他有过一段对他后来事业成功弥足珍贵的艰辛经历。初中毕业后，他就读玉环电大中专，同时开小车床做汽配阀门，后来跟着人家一起

林招水在备课

做铝合金门窗，自己拉板车送材料，自己安装，至今手上还有当年留下来的伤疤。再后来他自己创业，办起了"联丰""鑫丰"两家公司，其中"鑫丰钢管"专门生产液压油管，供应玉环汽配市场，经营得非常成功。

对于林招水来说，2008 年是人生的一个重要转折点，从那一年开始，他与茶叶结下了不解之缘。

那一年，林招水回村当上了玉环大麦屿镇额村村委会副主任，分管农业。老村长对他说："招水你回来了，就要为村里干点事业啊。"林招水听在耳里，记在心里，说干就干。村里有座国内少有的海岛休眠火山，以前曾经种过茶叶，因疏于管理已成荒山，他决定重新种茶叶，把荒山变成金山。

林招水是勤奋的，也是幸运的，这一选择给他打开了一扇成功之门。

林招水带着人，赴浙大华家池农业园、西湖龙井村和宁波、新昌、安吉等茶叶基地考察，他看中安吉白茶，引进了白茶苗。第二年正月十五一过，他就带领 100 多位村民上山开荒，开始种植安吉白茶，可惜因为技术不熟，经验不足，大批的茶苗都死了。

满腔热情被泼了一盆凉水，林招水一时犹豫了，是继续干下去，还是另作打算？最后，林招水咬咬牙，选择了坚持。林招水说："既然选择了一条正确的道路，那就坚定不移地走下去！"

于是，就有了赫赫有名的"林招水火山茶创富三部曲"。

第一部（步）是学习，再学习。林招水往返于中国茶叶研究所、中国茶叶学会、浙江大学等地，进修学习，拜师取经。功夫不负有心人，林招水很快从种茶制茶的门外汉，变成行家里手，成了远近闻名的茶叶专家。"2020 年真可谓双喜临门，一是我拿到了玉环电大的本科文凭，二是获得了国家一级评茶师称号，这是国内的最高级别。"林招水脸上洋溢着笑意，自豪地说。

第二部（步）是请专家，聘专家。为了火山茶，林招水积极聘请茶叶专家，新昌著名茶叶专家梁工受聘到龙额火山茶业有限公司担任技术总经理，他的团队四五个人长住玉环，一干就是 10 年。林招水如此评价梁先生的功劳："梁工的到来，使玉环的茶叶发展缩短了三五十年的距离，贡献实在太大了！"

第三部（步）把国内茶叶界的大伽、教授、专家一批批地请进来，传经送宝，吸引世人的目光，使玉环的火山茶具有国际竞争力。火山一号、火山二号、火山三号和火山白茶等新茶品种不断推出，一经推出即得到市场欢迎和好评。"我们很自豪地提出自己的口号，'无品牌不营销'，现在我们做到了这一点！"林招水说道，语气充满自信。

"海岛＋火山＋茶叶，具备这三个条件的全球仅三处，韩国济州岛火山茶、印尼爪哇岛火山茶，再就是我们这里了，"林招水接着说，"现在我们的定位就是要打造世界三大海岛火山茶品牌！"

2019 年 12 月，林招水在农业农村部和共青团中央举办的全国创业致富典型大会上作了发言，介绍了他的火山茶。2020 年 3 月 28 日，他应邀为中国品牌联盟讲课，讲的还是他的火山茶，而且取了一个很霸气的题目——《疫情当下，火山如何突围》。

3. "仙绿合作社"的名声

> "只要你当过几年村干部，就会有一个体会，老百姓不富起来，农村再怎么搞都是表面的，让农民们真正富起来，那就什么都好办了。"
>
> ——吴立新

吴立新参加党代会

吴立新的仙居土鸡养殖开始于 2003 年，从散养户到专业户，再到基地＋养殖户，一直发展到目前的公司＋合作社＋养殖户，产业规模不断扩大，凭着坚强的意志，他一瘸一拐，一路向我们走来。

吴立新是一位残疾人，小时候患了小儿麻痹症，左脚落下了残疾。但村民们似乎有意忽视了他的跛脚，只记住他那张热情洋溢的圆脸和他微秃的亮晃晃的前额，这样的形象给人一种满满的和善之感。

行走的不便也没有影响吴立新事业上的成功。

1993 年，吴立新参加中央广播电视大学兽医专业学习，成为一名正式畜牧兽医。

1996 年，仙居县白塔镇良潭村领导班子换届选举，吴立新当选为村党支部书记，那年他才 28 岁。

1998 年，吴立新利用村里优良的生态环境和自己畜牧兽医的技术优势，发动村民饲养仙居土鸡，正式走上乡村科学养殖之路。

2001 年，在吴立新的努力争取下，良潭村被确定为仙居县土鸡蛋生产基地。

2003 年，吴立新注册成立仙绿土鸡蛋专业合作社，全村养殖户全部加入合作社，"仙绿"牌商标从此成为仙居农村养殖业的一张金名片，熠熠闪光。作为仙绿土鸡蛋专业合作社的创始人和理事长，吴立新的名声越来越大。

2004 年，仙居县村级党组织"公推直选"试点工作在白塔镇举行，在群众推荐和党员投票中，吴立新都得了全票。

2013 年，吴立新当选为行政村规模调整后的白塔镇富垟村党支部书记，一直连任到今年全县村级班子换届，因工作需要，不再继续担任村支书。

"仙绿"的品牌却是越做越大，名气越来越响。时任浙江省委书记夏宝龙到合作社视察调研时，诙谐地说："买鸡蛋就买仙绿牌"，为吴立新的土鸡蛋做了一次"活广告"。

吴立新一路走来，各种荣誉相伴，先后获得台州市农技标兵、台州市优秀共产党员、台州市脱贫致富带头人、浙江省优秀农民专业合作社理事长、浙江省劳动模范、中国扶贫先进个人等荣誉称号。

然而，最令人感动的还是吴立新扶贫扶残、组织带领村民们共同富裕的那些事迹，这也是他在当地享有较高威信、群众对他交口称誉的原因所在。

"只要你当过几年村干部，就会有一个体会，老百姓不富起来，农村再怎么搞都是表面的，让农民们真正富起来，那就什么都好办了。"吴立新感慨地说。

"特别是那些低收入户和残疾人家庭，你给他们多少钱都没有用，三千五千的，一下就用光了，如果教他们养鸡养羊养牛，就能从根本上解决问题。"吴立新深有体会地说。

吴立新是这样说的，也是这样做的，而且做到了实处。

吴立新给自己扶贫扶残、带领村民们共同富裕的工作取了一个好听的名字，叫"借鸡生蛋三部曲"。

第一步，采取免费提供鸡苗，免费常规防疫，免费培训养殖技术"三免费"政策，增强低收入农户、残疾人家庭的创业信心。

第二步，对低收入农户、残疾人家庭进行分类帮扶。那些没钱搭鸡棚、没钱买鸡苗、没钱买饲料的，吴立新就送启动资金，免费提供鸡苗。没技术没经验的，就定期举办养鸡技术培训班，合作社配备技术人员分片分户进行帮扶。

第三步，对低收入户、残疾人家庭实行养前、养中、养后"一条龙"服务。吴立新让仙绿合作社孵出小鸡并预养一段时间，再免费送给农户饲养，大大提高了成活率。在饲养过程中，免费培训技术，免费治病防疫。土鸡蛋由合作社保价回收，收购价由最初的每枚 0.4 元提高到现在的 1 元，主动让利给农户。

2020 年，吴立新成立了仙绿养殖公司，走上了农村养殖业科学化现代化的道路，他的扶贫扶残，带领村民实现共同富裕的事业又上了一个新的台阶。

4. 把西瓜种遍全国之后

"壮大集体经济，农民增产增收，全体村民共同致富，这是我们的奋斗目标和工作方向。"

——王才教

王才敖担任过村里的会计、村委会副主任、主任，后来当选为村党支部书记，在玉环市干江镇垟坑村当了大半辈子村干部，赢得了群众的一片称赞，是干江镇里的老先进老模范，还被评为"浙江省优秀共产党员"。

接受电视台采访的王才敖

干江镇垟坑村是个滨海小村，540 多户人家，1680 多人。说起垟坑村，玉环人都知道两件事：一是垟坑的玉环盐场，那一望无际、气势恢宏的盐田，曾经吸引着众人羡慕的目光，直到 2014 年才被废除，退出历史的舞台；二是瓜果蔬菜种植，特别是种西瓜名扬四海，村民们不但在本地种，还往外地发展，把西瓜种到了上海、江苏、宁夏、新疆，种到了全国各地，甚至还种到了东南亚许多国家。台州许多市县的农民在外地种西瓜种蔬菜，口碑很好，其实都是干江人带出来的。

2019 年，垟坑村实施"乡村产业振兴"政策，组建成立了浙江亿荷旅游开发有限公司，开始美丽乡村建设，突出农业观光、农田体验特色，垟坑村走上了农旅结合的新型特色观光村之路。

"壮大集体经济，农民增产增收，全体村民共同致富，这是我们的奋斗目标和工作方向。"王才敖说，他的普通话不是很标准，带着浓郁的玉环方言土音。

这很符合王才敖作为一个长年在农村摸爬滚打的老村干部形象，五十多岁年纪，脸上的皱纹给人一种饱经风霜的感觉，他说："我的理论水平不高，做一点具体的实实在在的事情还是可以的。"

其实，岂止可以，他是太行了。

2019 年 8 月，垟坑村集莲藕种植、荷花观赏、休闲游乐为一体的田园综合体工程破土动工。一期工程总投入 1300 多万元，采取村集体占 51% + 村民集资占 49% 的合资方式进行建设。

说起村民入股的事，王才敖说："我们村级集体经济是有能力独立投资的，但为了带动村民实现共同富裕，我们建立了股份联结机制，村民按个人实力入股，分一二三档，一档一股 1000 元，最少 1000 元，最多 3000 元。"

为了让每个村民都能享受到福利，王才敖召集村两委班子开会商量，最后决定由村两委成员自掏腰包为全村低保户、困难户垫付每人 2000 元的入股资金。

"这样以后他们就有稳定的分红收入了，等有了分红，他们再把钱还给我们。"王才敖言语朴实，说："我们走共同富裕道路，能不落下的人一个都不能落下，一个都不能少。"

2020 年 5 月，正是江南好风景。垟坑村美丽乡村旅游景点试营业，荷塘主题乐园 30 多个游乐项目陆续开始接待游客，彩虹滑道、高空行走、栈道赏荷、哆啦 A 梦主题墙、会说会动的大黄蜂，海陆空并举；葡萄园、猕猴桃园、火龙果园、荷塘莲藕，采摘体验一体化。

到了夏天，一望无际的荷花塘里观赏荷花次第绽放，200 多种不同品种的荷花争奇斗艳，游客们闻讯而至，看了就不忍心离开。

除了观赏荷花，还有 100 多亩经济型食用莲藕，村里购买了四五台莲子加工机器，建起了生产线。目前，垟坑村已经成为干江镇规模最大的连片莲藕种植基地，经济收入可观。

金秋时节，葡萄成熟了，猕猴桃成熟了，游客们成群结队，挽着篮子前来采摘，欢声笑语在垟坑村上空飘荡。

其实，生态休闲文旅并不是垟坑村的全部，在垟坑 6000 亩盐场旧址，干江滨港工业城已初具规模，工厂林立，一片蒸蒸日上的现代工业气象。王才敖自豪地说："干江滨港工业城，就建在我们垟坑的土地上。"

以后的垟坑村，将不再是纯粹的农村，不仅有独特的景观农业，还会有充满现代化气息的工业。

5. "我要把论文写在大地上"

> "乡村振兴，共同富裕，科技先行，我要把论文写在大地上。"
>
> ——黄金道

"乡村振兴，共同富裕，科技先行，我要把论文写在大地上。"

这是台州市黄岩区平田乡青龙岗村党支部书记黄金道常常挂在嘴上的一句话，诗意丰沛，洋溢着一股浓郁的豪气。这些年来，他在果树种植与栽培技术研究推广方面取得了不俗成绩，获得专家和果农们一致好评。

"我想注册一个专利，就叫黄金道修剪法。"黄金道自豪地说，果树修剪是他的拿手绝活，对此，他有足够的自信。

黄金道中等身材，一张国字脸，理着平头，浓浓的眉毛，说话风趣幽默，富有知识含量，一看就是个懂技术、能干事的农村基层干部。

黄金道是村支书，是村里杨梅专业合作社负责人，更是一名高级农技师。在果树种植栽培领域，他闻名遐迩，不但在浙江台州家喻户晓，在江西、安徽等地也是大名鼎鼎。

黄金道早年毕业于黄岩农业技术学校，读的是果树栽培专业，从 2003 年开始，他担任黄岩区扶贫开发委员会特聘技术指导员，负责西部地区果树栽培方面的技术指导，一做就是六七年。有一次，他去景德镇农村交流杨梅种植技术业务，刚好遇到江西省专家组下乡指导，一行人在杨梅山

黄金道在杨梅种植基地现场为学员培训

上走了一圈，然后进行座谈。有人提议黄金道抓住机会向专家请教，黄金道想了想，说："我种植杨梅多年，遇到了许多问题，归纳起来有五大问题，一是不会开花结果，二是只开花不结果，三是开少量花结少量果，四是内膛开花结果外冠不开花结果，五是外冠开花结果内膛不开花结果，这五大问题影响了杨梅的产量品质，请问专家老师有什么好的解决办法……"

这些问题其实也一直困惑着专家们，他们没有想到黄金道能提出这么一连串高科技含量的问题，一时不知道该怎么回答。

黄金道见状微笑着说："这些年我一直都在思考和探索这些问题，取得了一些成绩，比如……"

黄金道把自己多年摸索得到的经验竹筒子倒豆一口气全部"倒"了出来，比如怎样高产、稳产、丰产的"三产理念"，比如上要剪好枝梢、中要养好果芽、下要施好肥料的"上中下种植规律"，等等。一番话让专家们纷纷竖起大拇指，称他是比他们更有实际经验的"专家"。

事后，黄金道在专家们的陪同下，考察了江西多家大型杨梅生产基地，和专家们一起探讨，相互学习，不但为浙江人民争了光，也促进了两省杨梅种植栽培技术的交流推广。

黄金道还不断地把自己的实践经验转化成理论成果。他的科研论文频频在权威期刊上发表，《中国南方果树》杂志发表了他的论文《高山杨梅生产过程中的常见问题探析》《浙江农业科学》发表了他的论文《杨梅凹凸形修剪与疏果相关技术探索》，在业界得到广泛好评。他还被浙江农艺师学院聘为创业导师，被评为省电大系统优秀农民大学生，还先后获得黄岩区"农技标兵"、台州市农村"科创之星"等荣誉称号。

但黄金道并不因此感到满足，他说："作为村支书和农业专业合作社负责人，我要努力把自己的果树种植与栽培技术，特别是果树修剪技术推广出去，让乡亲们受益，带领大家走共同致富的道路。"

黄金道带着乡亲们把村里的毛竹基地、杨梅基地、蔬菜基地合并起来，集中经营，已经取得了经济效益。接着他准备着力于农业技术的辐射工作，组建成立农业技术服务队、农业生产服务队，把队伍拉起来，把果树修剪法推广出去，让果树增产，果农增收。"如果有人种水果今年收入三万元，通过我们的指导服务，明年就能卖十万二十万元，经济效益提高了，我们的服务团队才有力量，才有影响力。"黄金道说，"我们不能做忽悠人的事，技术是硬碰硬的，造不得半点假，我们要通过服务尽可能地让人家多收入一点。"

黄金道微笑着说："我始终认为一个人的价值并不是拥有多少财富，而是你一生当中影响了多少人，帮助了多少人。"

6. 果业发展的"临海样本"

> "用实际行动回馈一方热土。为老百姓谋幸福，带领大家脱贫致富是每一个基层党员干部每天应该去想，应该去做的事情！"
>
> ——应启敏

2020 年，台州首批价值 2.69 万欧元的 935 千克东魁杨梅（平均每颗 8 元），经海关检验合格后，空运出口至欧洲比利时、法国和意大利三个国家。据了解，这批杨梅来自位于临海的浙江永丰鲜果专业合作社，其创办人应启敏是浙江广播电视大学临海学院 2009 级园艺技术专业校友，临海市十佳农民大学生。

2003 年，一直担任理事长、党支部书记职务的应启敏创办了临海市永丰鲜果专业合作社，在他的带领下被评为全国农民专业合作社示范社。应启

应启敏参加学校的少先队主题活动

敏说，从事水果种植和销售多年，具有丰富的水果种植和销售经验，他从永丰农业中水果业占有很高比重的特点中，改变了当地水果品种单一、技术落后，水果品质差，经济效益低的面貌，说着这些，他满怀自豪地微笑着。

凭着几年生产经营经历和聘请相关部门指导，他说只有改变这种小农经济的生产方式，建立起规模化合作经济组织，永丰水果产业才能得以提升，农民才能脱贫致富。顺应形势，他敏锐地创办了专业合作社。

应启敏说："到目前为止合作社社员达到了 151 户，合作社注册资金 400 万元，建立了 500 亩水果示范基地，带动社员水果基地 8000 亩，辐射农户 1000 多户。合作社实现年经营收入 2000 多万元，利润 100 多万元……"说着说着，他陷入了沉思。

2009 年，为解决合作社果树种植难题，提高水果品质，应启敏报名浙江广播电视大学临海学院的园艺技术专业，对果品培育进行系统化学习。专业的学习极大地提高了他的种植技艺，同时也拓展了其经营理念。2012 年毕业后，他带领社员开展果树栽培技术培训及果品技术攻关，创办的合作社逐渐形成杨梅、脐橙、柑橘三大特色产业，果品优良，多次荣获浙江省农博金奖。浙江永丰鲜果专业合作社被评为全国农民专业合作社示范社，全国 50 佳农民专业合作社。

应启敏谈起在合作社基础上组建了永丰镇水果专业协会，广泛吸收农户参加。他说，只有经常邀请各级业务机关和科研单位的专家讲学，才能带领社员进行技术交流，有效地提高了他们的技术水平。

他遇到的困难不止一个，他说，这里的水果品质单一，他就带领种植户积极开展良种引进。合作社组建几年来，他通过与各地科研部门的合作，引进了特色小水果新品种特早熟油桃（曙光一号）、中油七号、樱桃新品种（黑珍珠）、柑橘特早熟（山川三号）、大分、上野，枇杷新品种（大五星、白荔枝），已成为当地农民致富的当家品种。

杨梅在永丰镇具有鲜明的地方特色，但由于不耐贮运，经营受到严重的制约，这是让应启敏十分头痛的事。他说："老百姓只有自己的土办法笨办法，但有了专家的指导，取得了有关杨梅保鲜包装的三项实用技术专利，成功地应用在生产经营，绿色水果栽培技术开发及产业化项目被列入国家星火计划。"这是他最欣慰的事。

为了提高品牌效应，他积极参加各级政府举办的农博会和产品评优活动，"正凤"商标被评为浙江省著名商标，"正凤"牌脐橙被评为浙江名牌产品，"正凤"牌柑橘、杨梅被评为浙江名牌农产品，产品数次荣获浙江省农博金奖，同时，合作社的柑橘、脐橙、杨梅先后得到绿色食品认证。

2009 年，在新建了水果加工保鲜贮运中心面前，他看着引进的大型柑橘分选机运行中。他觉得的只有建立起较为宽广的水果销售网络，才能实现真正把农产品从农户送到消费者手中。有了这个想法，他就投身去做，他说："目前合作社的销售渠道已经拓宽到了加拿大、俄罗斯、乌兹别克斯坦、吉尔吉斯斯坦等国。"

应启敏个人先后获得全国农村青年致富带头人、全国科普带头人、浙江省首届农村实用人才农业技能大赛暨第二届职业院校农业技能大赛果树修剪项目三等奖、台州市先进共产党员、台州市劳模等称号。

7. 奔跑中的"创业人"

> "在创业致富的路上，就能看到希望。"
>
> ——施培友

2010 年 5 月 16 日的《台州数字报》刊登着一则关于椒江区三甲街道坚决村农民大学生施培友的新闻。如今，能上"今日头条"和"学习强国"的农民屡见不鲜，但是十年前一个农民能上市级报刊，实属不易。

时任台州广播电视大学（以下简称"台州电大"）党委书记潘先考提出，创新是台州城市的基因，抓人才是集聚创新的核心要素，而施培友正是台州电大培养起来的数万名农民大学生中的佼佼者之一。

创业前期的施培友

早在 2007 年，台州电大就在椒江、黄岩和路桥三区首次招收 62 名大学生，那年施培友已过而立之年，是一家缝纫机厂的采购员。"大学生"这三个字对他来说有些遥远，虽然高二就梦想创业，捣鼓织布机，一门心思想要到高校学机械，但是他与大学失之交臂。

机缘巧合，他得到一个千载难逢的机会，被村里推荐到台州电大学习。就这样，在 2009 年春季市场营销班的新生名单里出现了施培友的名字。两年半的学习，他从未落下一节课，手捧沉甸甸的毕业证书，他不禁感慨，与其说圆了大学梦，不如说自己是一个被时代追赶着奔跑的人。

就这样，一个 36 岁的老大哥在一群意气风发的年轻人中努力奔跑着。

当他黑黢黢的脸上露出的笑容依旧保持着赤子般的烂漫，当他修剪得齐齐整整的指甲缝里留存着车床机油的印迹，当他谈起自己电大一毕业就开办水暖阀门配件加工厂的经历，就知道施培友不是一位麦田里的守望者，而是一个追着风筝奔跑的人。风筝的一头牵着他的手，另一头系着科技与创新。

在创业前期，有四五年的时间工厂没什么利润，妻子有想法，他安慰道："我们现在是打基础，坚持下去"。就算经济不景气，村里其他厂子陆陆续续都停工了，他依旧告诉妻子哪怕不挣钱，只要能保本，工人工资照发，机器设备不能停。一停，士气就没了，人心就散了。

施培友说，只要在创业的路上，他就能看到希望。

而他这一辈子最感谢的有两个人，一个是村里的老书记，当妻子到银行阻挠他贷款买两台新设备拓展业务时，是老书记上门做的思想工作；另一个要感谢的是电大同班同学杨忠敏，有了设备却没订单，银行还贷又迫在眉睫，得知消息的杨忠敏二话没说就将 6 吨多价值近 30 万元的材料拉来配件工厂……有了这两台新设备和 30 万元材料，不仅帮他渡过了难关，还让他挣到了第一桶金。

　　十年间，从 2 台设备，2 个小工开始，发展到三百多平方米的厂房，10 台设备，10 个工人，虽然规模依旧不大，但是施培友知道自己的方向是对的。就算人的潜能会被习惯掩盖，被时间迷离，被惰性消磨，但是二十余年间施培友始终在奔跑。他相信，希望与成功就在自己追寻的方向！

　　前不久，施培友回到母校找到潘先考书记，说他看到"2020 年'农民大学生'的本科招生简章有点心动。"

　　潘书记笑盈盈地看着这位高徒，问道："还想读本科？"

　　"想啊……"他郑重其事地回答。

　　或许，在 2021 年台州电大农民大学生的新生名单里又会出现"施培友"这三个字。

　　台州电大自 2014 年成立农民学院以来，像施培友这样的农民大学生正在大幅增加，规模稳居全省之首。他们学习的领域也正在拓宽，涵盖了乡镇企业管理、园艺技术和农业经济管理等 13 个专业。在台州电大，学员收获的不仅是知识和人脉，更多的是一种创业奔跑者的精神。

8. 行走在"无人机王国"里的村支书

　　"我是一个党员，现在当了村支书，应该为村里、为镇上做一些实实在在的事情，回报社会。"

——李保宋

　　"乡村致富，科技先行"，这是科学技术是第一生产力理论在新时代的崭新解读。对此，温岭市滨海镇湾下村党支部书记李保宋有着深刻的理解和切身体验。

李保宋（右四）与温岭电大党支部一行

人到中年的李保宋仍然保持着一副好身材，衣着既正式又不失时尚，头发理得短短的，显得十分精神。

冬日午后的灿烂阳光照耀着温岭电大教学大楼，采访在一间临时被作为采访室的教室里进行。在轻松愉快的气氛中话题是从无人机产业开始的，李保宋说："目前无人机驾驶员培训考证在台州基本上还是空白，其实和汽车驾驶证一样，驾驶 250 克以上的无人机，必须拥有专业的安全操作执照，国家是有明文规定的，以后肯定会规范起来，但大家目前对此还不太理解……"

李保宋说的是一项富有高科技含量的新兴产业，除了村支书这一职务，他还是浙江九凤科技开发公司有限公司的董事长。

"现在无人机的用途越来越广泛，各行各业都在使用，比如公安侦查、城市管理、农业服务、电力检修、地理测绘、抢险救灾、视频拍摄、空中表演等，不久的将来无人机就会变得像汽车一样普及。但是在这个领域也存在着许多问题，'黑飞'现象严重，其实就是无证驾驶，很容易发生事故，我看到了这个情况，就利用自己的资源，向民航总局申请了一个有资质的无人机培训考证的专业公司，这就是浙江九凤科技开发公司有限公司，到现在公司注册已经两年多了……"李保宋侃侃而谈，对于无人机和九凤科技开发公司，他充满热爱和憧憬，激奋之情溢于言表。

九凤科技开发公司开始运营之后，培训了大批人员，包括公安干警、应急队员、民兵、农场主专业户、网格员、物业管理人员等，社会影响越来越大，用李保宋的话说，"一方面为了乡村致富、另一方面为了社会管理，既产生了社会效益，又产生了经济效益，何乐而不为呢。"

公司培训了许多农业管理人员，其中有一位农场主，他的山林果园在山上，山高林深，原来灌溉、喷药不但要山上山下地跑，辛苦受累不说，效果还不好，学了无人机驾驶之后，做一个编程，坐在电脑前，无人机就把一切都做了，事后农场主逢人便夸这事。

如今，公司和台州电大合作，举办了全市第一届民用无人机驾驶员培训班，还根据社会需要，专门办了一期退伍军人无人机驾驶培训班，针对退伍军人的特点，开设应急救援课程，内容包括搜救，水上救援，山林救火等，为退伍军人就业开辟了一条新路径。

眼下城乡禁止垃圾焚烧，原来巡查的工作量巨大，现在经过无人机驾驶培训，乡镇干部利用无人机在办公室里就能发现问题，然后及时赶到现场解决，有时打一个电话就能解决了。

"我计划在寒暑假期间，专门为我市的中小学生办几期无人机培训班，教他们规范驾驶，教他们编程，这件事从孩子们抓起，很有意义！"李保宋说。

李保宋还想组建成立台州市无人机安全管理协会，"现在无人机使用的安全隐患很多，不规范起来可不行，"李保宋说，"当然，这要得到政府有关部门的支持。"

李保宋还有一个设想，成立一个村级无人机应急管理机构，这个设想已经向滨海镇党委政府做了汇报，得到了领导的赞赏。

李保宋当了十几年的村干部，三届村主任，今年村级领导班子换届，他当选为湾下村党支部书记，他要把自己的技术结合与村务管理和各种村民服务相结合，把自己公司里的资源无私地用到村里来。

"比如河道巡防、森林防火、网格管理、社会治安等都可以用我公司里的人，目前这些正在逐步实施之中。"李保宋说，"下阶段将购置一些设备，除了湾下村，向整个滨海镇开放，无偿地提供给他们使用。"

"我是一个党员，现在当了村支书，应该为村里、为镇上做一些实实在在的事情，回报社会。"李保宋一脸真诚，微笑道。

随着采访的深入，一幅幅画面浮现在我们面前：茂密的果园上空，无人机正在洒药；行人道边的树枝碰触到了电线，无人机前来剪枝；一架无人机划破夜空，在乡村巡逻，警灯闪烁；无人机在水面上参加救援；无人机为客户送去货物……

9. 用农技知识改变命运

> "村民能卖出东西，口袋里就会有钱，这也是扶贫的一种方式——消费扶贫，扶贫最重要的就是看准他们的需求再根据需求去帮助他们。"
>
> ——鲁丰平

临海市邵家渡街道以西约 1.5 公里的枧桥董村，是远近闻名的草莓种植基地。这两年的早春三月或者初秋八九月，你总能看到有一个忙碌的身影，一头扎进齐整整的草莓大棚，指导种植技术，讲解田间有效管理，他就是鲁丰平。

鲁丰平并非农业技术出身，他是临海市台大灯饰商场董事长、临海市总商会常委，在临海商界颇有名气。可他觉得当下农村要发展就要提高农业技术，用知识改变命运。于是，为了掌握更多的农业知识和法律知识，他自费到中央党校、清华大

鲁丰平在基地现场忙碌

学、北京大学、浙江大学等名牌大学进行短期进修培训，学习法律、经营管理、市场营销、果树栽培、果品加工、冷藏储运等知识。他还创办了临海市台大果园，添置了流水线真空包装，还建了冷库。在他创办的果园，积极实施农业科技新技术，采用生态肥料，大自然生长，挂帐控制病虫害，防尘防蝇避雨，保证果品优质美味和安全。他也成为临海乡村振兴学院专家库的特聘专家。

鲁丰平不仅在当地扶持村民，还对邻县黄岩区富山水果合作社、三门健跳杨梅合作社、天台滩岭杨梅合作社、临海张家渡果蔬合作社、临海大石黄桃专业户等进行资金和栽培技术的无私支持和扶持。他建的冷库、流水线还免费提供给同镇的销售商使用，仅收电费，不收加工费。他就是要以商养农，带动大家一起致富。

2018 年，鲁丰平被选派到临海市邵家渡街道枳桥董村做驻村干部，负责"千企结千村，消灭薄弱村"扶贫工作。鲁丰平利用自己农技、园艺方面的特长，亲自担任农技讲师，普及草莓科学种植知识技能。在他的指导下，全村草莓经济收入大幅提高，村民们脸上充满了丰收的喜悦。他说要想让农民真正摆脱贫困，绝不是给点钱就完事了，而是要授人以渔，教授他们致富的方法，提高贫困村造血功能，而不是一味地"输血"。看着鲁丰平自己开车，到田间地头去送技术、送信息，当地村民们都称他为"自费公务员"。

因受疫情影响，草莓等农产品出现滞销，村民们一筹莫展，鲁丰平开拓思路，紧跟潮流，指导村民借助国内知名电商平台，通过直播带货，解决村民的销售难题。此外，他还充分利用自己的商会圈子进行宣传，大大增加了直播人气和销售量。除了帮扶本地贫困村发展，鲁丰平还自掏腰包，辗转河南、湖南等多个贫困村，向村民传授经验，帮他们打开销路。他说村民能卖出东西，口袋里就会有钱，这也是扶贫的一种方式——消费扶贫，扶贫最重要的就是看准他们的需求再根据需求去帮助他们。

此次采访正值台州蜜橘大量上市的时候，鲁丰平的手机总是会发出嗞嗞的响声，原来他正在利用自己的朋友资源帮助村民卖蜜橘。就在我们采访期间，他现场为一位农户联系销售了 150 箱 8 斤中果的涌泉蜜橘。

鲁丰平出生在临海市永丰镇下鲁村，20 世纪 80 年代初就在临海办企业，是临海市知名企业台大灯饰工业公司总经理。按理说他可以每天坐在敞亮的办公室里，他却经常在乡间地头，他对农村和农民有着不一样的感情，农村就像是他的根，做人要知道根在哪里。他说自己赶上国家政策的好时候，实现了先富，现在自己有能力，就应该帮助更多的人实现富裕。

鲁丰平是实干家，他深知无工不富，无商不活，无农不稳。他要搞农业，特别是现代农业。他像是一个电影演员，不断转换角色。在商场里碰到，他是老总，讲经商之道，论诚信为本，如何做售后服务，顾客满意；在果园碰到他，他就是园艺师，会向你传授栽培技术、剪枝技术，人人称他为老师；在法院碰到他，他是人民陪审员，会同你讲依法办事，秉公办案；在邵家渡街道枧桥董村碰到他，他是驻村干部，他与村两委商议，计划发展 100～200 亩无公害果园。

他向来默默奉献，扶贫、抗灾、助学、捐资，从不留名，不求名利。他总是用实际的行动，帮扶教引，不遗余力地为村民致富奔波着……

10. 他是 80 后的"台州新农民"

"个人的力量很单薄，我希望自己能带个好头。现在越来越多年轻人返乡创业，我相信大多数人都是有责任感的，我们把帮扶的事当成一场接力延续下去，我们的村庄才能真正发展起来，村民的生活才会更加富足。"

——崔仲杰

与 80 后崔仲杰见面的时候，编者称他崔主任，他马上说现在他已不是天台县雷峰乡崔家村委会主任了，单纯经营自己的希望田野家庭农场。问他是否有点失落。他说没有，现在村里要书记村主任一肩挑，他觉得自己还不够成熟，难以担此重任。

崔仲杰1999年高中毕业就去了汽车修理行当学徒，凭着自己的肯吃苦和悟性高，一年半就出师，成为一位专业的修理师傅，并在2001年开始招收徒弟。2004年，崔仲杰创办了自己的二手车行。彼时才二十出头的崔仲杰，已经做起了令人羡慕的老板了。

但是80后的崔仲杰却不想成为大众眼中的"人生赢家""做人如果没有梦想，那跟咸鱼有什么区别"。星爷的这句电影台词一直深

崔仲杰与他的火龙果基地

深地影响着他，他有自己的梦想：那就是要把火龙果这些热带水果引到台州来。可是气温明显低于广东的台州，如果没有大棚火龙果等热带水果根本无法扎根存活下来。崔仲杰一边思考着这些问题，一边学习着热带水果的种植技术。

2012年3月，胸有成竹的崔仲杰，不顾家人反对，选择在临近的始丰街道鼻下许村承包了50亩土地，建起8个高标准的温室大棚，并从海南引进4000多株红心火龙果苗，开始了他的果农生涯。2013年，他进入了天台电大进行学习，再度接触知识的海洋让他立志要做个新型的农民。他创办全县首家家庭农场——"天台县希望田野家庭农场"，是全县最大最早的设施化栽培红心火龙果基地，也被台州电大确定为"农民大学生创业学习基地"。同年，倾注了他的梦想与努力的《天台县希望田野家庭农场热带果园种植基地》，获得了以"微创业"为主题的天台县第六届"青创杯"青春微创业项目设计大赛冠军。

2013年6月，掌握了很多火龙果种植技术的崔仲杰，给了火龙果园最好的守护：为了给火龙果保温，他的大棚都是两层薄膜，大棚里还能供暖；为了给火龙果舒适的环境，他还研究排水，在农场里开挖水沟。在他的悉心照料之下，火龙果树开始开花了。娇艳的花朵照片被传播到朋友圈后，艳惊四座。这就如当地一些媒体报道的那样，崔仲杰的火龙果开始远近闻名了。崔

仲杰认为，只有更多的人知道他的火龙果，他的市场才会更大，他的农场才能拓展。这就是一个新型农民的风采，不仅拥有种植管理技术，还要与时俱进把新概念新想法融入农业全产业链中。2015 年，掌握了种植技术的他引进了新西兰奇异果（猕猴桃）的种植，并开始现身说法带领村民种植。

村民崔振林，是看着崔仲杰长大的，在崔仲杰的带领下，承包了 6 亩地，和村里二十多个农户一同种起了猕猴桃。2017 年，猕猴桃开始结果，他也学着崔仲杰的方式，供游客上门观光采摘，并通过微信同城销售。

跟着崔仲杰一起种猕猴桃的农户们，都在三年前开始迎来了收成，收益少则几千元，多则几万元。看到他人尝到了甜头，不少村民主动找到崔仲杰，也开始跟着他种植猕猴桃。

眼前的景象，由衷地让崔仲杰高兴。他说，自己相对年轻，当时又是村委会主任，想要带动全村人致富是他的责任，也是他内心的渴望。如今，虽然卸任村主任，但他依然如此要求自己，因为他说他要做一位年轻的新型农民。

"个人的力量很单薄，我希望自己能带个好头，现在越来越多年轻人返乡创业，我相信大多数人都是有责任感的，我们把帮扶的事当成一场接力延续下去，我们的村庄才能真正发展起来，村民的生活才会更加富足。"在崔仲杰看来，农业的发展不能局限于老一辈复制某种经营方式，更多有想法的年轻人的回归，能赋予村庄"造血"功能，也有利于长远发展。

第七章　乡村产业造富

推动农村第一、第二、第三产业融合发展，建设农业现代化示范区，做精农业特色优势产业和都市农业，发展智慧农业。加快服务业数字化、标准化、品牌化发展，推动现代服务业同先进制造业、现代农业深度融合。畅通金融服务实体经济渠道。

——中共中央 国务院《关于支持浙江高质量发展建设共同富裕示范区的意见》

乡村共富"十策"之"乡村产业造富"

但凡一个乡村想要创造共同富裕梦想，村民要过得幸福，必须要有产业作为基础。可以说产业兴旺使得农民腰包鼓起来，生活富裕起来，是乡村兴旺起来的基础。同时乡村产业的持续兴旺，农民才能有稳定的收入来源，乡村社会才能持续和谐稳定，才能在城乡融合发展中造就富裕乡村。

本章所指的乡村产业造富，是相对于过去而言，乡村产业一直强调摆脱贫困，实现全面小康，而如今，千年困局一朝实现，我们要在农业产业保障粮食安全生产基础上，充分重视多样化的生活需求，以产业为引领，为乡村注入新活力。通过乡村产业的发展，在农村增加更多的就业岗位，使农民有处可去、有地可待，并进一步延长乡村产业链，确保其所带来的利益能惠及每一个农民，帮助农民增产增收，实现共同富裕。

要实现乡村产业造富，努力发展现代农业产业是首要。乡村产业发展中坚持科技兴农，推动经济作物从初级加工转变为精深加工，提高农产品附加值。乡村产业发展中利用好土地流转的良性循环，实现农业规模化经营，尤其是合作社经营，带动农民增产增收。乡村产业发展中强调新型农业经营主体参与，提高农业科技创新能力，保障农业健康发展。

　　要实现乡村产业造富，提高乡村特色产业质量是关键。乡村产业的发展要因地制宜，规划要注重创新性与前瞻性，发展独具乡村特色的产业。更要突出产品特色，从满足游客的吃、住、行、游、购、娱一体化需求出发，降低同质化竞争。还要加强品牌建设，培育知名品牌，形成"一村一品"，并加以品牌的维护，持续保持良好的口碑。

　　要实现乡村产业造富，促进乡村产业融合发展是途径。乡村产业发展须强化顶层设计，坚持政府指导，将力量放在乡村产业发展的前端，注重乡村产业发展的长期可持续性。乡村产业发展需延长产业链，提升产品附加值，把农业生产与教育、休闲、观光等结合起来，提升第三产业服务一二产业的能力。乡村产业发展需优化环境保障，离不开良好的各项支农政策，金融的联合扶持，便利的农业融资，还要加强人才培养，壮大乡村产业人才队伍，加大投入力度，加强乡村基础设施建设，共同促进农业产业化的增值效益，造福村民。

11. 夫唱妇随，撑起田间的天空

> "只要心里面有阳光，处处就会有阳光。"
>
> ——冯云芬

冯云芬说："温岭市吉园果蔬专业合作社是丈夫辛宏权于 2005 年 7 月发起成立的，主要从事西瓜、甜瓜和蔬菜的生产和销售。合作社从起家的几名社员发展到现在的 136 名，现在在全国多个省份建有生产基地，2019 年实现年总产值超亿元。"

随着合作社事业的不断发展壮大，她看到丈夫肩上的担子也越来越重，作为妻子冯云芬想为丈夫分担部分工作和压力，决定放弃自己喜爱的通信设备销售工作，2008 年 3 月，她正式加入温岭吉园果蔬专业合作社，协助丈夫管理合作社的日常事务，并开拓农产品的网络销售渠道，从此随丈夫一起走上了艰苦的农业创业之路。

进入合作社工作之后，她对农业知识可以说是一片空白。只好边工作边学习农业知识，不断充实提高自己。主要是通过各级农民培训，和自己专业相关的培训她都积极参加学习，通过培训补上农业知识短板。

冯云芬说："自 2015 年以来，连年参加省、市新型职业农民培训以及农产品企业管理培训等，不断丰富并提升了各种涉农知识及农产品营销策略。当然，我也参加全国、省、市各级农产品博览会、种博会等涉农展会，自费参加多种国内外果业现场考察、

冯云芬处理线上业务

交流和论坛，虚心向同行学习，不断开阔了视野和眼界。"

2017 年，冯云芬考入温岭广播电视大学，经过三年的系统学习，修完"一村一名大学生培养项目"，获得工商企业管理方向专科文凭。

冯云芬心里逐步有了发展"设施农业、生态农业、精品农业"的路子。她和丈夫，在丰富市民"菜篮子"、带动社员创业致富方面做了有益的生产实践和科研探索，也取得了显著的业绩。

2020 年，疫情给她带来很大的影响。农产品从播种到收成各个环节，都需要人工精细化的管理。这些都需要劳动力。谈及劳动力缺乏的辛酸，冯云芬说，交通限制，也制约了农产品的生产运输。春节前，因为疫情影响，边远山区的劳动力暂时又不能回来。所以他们夫妻都在基地里，忙里忙外，而台风带来的影响，也着实让她们头疼。

冯云芬介绍说："干农业有时候就是靠天吃饭的主，每每遇到这些，她就当好贤内助，给老公打打气，本来的伤心，也就减轻很多了。"

虽然冯云芬这样说，但她在朋友圈中还是表现得非常乐观。抽空，她还作为滨海镇巾帼志愿者，到温岭北互通与甬莞高速公路交叉口等值勤点为工作人员送夜宵。她说，他们不是一个先知先觉的引领者，只是踏踏实实把根扎进土地，努力打造"瓜果王国"。他们还通过自己的实践，钻研出了一套种植西州蜜的技术，破解了在温岭种植的各种难题，带头种植了 1300 多亩，还带动周边其他农户种植了 5000 多亩，在国内市场取得了成功。

2021 年 2 月 25 日，全国脱贫攻坚总结表彰大会在北京人民大会堂隆重举行。温岭新农人，温岭市青年农业产业化促进会副会长单位的辛宏权荣获全国脱贫攻坚先进个人。辛宏权参加了表彰大会并受到了习近平总书记亲切接见。而这正是冯云芬感觉最贴心的奖励，"只要心里面有阳光，处处就会有阳光。"在另一条微信中作为贤内助的她写道。

12. 花积山麓的"猕猴桃园"

> "我创办花积山水果专业合作社、种植猕猴桃的初心，就是要改变以前村民们散、小、乱的种植方式，培植出绿色、安全、高品质的猕猴桃，注册商标，打响牌子。"
>
> ——周礼超

在我们的印象中，花积山上应该树木茂繁，花果成片，一派热闹景象，事实确实也是如此。

花积山位于临海小芝镇和杜桥镇交界之处，是一片绵延的山林，把花积山打造成"花果山"的是临海市花积山水果专业合作社的理事长、临海市农民专业合作社联合会秘书长、一个长相英俊、"下海"回乡创业的年轻人，他叫周礼超。

每到金秋十月，展眼望去，花积山上满眼是绿茵茵的高品质猕猴桃，上千亩的猕猴桃园里爬满了藤蔓，挂满了猕猴桃。硕果累累的丰收景象，吸引了四面八方游客一批又一批前来采摘体验、观光旅游。

花积山所在的两个乡镇一直有种猕猴桃的历史，是台州市最早种植猕猴桃的地方。但以前农民种的猕猴桃，都要挑到镇上城里去销售，价格卖得很低，只有两三元钱一斤，与猕猴桃的身份不相符。猕猴桃是水果家庭里的贵族，营养价值很高，

周礼超与花积山水果专业合作社

在国外价格是比较贵的。

周礼超说："我创办花积山水果专业合作社、种植猕猴桃的初心，就是要改变以前村民们散、小、乱的种植方式，培植出绿色、安全、高品质的猕猴桃，注册商标，打响牌子。经过几年努力，现在我们合作社的猕猴桃品质上去了，价格也翻了几番。"

尝到甜头的周礼超雄心勃勃，2010 年成立专业合作社时，只种了 200 多亩猕猴桃，2012 年就扩大到 500 多亩，后来陆续扩大到 1000 多亩，2014～2016 年，周礼超连续举办了三届猕猴桃采摘节，吸引了周边大量游客，人头簇拥，基本上每天都有上千人前来采摘。他还搞了网上农博，每年最少能卖出去 20 多万斤，净收入 200 多万元，卖得好的时候，数据甚至还得翻一番。

2016 年开始，周礼超着手考虑第一、第二、第三产业的融合问题，并逐步起步。合作社对猕猴桃进行深加工，生产果干、果酱、果汁等绿色食品，销售给客户，销路大开。同时又以猕猴桃科普基地为基础，发展旅游休闲产业，不失时机地搞起了农家乐，吃住玩一体。一时间，花积山名气大振，宁波、台州、温州各地游客闻讯而来，络绎不绝。周礼超开辟了休闲区域，专门供游客钓鱼、烧烤、爬山、游乐，农家乐有十几间客房，有可以同时容纳上百人的大餐厅，生意十分红火。

在经营自己产业的同时，周礼超没有忘记帮助扶持自己的乡亲们。在杜桥镇下周村，原先有许多零散的猕猴桃种植户，每户只种少量几亩猕猴桃。周礼超成立专业合作社时就把他们吸收了进来。这些农户加入合作社后，就由周礼超请专家负责指导种植和管理，使他们的猕猴桃果品达到合作社的标准，然后由合作社统一收购，统一销售。种植户们既学到了知识，又解决了销路，最重要的是产品的价格也上去了，收入成倍增加，他们满脸是笑，逢人便说合作社的好，夸周礼超的好。

同时，周礼超的专业合作社长期雇佣几十个村民，到猕猴桃园区务工。周礼超说："现在年轻人大部分都到城里去了，村里剩下的都是中老年人，乡亲们能在自己家门口干活赚钱，大家都很开心。"

当然，周礼超的事业也不都是一帆风顺，这几年也遇到了一些棘手的问题，好在他有技术，有毅力，也有一份强烈的事业心。从2019年起，他开始寻找新的经济增长点，把目光转向茶叶，经过不懈努力，猕猴桃与茶叶套种，茶叶加工销售已初获成效。

"现在茶叶市场上，绿茶的竞争太激烈，红茶却是方兴未艾，我就定位生产加工红茶……"周礼超是个聪明人，他的定位无疑是正确的，后来的成功证明了这一点。

不久前周礼超参加了台州市茶叶加工大赛，得了冠军，还被授予台州茶业技术大师称号。

现如今，周礼超正在尝试大做猕猴桃与茶叶结合的文章，祝愿他再一次获得成功。

13.　做生活强者的"轮椅花姐"

> 一个人可以撕心裂肺痛苦一阵子，绝不能垂头丧气度过一辈子。
>
> ——倪相莲

在天台县塔下村见到倪相莲的那一刻，编者便想起了张海迪的一句名言："即使翅膀断了心也要飞翔。"

那天一早，下了大雨，虽然雨来也匆匆去也匆匆，但寒风吹来，仿佛让人感到冬天提前到了。就在那天早上，倪相莲来到了塔下村，但她不是走过来的，而是"坐"过来的。因为她一直坐在轮椅上。这个戴着眼镜，又十分斯文的女子，很难令人想起她就是天台县永思堂种植基地的

坐在轮椅上的倪相莲

主人。

这个出生于 1981 年的天台女子，两岁时不幸患上小儿麻痹症导致下肢瘫痪，此生只能靠轮椅来"行走"。初中毕业后，倪相莲以优异成绩考上了平桥中学，但因行动不便，需要同学照顾。在读完高一时，学习紧张起来，倪相莲不想耽误同学的学习，选择了退学。

回到家中，倪相莲在人生的路口徘徊了许久，惆怅过，也失望过，但是她始终没有放弃读书的想法，于是，她报名参加了全国高等教育自学考试，并考取了浙江中医药大学中药学专业。通过 6 年的努力，克服重重困难，顺利拿到了毕业证书。后来，她还取得了浙江省中医医师专业技术资格证书。但她还不满足，又报读天台电大，成为一名农民大学生，还是天台县农民大学生创业协会一员。

2003 年"非典"时期，倪相莲正跟着一位老中医学习，对中药金银花的印象非常深，当时药店里连湿的金银花都被人买走，这时的她萌生了一个念头，种植金银花药材。

于是，她让丈夫远赴山东学习金银花种植技术，并带回了一些幼苗。无论刮风下雨，倪相莲天天守候在田间，记录着金银花生长的各种数据。对于一个行动不便的人来说，需要的不仅仅是勇气，更多的是耐心。面对种种困难，她反复试验，不断总结。当年五月，金银花盛开，她的付出终于有了回报。

第一次试种就成功了，倪相莲与丈夫承包了 150 亩的土地开始大面积种植金银花，并创办了"永思堂中药材种植基地"。最好的时候，倪相莲基地里金银花的年产量达到 10 吨，为近 500 位残疾人、留守妇女和老人提供就业岗位。

然而，理想很丰满，现实很骨感。一系列困难接踵而至，因为金银花烘干出来的效果都不尽如人意，一连废掉几千斤，产品加工也一度陷入困境。最后，倪相莲在朋友的介绍下又买了新的烘干机，然后再进行温度调试，她几乎是每天 24 小时都守候在边上，最终才掌握最佳温度，烘干成功。

为了将承包的土地充分利用起来，2014 年底，倪相莲和丈夫又打造了一个面积达 2300 亩的花卉基地，种有花卉、绿植、中药材等百余种作物。2015 年开始，金银花的价格一路走低，2017 年的价格降到了让她难以继续经营的地步。屋漏偏逢连夜雨，她刚出生的孩子，又被确诊为先天性心脏病。为筹集医疗费，她不得不转型种植利润更高的花卉与苗木。令人遗憾的是，她心爱的儿子在病情好转后，又因一次意外事故而离世。

"我这一生受到过无数次打击，从读书时的各种不便，到学成就业时的四处碰壁，从创业遭遇失败，到爱子不幸离世……但我从来没有对人生悲观失望过。"倪相莲始终相信，一个人可以撕心裂肺痛苦一阵子，绝不能垂头丧气度过一辈子。

如今，倪相莲又做起了庭院设计，在茅阳村，每户家庭的庭院设计几乎都有她的影子，特别是她设计的黄水村叶再余家庭院，成了全县的样板庭院，这个设计也让她获得了"美丽人生美丽庭院"设计的一等奖……

正如张海迪的那句名言："在人生的道路上，谁都会遇到困难和挫折，就看你能不能战胜它。战胜了，你就是英雄，就是生活的强者。"

倪相莲一直走在路上，一直在遇到困难和挫折，但她一直在战胜困难和挫折，一直在做生活的强者。

14. "柑橘大王"心里的"忘不了"

"只要真心为农民做事情，我吃再多的苦也愿意。"

——冯贻法

曾多次听过童安格唱的一首《忘不了》："为何一转眼，时光飞逝如电，看不清的岁月，抹不去的从前……"

巧的是在台州临海市有一种柑橘的品名也叫"忘不了"，"忘不了"的主人叫冯贻法。冯贻法说起了关于"忘不了"柑橘的故事来，口若悬河，让人

冯贻法与"忘不了"

听了一遍还不够。但关于冯贻法的故事更好听，他不但柑橘种得好，而且柑橘的名字取得好，叫"忘不了"。"忘不了"柑橘非常好吃，吃后真的叫人忘不了。冯贻法也被人称之为"柑橘大王"，他还有另一个身份，就是临海市涌泉柑橘专业合作社理事长、浙江省柑橘协会会长，可在村里，大家都亲切地称他"老冯头"。因为这个"老冯头"不但是他们的带头致富人，更是他们的"银行家"。

在村民们眼里，"老冯头"是一个不安分的人。

这个 1963 年 9 月出生的台州汉子，从 1983 年起开始从事柑橘、杨梅等水果种植与经营、果业机械开发研究以及农民合作经济组织建设等方面工作。但他发现，柑橘、杨梅等农产品往往是一家一户拿去销售，遇到丰收时，市场供大于求，价格反而低了。

"老冯头"清楚地记得 1998 年的柑橘 5 分钱一斤都无人问津，导致了很多柑橘烂掉，村里很多果农都失去了信心。此时，"老冯头"发现了一个现象，很多产品都没商标，而顾客专拣有品牌的商品买，即找有商标的商品买。如果给柑橘注册一个商标，让顾客辨认，那就不一样了。此时，"老冯头"想起浙江省委省政府提出的加大农民组建合作社的要求，只有把村民组织起来，有了规模、有了品牌，销售就不怕没有出路。于是，他出钱注册了"忘不了"商标。2002 年 10 月，他发起组建了忘不了柑橘专业合作社。

自从注册了"忘不了"商标后，"老冯头"的柑橘销售直线上升，价钱也从以前几分几角钱一斤到 2 元钱一斤，以后每年柑橘的价格都在上涨。"忘不了"也成为临海规模最大、实力最强的农民专业合作社。

在"老冯头"眼里，他已经走到村民的前面，也赚到了钱，他一个人赚钱不难，但要让村民都赚上钱，才是他最大的愿望。所以，他要把临海的农民组织起来，共同致富，一个"忘不了"品牌怎么够呢？于是，在 2005 年，他又以他们的地名涌泉，为柑橘申请了另一个"涌泉"牌商标。

一路走来，遇到困难，"老冯头"一路想办法解决，但他有一个心结没打开：城里人投资创业可以贷款，农民由于没有资产抵押，时时面临贷款难。

农民什么时候也能和城里人一样方便地贷款呢？2009年，"老冯头"等来了机会。

原浙江省农办负责人到临海调研，提到省里准备搞农村资金互助社试点，一听到这个消息，"老冯头"当即便要求试试。

2009年8月13日，忘不了柑橘专业合作社被正式确定为全省首批4家试点资金互助社之一。11月18日，忘不了农村资金互助社率先成立。"老冯头"也由此成为浙江"泥腿子"办银行第一人。"忘不了农村资金互助社"由103名忘不了柑橘合作社社员出资350万元组成。互助社吸收社员存款，然后向有需要的社员发放贷款。

"只要真心为农民做事情，我吃再多的苦也愿意。""老冯头"之所以会孜孜不倦地做这件事，因为他和其他农户是一个利益共同体，"大家一荣俱荣、一损俱损，只有社员们都增收了，我才能和他们一起致富。"

15. 弃商种橘成风景

> "不放弃，不丢弃，是我的人生原则，既然已经开始做了，我就一定要做出个样子来。"
>
> ——甘金友

一个高高的个子，瘦瘦的身材，戴着金边眼镜的中年人从你身边走过，你可能会容易忽略他。但他黝黑的皮肤一定会引起你的注意，他就是柑橘大王甘金友。

甘金友，这个出生于1967年3月的台州椒江汉子，头顶上有着许多光

甘金友（右）在帮助
农民学习果树嫁接

环，不但是浙江新佳果柑橘专业合作社理事长、椒江区农学会理事、台州市农合联理事、台州市农民专业合作社理事、椒江区政协委员，也是全国农民高级技师，先后获得浙江省科技示范户、台州市农技标兵、椒江区第五届和第六届拔尖人才等荣誉；还被评为台州市、浙江省劳动模范称号。如今，无论是在台州，还是在全国各大城市，只要说起品名叫红美人的柑橘，肯定是无人不知，无人不晓。红美人柑橘之所以闻名国内，都是甘金友的杰作。

甘金友起初并没有种过柑橘，而是一个生意人，每年都有几十万块钱的收入。2001 年，他与一个搞园艺出身的老专家闲谈后，改变了他人生的轨迹。

在台州，黄岩蜜橘一直名声在外，特别是当地的少核柑橘，由于品种独特、品质好，市场销路好，价格高。但是，橘农在种植时往往遇到技术和成本难题，并且产量低，效益不高。甘金友立刻意识到，这是一个有待开发的好项目，遂萌发了规模种植柑橘的念头。

他先聘请专家对椒江农场的土质、水质进行测试，在证实可以大规模种植柑橘后，于 2002 年开始，以每年每亩 400 元的价格一口气承包了椒江农场400 多亩土地。他用了近一年时间对果园进行大规模基础设施建设，建成路成网、林成行、渠相连、水相通的生态高效林果业生产基地。

然而，让甘金友没想到的是柑橘种下去的前两年，就遭遇了一次干旱和两次台风，果园受到了重创。特别是 2003 年的干旱，河水干涸，在河里养殖青蟹的农民没有办法，只得引进海水养殖。此时，甘金友的果树也需要灌溉，便从河里抽水灌溉，殊不知，果树本来就生长在盐碱地上，这些海水又带有咸味，导致大部分果树死亡。但这些没有难倒甘金友，而是想方设法把剩余的果树救活，又及时补栽幼苗。2004 年 8 月 12 日晚上，"云娜"台风又如期而至。这一次，甘金友的果树又受到巨大的损失，很多果树被台风连根拔起，损失达到 70% 以上。

此时，很多朋友都劝甘金友不要种果树，这样下去，他会赔光所有的钱财。但甘金友不信这个邪，他认准了一个理："哪里跌倒就从哪里爬起来。"正是因为甘金友的这种执着，果树死了，又继续栽种。就这样，到了 2008 年，甘金友种植的所有柑橘都产果了，这似乎给甘金友带了希望的曙光。但令甘金友没想到的是柑橘成熟后，产量并不高，销售又遇阻，而且价格十分便宜。这一年，甘金友的希望几乎又一次被浇灭。

为了渡过难关，这个坚强的台州汉子一咬牙，卖掉了在兰州的三个店面，继续投资在柑橘上。

"虽然三个店面每年的租金近 50 万元，但我不得不卖掉。"甘金友想起往事，心里还有那么一丝激动。

正是因为甘金友的这种执着，2009 年，他的柑橘终于有了收获，也获得了一定的利益。此时的甘金友并没有沾沾自喜，而是一边引进新品种，一边试验。2011 年，他又引进了红美人和葡萄柚试验，2014 年，红美人和葡萄柚收获，效益是普通柑橘的 3 倍。

甘金友成功了，但他知道一个人单打独斗，注定是走不远的，而抱团取暖却能创出一片新天地。2003 年，甘金友建立新佳果柑橘专业合作社，并制定《农产品质量安全管理手册》，严格按无公害柑橘标准化组织生产。目前，合作社共有社员 50 多人，带动周边果农 100 多户，抱团取暖，提升了品牌效应。产品也不再单一的传统销售，而是结合网络（电商）销售。由于产品品质好，几乎是供不应求。

"我最大的客户一年就要 190 万斤，相当于我的总产量 90% 以上。"甘金友说这话，脸上洋溢着笑容，"不放弃，不丢弃，是我的人生原则，既然已经开始做了，我就一定要做出个样子来。"

不放弃，不丢弃，不单是一个人的人生原则，更是一个人成功的奠基石。我们相信，甘金友会在他种植柑橘的道路上越走越远，越走越成功。

16. "小雨伞"大健康

> 做农业尤为重要，没有心怀梦想，没有乡村情怀，就很难受得了
> 这份辛苦。
>
> ——李赋腾

李赋腾说，你见过在集装箱里种菌菇吗？你吃过生态种植的食用菌吗？你用过从菌菇里提取的保健品吗？怀揣"绿色、美味、健康"的理念，台州香农生物科技有限公司自 2015 年开始从事食用菌生产科研及深加工项目，专注于食（药）用菌的生产科研及多糖的提取研究，致力于提供由食用菌提取、功效显著的健康食品。

面前有些苍老的李赋腾说起高中时期，经历了父亲因疾病到处求医治疗，高昂的医疗费用也使我家因病致贫陷入困境，几年的治疗最终还是因为转移到肝部无法治疗，查出晚期后短短一个月就去世。为了生计，高中毕业后没有选择继续求学，陆续在工厂打过工、办过橡胶厂、开过电脑公司，同时参加成人高考，完成了大专教育。

李赋腾在工作中

在创办电脑公司后，经常会想起父亲，一个才华横溢的人因为身体的缘故早早去世，自己也因为家里主心骨的离去而理想破碎，一个人对每个家庭来说，都是擎天柱；世界粮农组织提倡的一荤一素一菇合理的膳食结构，在本地居民以海鲜为主的结构中根本上不存在，菌菇类消费极少，本地也基本上没有食用菌生产企业；当时心里就萌发了是不是种植食用菌，看自己微薄的力量能不能为这个社会做点什么，去改变这种以海鲜为主的现状。

2014 年，他为了心中的理想，通过知识的积累和多方考察，瞄准了大有市场潜力的食用菌产业。他报名参加了安徽合肥食用菌培训学校，同时查询了食用菌专业书籍，在初步掌握食用菌生产知识后，开始食用菌生产。通过不断地进行专业知识积累，了解食用菌不同种类有不同的独特的疗效，在2015 年他创办了台州香农生物科技有限公司后，针对不同脏器不同疗效和不同口感，种植了香菇、灵芝、榆黄蘑、白灵菇、灰树花、猴头菇等。

谈及自己的农业创业经历，他感到有一种挫败感。他说："自己的农业创业开局并不顺利，由于经验不足，对玉环本地的自然条件和栽培的食用菌适应性不了解，首批栽培的榆黄蘑感染率高达 80%，2019 年、2020 年台风也使基地损失惨重，经济损失逾百万。"

面对巨大的损失，他坚持边实践、边学习，苦心研读，到丽水、福建等地考察学习，与丽水农业科学院、浙江大学、高邮食用菌研究所等多家科研单位保持密切联系，不断参加政府部门组织的相关培训，从一名"门外汉"，逐步成长为食用菌方面的专业技术人员。

经过多年的艰苦磨炼，生产技术不断改进，先后总结出了食用菌各品种和各种原料的高产配方，为食用菌大面积推广提供了技术保障。经过更深入地了解食用菌行业，得知食用菌提取物对人体巨大的好处，多糖、三萜类、黄酮是维持细胞代谢不可或缺的物质，而市场上都是单一菌类产品，所以产生将不同功效的不同菌类提取物按一定的配伍组成糖片，特别是对不喜欢食用新鲜菌类的人来说具有很好的保健作用。

经过几年努力研发，建设以模块式生产菌菇的新型生产基地，研发的技术特别适合当下农民资金不足、不能周年生产的弊端，技术推广后能改变农民只能靠自然条件生产的历史，以小博大，完善市场需求。公司主要生产销售食用、药用珍稀菌类及提取物，获得 2018 年省现代农业科技示范基地，获得 2019 年玉环市科普教育基地。在主导研究实施的省创新农作制度项目《不同色温 LED 光源对榆黄蘑品质和产量的对比试验》中获得省优秀项目。

他说："不管从事什么行业，都要有坚韧不移的信念，十二分的努力，小心谨慎，兢兢业业，怀着敬畏的心认真做好每一件小事。即便碰到挫折，也要努力一往直前,不能半途而废。做农业尤为重要,没有心怀梦想,没有乡村情怀,就很难受得了这份辛苦。"

17. 信心来自沙糖橘里的"辛酸曲"

> "以客户为上帝,以产品质量为生命线。"
>
> ——吴希君

匆忙中和编者说话的玉环鑫雨水果专业合作社负责人吴希君,一脸的焦急,眼下正是文旦的销售旺季,他时不时地看着手机,等着天南地北的客户发来信息和电话。

吴希君(左)介绍文旦生长情况

吴希君说:"千说万说,每个人都会不自觉地关心自家的那份小产业,那是养家糊口的吃饭营生,自己必须要当孩子一样养着,这样你才能看着它成长,分享收获的喜悦。"

吴希君说:"玉环文旦种得多了,你只能把心酸埋在肚子里,用心把文旦做出精品,做出特色,否则也就造成文旦的优势丧失,进而价格走低。"但吴希君有着自己的盘算,他凭借着早前对文旦、柑橘等果木种植经验,想到了必须增加种植品种,来消减文旦市场可能带来的恶性竞争,他综合市场需求和自己的经验将目光锁定在了素有"一枝独秀"之称的沙糖橘上。

吴希君说:"沙糖橘原本盛产于广东肇庆、四会等地,它对气候、地理环境等要求极高,具有较强的地域性,因此在玉环并不常见。"与本地传统柑橘相比，沙糖橘不仅个头小巧玲珑，口感鲜美极甜，而且生长发育快，吴希君说："沙糖橘一般种植 3 年可结果，5、6 年就处于盛产期。"

他在溇门湾承包下 80 亩土地，就开始尝试种植沙糖橘。但沙糖橘的生长条件又非常娇嫩，温度、光照、土壤、湿度都要合适，才能保证正常生长发育、开花结果。而沙糖橘在打药、剪枝等方面，与文旦等果木种植技术差不多相通，但摘花、环割等环节上却有不同。吴希君多方请教了广东、广西两地种植经验丰富的师傅，通过各种联系方式实时向他们咨询试药、施肥、谢花、保果等问题。

吴希君很快通过环割的方法，有效地提高了橘树的挂果率。他每天及时察看沙糖橘的生长情况。在投入 140 多万资金和大量心血后，使 80 亩土地重焕生机。

为了保证沙糖橘的品质，从浇水、施肥都做了严谨的功课。其中肥料用的都是菜籽饼有机肥，不仅无公害、无污染，而且橘子吃起来也更为香甜。也会利用大棚使温度快速上升，橘子糖分增加也就更为天然。在种植上，为确保沙糖橘绿色、天然的良好品质，吴希君更是每一环节都是亲力亲为。

不管出于何种目的种植，生活压力、中年危机会在种植过程中爆发出来。矛盾集中的一个点是时间的分配。他有自己的生活目标、有家庭、有老有小有工作，他要面临收获时加班，少有的闲暇时间刚休息下来，就要去面对怎么给家庭和自己的追求分配时间。这是吴希君最苦恼的事。有时起早贪黑，吴希君孩子都没抱过，就奔向自己的农田。这也是他最亏欠家庭的事。

而到了沙糖橘的收获季节，吴希君眼前金灿灿挂满枝头的沙糖橘，像一个个小的金元宝扑入自己的视野，这也是他最喜悦的事。由于他避开了本地传统的柑橘旺季销售时间，在它下市时，刚好自己的沙糖橘赶上了过年前后的空档。而广东、广西运过来的沙糖橘在新鲜度上不占先机，再加上浙江省内缺乏大型的沙糖橘种植基地，市场就很快供不应求。

吴希君除了直接批发销售外，今年还打算开展游客自助采摘活动，他心中一直牢记着这么一句话："以客户为上帝，以产品质量为生命线。"

18. 他将自己比作不停旋转的陀螺

> "自己又快要变成陀螺了!"
>
> ——朱福平

朱福平的种植"秘笈",逐渐深入人心,而他的农庄一系列科学的管理方法得到推广和被人们所认可,促成了他的理想逐步和现实结合。

谈起 20 年前的生活,朱福平将自己比作一只不停旋转的陀螺,现在,他

朱福平(左)在介绍休闲农业项目

有时也跟朋友开玩笑说,自己怎么又快要变成陀螺了——但某种程度上,那根抽打陀螺不停旋转的鞭子,似乎也正是朱福平自己,无论 20 年前,还是现在。

20 世纪 90 年代初期,为了生计,朱福平选择了跟随亲戚一起去建筑工地搭脚手架。经过四年时间的磨砺,学习着、奋斗着、坚持着,渐渐地,他从一名搬运工成为一名小有名气的包工头。

1996 年,一个偶然的机会,朱福平凭着初生牛犊不怕虎的闯劲,用打工积攒的三千块钱在自家的二亩地里插下了玫瑰的枝条。花期成熟后,一万多支玫瑰花被市场抢购一空,扣除成本,总共赚到了三万多元。

朱福平通过用所有的积蓄和东拼西凑借来的钱出资 50 万元,注册成立了台州创业园林工程有限公司,并租赁土地 300 多亩,购买种植了当时市场畅销的桂花、香樟等 20 个品种的苗木,并将苗木成功打入绿化施工领域。他做每一件事情都是很认真地做着自己认为对的事。

近年来，休闲农业以不可阻挡之势席卷大江南北，在农业产业转型升级、群众消费升级的交叉口上，发展得如火如荼，成为乡村经济发展的一个拐点，也给各投入方带来了新的希望。

朱福平于2013年3月注册成立了台州德丰农业科技有限公司，正式开始向休闲观光农业领域进军。德丰庄园地块位置选择在仙居县台湾农民创业园（白塔园区），坐落在台金高速公路、诸永高速公路白塔互通口、紧靠神仙居景区。该地块地理位置优越，自然环境优越，交通便利，水资源丰富，远离工业区，人居集中，旅游资源丰富。该项目的开发，能有效促进该区域农业、旅游业的发展，更好地发挥园区的示范和辐射带动作用。

近年来，在朱福平的主导下，企业安置了300多名农村剩余劳动力，农民年增收1000多万元。此外还于2011年3月成立了仙居县绿创种植专业合作社，带动周边农民创业，实实在在地帮助农民创业增收。据了解，德丰庄园项目的实施可带动周边100户以上的农户从中直接受益，通过辐射带动周边1000余户农户参与水果产业并从中受益，还可向社会提供100余个就业岗位。

在赢得企业和个人价值双重发展之时，朱福平更喜欢行走在自己精心打造的"德丰庄园"里，看朝阳与白鹭齐飞，观群鱼同彩云共舞。他信心十足，要把"德丰庄园"打造成标准的绿色生态农业基地和美丽的休闲观光农业园区。

朱福平说："其实并不是干农业难，是你在'入局'前没有做好规划和找到盈利的手段。"

19. 做"中国竹韵"味道

> "产品标准化是件很残酷的事情，尤其是如何将竹子控制在一个严苛的标准化中。"
>
> ——张敏

　　张敏带着他的"味老大"一路风尘，将"千年竹韵中国味"理念深耕于企业生产经营发展之中，以竹喻品、以竹明理、以竹自奋，面对变幻莫测的市场经济大潮，纵有惊涛骇浪，浪遏飞舟、独树一帜。

　　西出仙居县城约35公里，行至永安溪畔，机声与水声交织，花香与鸟语共鸣，在一方自得怡乐的桃源之地，浙江味老大工贸有限公司已临水而居28年。

　　张敏说："28载芳华，味老大因竹而生、以竹为媒，立足乡村经济建设，跻身时代改革洪流，历经千帆，现已发展成为一家集毛竹种植、加工、研发、销售、服务为一体的竹业企业。"拥有"味老大"牌竹制砧板、竹筷、竹签、竹制卫浴、竹制茶具等20多个系列，1000多个品种产品，企业综合实力、经济效益均居行业前列。

张敏参加学术年会

　　快人快语、走路疾风的农民企业家张敏说："以竹为媒，明确企业发展方向。"

　　这位在竹制行业摸爬滚打数十载的"草根"商人，出生于20世纪50年代，在特殊的时代背景之下，他不得不扛起锄头下地干活，饥一顿饱一顿地承担家庭重担。但越是磨难越是奋发。党的十一届三中全会后，改革开放的春风唤醒了张敏的创业热情，有着祖辈经商背景的他随之跻身商海，先后干过个体户、办过建材厂、做过服装生意……

　　他说，年初受疫情影响，味老大的外贸订单几乎全线停滞，"生产交付无限延期"。这对于外贸销售额占全年销售总额超70%的味老大来说，可谓重创。

　　在危机中育先机、于变局中开新局。味老大用这样一款竹筷，坐了五六年"冷板凳"，随后"一炮而红"。"最早的公筷有点像火锅筷，太长，手感不佳。再加上前几年公筷使用并不普及，销量很低。"张敏介绍，虽然原始公筷销量不佳，但他们一直都在打磨改良，也正是因为有了之前的基础，企业才能在疫情暴发后，迅速将改良版公筷推向市场，迎来国内市场的快速增长，让企业有了喘息之机。

据统计，味老大前9月销售总额达8000万元，与上年同期基本持平。预计到今年底，味老大国内、国外销售额占比可基本平衡。一双筷子，闯出了一片生机。"就是这双竹制公筷，3月开始对外销售，当月销量即破百万双。截至目前，总销量近500万双。"张敏手中的一双淡黄色竹筷，比平常的一次性筷子略长一些，圆润光滑，还带着竹子的清香。

"2008年国际金融危机后，因为生产的产品精度高，我们拿下宝洁公司的大单子，经济效益实现翻番；今年，因为对产品的专注，我们转危为机。"张敏直言，这次发展的关键词就是"产品标准化"。

"产品标准化是件很残酷的事情，尤其是如何将竹子控制在一个严苛的标准化中。"这样一件"残酷的事情"，张敏说要"一干到底"。对于一个产品来说，标准化意味着技术的沉淀，需要通过长时间积累，摸索完善，这是从做好产品到做精产品的过程。

那么产品做到标准化有多难？张敏举了个例子：一块竹砧板，国家标准规定每千克的二氧化硫浸出量不得超过600毫克。而在市场监管部门的指导和监督下，通过"浙江制造"认证联盟认证，味老大制定发布了"浙江制造"团体标准。其中规定，每千克不得超过30毫克。达到这一要求，必须从生产源头开始。从使用材料到加工设备，再到生产技艺，每一项都需要做更精密的把控，给企业带来直接的变化就是单件产品成本上涨10%。

张敏却说"值得"，"厨具用品关系到每个人的安全健康。我们做企业的不能只盯着利润，更要注重社会责任。"目前，味老大制订并发布了竹砧板、炭化竹牙签两项产品的"浙江制造"团体标准，参与制定竹展平砧板的"浙江制造"标准，其中竹砧板标准实施两年以来，味老大竹砧板年产800万片，产量和销售额在全省同类企业中位居前三位。

谈及"十四五"规划，张敏早已在心中为企业画好蓝图："创新发展，加大产品研发的投入费用。"他深信，与国家未来紧密相连的企业发展蓝图，一定能逐步变为现实。

20. 仙乡品牌的"领头羊"

> "用心创业、以工哺农、扎根农村、服务农业、致富农民"的初心，牢记"产业融合、兴村强乡。"
>
> ——杨焕林

出生于 1970 年 11 月，大专文化的杨焕林，1990 年开始从事个体经商，2007 年 11 月创办仙居县百姓宏达农副产品专业合作社，任理事长。

杨焕林接受访谈

他说，合作社开发的主要产品有腊肉、香肠等农副产品，产品加工从质量品牌建设入手，重视品牌的培育和发展，制定了产品的操作规程和质量标准，申报了"仙乡"腊肉无公害农产品认定，创建了仙乡放心食品市场经营部，促进了产品品质和服务质量的全面提升，仙乡品牌的知名度和影响力不断扩大，创造出了更佳的商品附加值。合作社被认定为省级规范化合作社，曾被浙江电视台公共频道宣传报道，仙乡商标被认定为台州市著名商标。

近几年，国家把乡村产业振兴、发展现代生态农业作为一项重大战略任务来抓，出台一系列强农惠农富农政策，使杨焕林认识到发展"三农"工作前景广阔。2018 年 9 月，在合作社的产业基础上成立了浙江仙乡农业开发有限公司，充分发挥区位优势和农业资源优势，投资 300 多万元，增加了杨梅包装、冷链设施设备。编制了《可行性研究报告》，明确了公司未来发展目标和可持续发展规划。

　　杨焕林认识到，必须坚持科学规划，完善产业布局，实施规模经营，加快设施建设，创办产业经济实体。公司旗下的"仙居县百姓宏达农副产品专业合作社"，公开承诺向养殖户免费提供种植养殖技术指导，与农产品订单营销服务，与当地的养殖场跟进、广大小农户共同参与农业产业化联合体，实现抱团发展。参与合作社的 120 多农户，户均年纯收入达到 2 万元以上，走上了致富之路。合作社在乡村共同富裕的引领下，搭建创业创新统一服务平台建设，农产品直供基地、生鲜农产品配送、冷链物流、农产品收购等，实现劳动就业近 100 多人。

　　杨焕林也有自己的烦恼事，农民操作不当，不按标准化生产，导致产品不能验收，这也是令他头疼的事，后来这事规范了，也就好了。

　　不过更多的是令他开心的事，他建设原料生产基地想法后，成立浙江仙乡农业开发有限公司，还专门成立了"仙乡天猫旗舰店"和 5 家商贸有限公司，先后投入资金 300 万元进行了引进杨梅包装设施设备，得到了种植户的信任和支持，很快就与 50 多家杨梅合作社和种植大户建立合作关系，签订了 1.2 万亩的订单生产基地，分期分批对杨梅种植农户进行技术培训和考察学习。公司采购价值已达到 1000 多万元，其中订单生产基地采购价值已达到 800 多万元。

　　公司自成立以来，他不忘"用心创业、以工哺农、扎根农村、服务农业、致富农民"的初心，牢记"产业融合、兴村强乡"的使命，在上级党委、政府和有关部门的大力支持下，他带领同事乡亲稳中求进，重视产品安全，打造品牌名片，引领现代农业第一、第二、第三产业融合发展，扎实走强农惠农富农之路，取得了一定的成效。

　　公司长期以来实行"企业＋合作社＋基地＋农户"抱团发展企农契约型合作模式，创新引领带动、精准施策、产业扶贫的方式。

　　展望未来，杨焕林说，公司将以"高效农业、体验农业、休闲农业、智慧农业、创意农业和科技农业"为重点，大力推进公司"物联网＋农业基地"建设，努力把公司打造成为省级休闲观光农业旅游基地、有机水果生产基地、畜禽养殖和畜产品深加工基地。打造魅力企业、产业助扶贫、精准共施策，示范推带动，惠农保增收，实现产业发展、共同富裕。

第八章 乡村乡贤聚富

实施乡村振兴重点帮促村同步基本实现现代化行动，建立县村户一体帮促机制，派强用好第一书记、农村工作指导员和驻村工作组，省市县联动每年向全省乡镇派遣各类科技特派员 1 万人，开展千个单位扶千村、千个企业结千村、千个侨团（企）帮千村帮扶行动，健全社会资本、公益组织开放式共同帮促的激励机制。

——浙江高质量发展建设共同富裕示范区实施方案（2021~2025 年）

乡村共富"十策"之"乡村乡贤聚富"

"小康不小康，关键看老乡"，可以看出乡村社会对生活富裕和共同富裕的期待，也可以看出对乡贤的期盼，村民们希望村中有知识、有经验、爱农村、会经营、善管理的乡贤们能成为乡村社会生活富裕的指路人。当然，不同于过去的族人、同宗人或乡绅，现代的乡贤可以称为新乡贤，他们有着各种特质——道高德重、离退干部、经济反哺、高知义举、文化涵养、身边好人、道德模范等，而他们认同的"根"文化是相同的，都是深埋心里无法割舍的一种家乡情怀，无论是在都市之间还是大洋彼岸，萦绕着浓浓的叶落总要归根的情愫。

本章所指的乡村乡贤聚富，便是指上述的新乡贤们，他们出生在这一片土地，靠着勤劳和智慧过上了富裕的生活，激发着乡民对美好生活的向往，激励着乡里邻居勤奋劳作的热情，他们不同于"招商引资"，也不同于"资本下乡"冷冰冰的利益追求者，他们带着人文情怀和同理心，夯实乡村产业基础，保障健康的乡村生态，涵育健康向上的乡愁文化，推动基层民主良性发展，保障村民持续增收，帮助开拓一条属于乡村自己的致富道路。他们是乡村产业的领头人、乡村生态的守望人、乡风文明的传导人、乡村治理的协助人、乡村生活富裕的引领人。

群贤汇集乡村聚富，激活乡村治理的内生动力。要汇聚优秀乡贤，应建立新乡贤档案，主动吸纳有情怀、有能力并且德行高尚的人士进入新乡贤队伍，积极采用情感引贤，真切地让新乡贤"想回来"。应构建多元的参与平台，不拘于理事会、社团等组织，从乡村实际需求出发，发挥不同领域新乡贤的突出优势。新乡贤要与村两委协调主辅关系，合理定位乡村治理角色，将热情转换为责任，多为乡村发展建言献策。应增强新乡贤参与治理的机制，取各家所长，多角度的协作，打造"共同富裕"智库，更能发挥新乡贤的作用，更能体现新乡贤的价值。

群贤汇集乡村聚富，重塑优秀乡村文化的理念。优秀乡村文化孕育乡风文明，新乡贤应立足于"接地气"的本土文化，汲取见贤思齐、崇学善成、互助友爱等养分，在乡村文化活动中，摈弃与时代价值违背的传统价值和习俗，让乡村文化正能量长存。新乡贤应通过找寻乡村的文化底蕴以及历史记忆，让优秀的传统文化与社会主义核心价值观融合重构，进而引导乡村制定、修订村规民约，更好地实现乡村文化亲民、惠民、为民的作用。新乡贤应借助新媒体的力量，以乡村居民喜闻乐见的方式将优秀的乡村文化建设的价值理念带入村民的视野，充分利用微信、微博以及短视频等新媒体的覆盖，全方位地展示乡村文化。

群贤汇集乡村聚富，促进乡村富裕的内生发展。大部分的新乡贤成长于农村，学习就业于城市，既懂得乡村社会的风土人情，也熟知城市的运行规律，能够借助自身所积累的"知识、技术、人脉"等资源优势，将其带回乡村，融合乡村的规律，为乡村发展出谋出力。新乡贤应积极引导乡村居民开展多元化的乡村产业活动，转换乡村居民的创收理念，提升经营收入水平，改善收入结构。新乡贤更应关注完善城乡联动的基础服务设施，引导人才回流，密切联系与城乡双市场的要素畅通，进一步为乡村高质量发展提供有利的外部环境。

21．村民为何"四按手印"

> 来了就要为村民做点事。
>
> ——张新建

大党建，大融合——我给方灵娜的《阵地》，曾做了"鑫富点睛"。

"我志愿加入中国共产党，拥护党的纲领，遵守党的章程……随时准备为党和人民牺牲一切，永不叛党。"老中青党员右手握拳，在溪港乡金竹岭脚村文化礼堂的党旗党徽下，庄严宣誓。

这一刻，他们仿佛回到了激情澎湃的时刻。

红色五月。"两学一做"学习教育，在溪港乡如火如荼展开。每个村的文化礼堂也因此热闹非凡。

仁庄村"王全祥"烈士的红色历史，在礼堂内开讲了；安山村的老党员茶话会，已如期举行；金竹岭脚村党员先锋模范——台州市派驻的指导员张新建，这时正在上党课……文化搭台，党建引领。这正是溪港乡党委一直努力的方向。

让文化礼堂与党建阵地合二为一，发挥一堂多用的功能，给农村百姓、党员们一个好平台。

"以前党员活动没有固定场所，大家积极性不高，有了党建阵地后，我们能回来就回来，一起参加党员活动。"金竹岭脚村老党员吕金高说。

每月的 20 号，是溪港乡的党员活动日。

越来越多身在外地的党员，专程

张新建（右二）在工作中

赶来过党组织生活。在这个转变过程中，文化礼堂和党建阵地的结合作用不容小觑。

溪港，是一片红色而丰饶的沃土。这里既有传承百年的民俗文化，也有着丰厚的红色好故事。

2016 年 10 月 24 日晚，由台州市委宣传部、市直机关工委、台州广电总台、市委讲师团、中国移动台州分公司主办的——第二届台州好故事宣讲大赛总决赛开始，有 8 个语言类故事、4 个文艺类故事，通过激烈角逐，最后评出一等奖 4 个……由溪港乡选送的《农民带头人张新建》获得一等奖。

节目中，还有这样一个故事：乡里有一个偏远的山村，名叫金竹岭脚。说起金竹岭脚村，当地曾流传着这样一首民谣：

岭脚远在天尽头，

一条咸鱼吃半年。

有郎不娶岭脚女，

有囡不嫁岭脚汉。

张新建深刻地意识到，要想彻底挖掉贫穷的根，必须创新思路。借助当地丰富的人文资源，打响了"清音传情·相思岭脚"品牌，把岭脚村打造成集农家乐、民宿、休闲旅游于一体的特色村。

确实，这个村 20 多年没建过一间新房。5 年前，还到处都是露天粪坑的村，如今大变样了，满眼都是新式的小洋楼。

昔日，遍地垃圾的状况早已不见踪影。

今日，村集体的账户上竟然有了 400 多万元的可用资金。

是什么让岭脚村在短短的 5 年时间里，发生了翻天覆地的变化？是省、市两级优秀农村指导员张新建的带领，以及全村党员干部共同努力的结果。

张新建，是台州市机关事务管理局副调研员。在 2011 年 5 月，他受组织委派，来到岭脚村担任农村指导员。

一来到岭脚村，他就挨家挨户了解情况。村民杨香梅祖孙两人住在只有十几平方米的土房子里，家境困难。张新建上门时，杨香梅激动地说："这间老房子，有上百年历史了，房梁随时都有塌下来的可能。再不建新房的话，万一哪天房子倒了，压死我……也罢了，反正我也是老骨头了。要是压到我的孙子……他可还是个娃娃呀……"

感受此情此景后，张新建这个堂堂七尺汉子的眼眶慢慢地湿润了。他从心底发誓，一定要帮助村民，圆他们住新房的梦想！

为了"新农村改造项目"能够早日实施，张新建说干就干。他三天两头跑市、县相关部门。山区偏远，奔波的路途和对烦琐资料的收集，让张新建磨破了脚、操碎了心。

精诚所至，金石为开，功夫不负有心人。他不仅获得各部门立项，还得到资金支持1200多万元。而且，他还为全体建房户申请低息贷款，贷到了免担保额十万元的钱。

新农村改造涉及全体村民的切身利益。有时，总会有一部分人不理解、不情愿或不支持。村民吕月娥死活不肯答应拆掉老房子。她对张新建说："你是一个下派的指导员，不知什么时候拍拍屁股就走了。我的房子虽然老，但还能住人，要是房子拆了，你却走了，新房到时又建不起来，我找谁?"后来，她干脆扔下一句狠话："不拆，就是不拆，你说什么都没用！"

最后，张新建只能请来吕月娥的亲人，一起做思想工作。那几天，两人坐在她家灶头旁，整整两个晚上，好话说了许多，总算做通了她的思想工作，答应带头拆掉老房子。

通过晓之以理，动之以情，村里的新农村改造项目才顺利推进。如今，一幢幢现代化的小洋楼，成了村里亮丽的风景线。

根据规定，张新建早就该结束驻村工作，回单位去了。但是，100多个村民一次次按下鲜红手指印，就是不让他走，张新建才留了下来。

村民联名上书，要求上级组织延长张新建驻村的时间。

吕小龙老人，是一个很有精神的农民。那天，他紧紧地拉着张新建的手不放，说："一听说你要走，我的眼泪就忍不住地流下来。张书记啊，你要是走了，我们村可怎么办呀?"

目睹这一切，张新建心动了。他自己也希望组织上同意村里的要求，安排自己留在村里！

好故事从不需要华丽辞藻的堆砌，真实的情感，更是自然地流露。岁月见证了张新建"农村指导员，就要当好农民的带头人，就要把岭脚村建设得更好、更富、更美"的承诺，村民都记在心里。

这天，阴雨飘飘。

对金竹溪村村民吕坚强和村里的腰鼓队来说，2019 年 1 月 16 日上午 8 时，是他们村里一个很有意义的日子。这天，是张新建在岗的最后一天。只见一个个村民，早早聚在了村口。

"老张书记在我们村七年多，如今调任仙居县埠头镇振兴村，村里想用自己的方式，热热闹闹为他送别。"说着，吕坚强握了握手中的唢呐，敛去了脸上的笑容。

吕坚强口中的"老张书记"张新建，这次其实已经是第 4 次连任了，他是被当地村民写请愿书、按红指印挽留下的。

话，要从他到村里 7 年后的一天说起。

2018 年 12 月 14 日，一个临近年底的日子。当三四十位村民，一个个自发聚到村口，忙着准备"送别仪式"的时候，张新建却在吕牡丹老人家"脱"不了身。

"你走了，反正也不回来了。就不用来看我了。"在老人家眼里，张新建就像她的亲儿子一样。

得知张新建因工作需要将调任别的村去，老人竟然与他闹起了"别扭"，索性就躲着不见他。

知道老人有"小情绪"，张新建特意来到老人家中，宽慰老人：

"以后，我会经常回村看您，您也可以到振兴村去看我，我继续给您做饭吃。"

"一定要多回来看看我！"依依不舍之下，吕牡丹放开了张新建的衣袖。

金竹溪村党总支书记吕金玉见状，赶忙拉着张新建，去村口参加"送别仪式"。路上，他又叮嘱起村务工作领导小组组长吕虎木那桩心事："栗树坑自然村的移民工作，现在到了关键时刻，这是他心里最大的牵挂。后续安置，你们千万要用心做好，有什么问题尽管找他，一定要尽快让村民住上新房！"

张新建，给吕小龙老人拭去眼泪。

在热闹的锣鼓声中，张新建和聚在村口的村民一一拥抱告别。吕小龙老人指着他家三层的新房说："没有张新建，我家的新房子也盖不起来。"经过这些年的发展，村里建起了 270 多间新楼房，住房条件大大改善。张新建还先后为村里争取到，如精品村创建等项目，共计资金达 2200 余万元。

张新建（左）与村民有着深厚的感情

"穷山村，变成了风景区。外出打工的村民都回来了，他们开农家乐、办民宿。"村务工作领导小组副组长吕宽炤说，仅 2018 年，张新建就为村里引进了高端民宿、亲子乐园、游客接待中心三个项目，总投资额 3000 万元。

"村子越来越好。可是，村里再也留不住他了。"

张新建接过锦旗。面对村民的不舍，张新建也红了眼眶。他郑重地向村民鞠了三躬说："7 年前，我带着一个背包来到村里。7 年来，我跟大家一起，朝夕相处。村子能发展起来，是全村人一起努力的结果。我相信金竹溪村的未来，肯定会越来越好。如今我虽然调走了，但心永远与大家在一起，永远是金竹溪村的一员！"

张新建曾和村民一起捣麻糍，那些奋斗拼搏的日子，一起建设村子的场景，只要一回想，张新建历历在目，感慨良多。

村书记吕金玉还将 2018 年的请愿书带在身上，说："我们写请愿书，希望老张能留下，也是村里的一份心意"。

"既然组织有要求，让老张去振兴村，帮助他们发展，那村里也要祝福老张。希望振兴村能发展得跟自己的村一样好。"

埠头镇振兴村，原是全县新农村建设的典型。但由于近几年来发展滞后，组织上希望张新建利用发展金竹溪村的经验，帮助振兴村快速追上去。

村民们赶来和"老张书记"告别。到了告别的时候，村民们顿时围了上来，一圈又一圈。哪知，人距离车子不足 5 米的路，张新建竟然足足走了十

张新建获"全国优秀党务工作者"荣誉

多分钟。

面对不停赶来告别的村民，他们捎来一袋袋番薯、萝卜、面粉等，硬要塞给张新建。后备箱里的东西已挤得满满当当，张新建感动得说不出话来了。

透过分别的现场，背后是真情：2012 年 10 月，张新建为期 1 年的农村工作指导员工作结束前夕，村民们向上级打了报告，挽留他继续当该村的指导员。

2014 年 9 月，张新建又将离任，村民们依然舍不得他走。于是，又一个个按手指印，提出书面请求，挽留张新建。台州市委组织部、市"农指办"商量后，决定让张新建继续留任。

2016 年 11 月，是张新建驻金竹岭脚村并担任第一书记，任期已满的时间，村民们又一次情真意切地向上级写请求信，要求挽留他。

如今，永溪村与金竹岭脚村合并成了一个新村，金竹溪村。王永盛和王佳乾两委带头人分工合作、相互配合，村两委"和合"共进。

2018 年 12 月 21 日，根据组织安排，已经 53 岁的张新建，赴振兴村担任农村工作指导员兼第一书记。

2019 年 6 月 19 日，他作为第九届全国"人民满意的公务员"，在北京受到中央领导在首都人民大会堂集体接见。

2021 年 7 月 1 日，在建党百年华诞的"七一"良辰，台州市仙居县振兴村农村工作驻村指导员张新建获"全国优秀党务工作者"荣誉并在首都北京接受表彰。

22. 以村为家

> "在我看来，一个村庄其实就像一个家庭，乡贤是这个村的大家长，村两班子则是这个村的兄长，为村民做好服务，同时接受乡贤的监督和检验。"
>
> ——章高清

"领略台州风采，颂吟路桥华章。"

台州市路桥区华章村位于新桥镇政府驻地东 2.0 公里，村区域面积 1.27 平方公里，其中耕地面积 1510 亩，山地面积 90 亩。华章村是由原凤阳章村和原横龙桥村合并组成。"'华'取自横龙桥村古名'华龙桥'中的'华'一字，'章'即取自'凤阳章'，有'华丽篇章'之意。"村党总支书记章高清说，"此次行政村规模调整得到了广大群众的拥护和支持，实现了参与率和支持率两个百分百。"

"要拓宽视野，在原有的网布生产中加入功能性技术，提高网布产业科技含量。"

"充分利用文化资源，保护好现有的山水泾、茶亭遗址，通过游步道加以贯穿，做好文旅文章。……"

章高清很清楚地记得两村合并后，民主协商议事会成立大会暨第一次民主协商会议上那一幕。与会的乡贤代表、老干部、党员代表、村民代表、村监会代表等民主协商议事会成员为村庄今后的高质量发展，积极建言献策，共谋乡村共同

章高清（右）慰问老人

富裕之路。

就在这一天，通过民主协商，参会成员就华章村村庄发展达成了建设休闲游步道，加强村庄融合，提高生活品质；打造网布产业园，通过集聚发展，助力产业提升；合理开发生态公墓，提升配套环境，发展集体经济；保护好山水泾、古茶亭等文化遗址，重修驿道，延续文脉等四大共识。

"在我看来，一个村庄其实就像一个家庭，乡贤是这个村的大家长，村两班子则是这个村的兄长，为村民做好服务，同时接受乡贤的监督和检验。"章高清觉得中国人本来就有很强的家庭观念，也有家国天下的情怀。他作为一名村干部，这些年来，一直就像经营自己的小家一样，把责任扛到肩上、把事业抓在手上，建设好华章村这个"家"，努力营造温暖和谐的家庭氛围，让"家人"感受到幸福。

俗话说，家和万事兴。村庄要发展，干部是关键。在章高清看来，村"两委"班子的工作都要向村民公开，接受他们的监督，尤其是财务和村务方面的，做到每一笔收支都清楚、可查。

华章村"两委"班子经合并成员增加了，为了防止出现推诿扯皮等现象，融合之初，该村就明确"两委"班子成员各自的职责分工，凤阳章区块和横龙桥区块各确定一人负责，工作任务和镇里各线对应起来。

为进一步规范坐班制度，该村试行值班工作日志制度，要求轮到坐班的村干部每天 8 时 30 分上班、17 时 30 分下班，实时动态发到微信工作群中，并做好日志填写工作，接受驻片领导、驻村干部以及其他村"两委"班子成员和村民的监督。

"8 月 28 日，章礼才、沈青连在村文化礼堂做木工各一天；27 日晚，联防队值班人员陈庆国、章建永……"翻阅华章村值班记录本，上面详细记录着 8 月 28 日那天值班村干部姓名、联系方式以及发生的村里大事小情。

与此同时，该村调整完善村干部的考核办法，变"大锅饭"为绩效，实行基本工资加动态工资相结合的发放形式，"在村里上班时间越多，所取得的报酬越高。虽然钱不多，但是彼此之间会进行比较，以此激发大家工作的积极性和主动性。"章高清说。

　　只要每个人都尽自己职责，不搞形式主义的花架子，不搞劳民伤财的政绩工程，一切为"家"着想、为"家"而干，形成良好家风，这个"家"就能治好，这个"家"必定兴旺发达！章高清就是凭着这股"小家子气"，把一个偌大的华章村管理得"有声有色，兴旺发达"。

　　丝网业是华章村的特色产业，目前集体资产 2400 万元，人均收入约 38000 元。村居聚落呈块状，机新南路贯村而过，村内有花卉苗木基地、横龙桥古驿景点。华章村先后被授予"省级小康村""省级新农村""省级绿化示范村""区级文明村""区级先进基层党组织"等荣誉称号，章高清个人评为路桥区优秀党组织书记和路桥区"百优标兵"尽职好村干部。

23. "核桃县长"的云南扶贫路

> "我不怕苦，就怕干不好，但我一定会好好地干！"
>
> ——王炳华

　　王炳华心中扶贫的那根弦随时都紧绷着，他把日常生活中发生的一丝一毫，都与扶贫工作联系了起来。这是一位多么称职的扶贫干部啊！就这个细小的举动，深深地打动了采访的记者。

　　王炳华是玉环人，招商银行台州分行干部，2018 年 10 月，作为招商银行总行第 20 批专职扶贫干部来到云南楚雄彝族自治州武定县，任挂职副县长。从华东滨海城市台州来到西南大山腹地武定两年多来，"山有所呼，海有所应"，在王

王炳华（左二）为云南特产宣传

炳华身边，发生了一连串的感人故事。

但凡感动人的，从来不是什么响亮的口号，也不是空洞的说教，而是一件件、一桩桩实实在在的事，是散发着生活气息、带着泥土芳香的真实故事。

第一个故事：10 年 3000 万元。

武定县山高坡陡水冷谷深，地偏人贫，是国家扶贫开发重点县。2019 年，招商总行投入 3000 万元专项扶贫资金，帮助当地政府对山上苗族群众的危房进行改造，计划建设 4 个"金葵花苗寨"美丽乡村。如果按以往那样"一捐了之"，那么大一笔资金最后很有可能起不到实质性作用，甚至可能"不了了之"。作为招行派驻的专职扶贫干部、武定县协管金融副县长、任过招行三家支行行长的王炳华责无旁贷，毅然决然担起了这副担子。

经过积极探索，最终他在招商银行总行指导下、运用招行金融创新基因，借鉴浙江台州的小微金融模式，设计了 10 期的"无偿捐赠＋委托贷款"金融扶贫模式，让 1300 多户苗族群众住进漂亮牢固的新房，开创了云南省金融扶贫先例。

第二个故事：招银劳务协作工作站。

王炳华临行前，台州分行行长曾和他有过一次深入的交谈，王炳华表示："我不怕苦，就怕干不好，但我一定会好好地干！"行长向他推荐了一个朋友：台州百度人力资源公司老总叶卫兵。

王炳华到武定后，为了开展台州武定两地人才交流，为了让更多的武定人走出大山，到台州这个经济发达地区打工创业，学习取经，王炳华跋山涉水两地协商，设立了招行劳务协作工作站，促成武定县人社局与台州路桥区人社局、台州百度人力资源公司签订了长期劳务协作协议。

第三个故事：核桃县长。

武定县白路镇是优质野生老树核桃的主要产区，但因为交通不便等原因，产品一直滞销。王炳华与电商平台合作，摸索出一条"电商＋扶贫"的模式。2019 年春节前，组织了"核您一起"活动，通过电商平台推销核桃，卖出核桃达 360 多万元。

后来，王炳华又推出了"原产地直播采摘核桃网红现场直播"等活动，彻底解决了武定优质核桃滞销问题，武定县群众亲切地称他"核桃县长"，新华网等媒体对此进行了报道。

第四个故事：一个退休老校长的心愿。

武定县新民小学坐落在金沙江畔，群山环绕，地势低洼，气温闷热。新民小学只有 18 个学生，其中 8 个学前班，8 个一年级。学校有两位老师，其中一是校长，姓周。周校长告诉王炳华，这儿实在太热了，他这辈子的最大愿望就是想买两台空调，一台放在教室里，另一台放在学生寝室里，这样学生就能安心上课、安心睡觉了。

王炳华在自己的微信朋友圈里发出了这一消息，没过多久，台州北京商会会长就捐了两台落地式格力空调的钱。当空调送出习习凉风，老校长饱经风霜的双眼湿润了。

王炳华是台州春雨公益组织的发起人之一，这一公益组织成为支持王炳华扶贫工作的得力助手。两年多来，他们为武定县捐赠了大量的物资和资金。每当说起春雨公益组织里的朋友默默无闻地为武定群众送去钱物，王炳华总是忙不迭地说道："谢谢他们，朋友圈里都是好人！"

第五个故事：妻子女儿的声音。

王炳华出发去武定扶贫那一年，恰逢女儿王语嫣高考，当时妻子丁玲和女儿心里有过一些埋怨，但很快就理解了王炳华的工作。妻子后来几次来到武定，从台州带来物资走访慰问武定群众，女儿上了大学后，也几次来到父亲工作的地方参加支教活动。她给父亲写了一封信。信中写道："作为新时代的大学生，我们更应该从父辈手上接过使命，成为从脱贫攻坚走向乡村共同富裕、大国崛起和民族复兴的新一代。中国梦，有你有我！"

第六个故事：一副对联和两棵文旦。

吴子熊是台州著名的玻璃雕刻大师，也是王炳华的忘年交。听说王炳华快要结束武定县的扶贫工作了，就准备写一副对联送给王炳华。内容是：

"七彩云南，心系武定；核桃县长，百姓牵挂"。玉环的一位朋友，决定近日专门寄两棵玉环的文旦树到武定，栽下一片绿，留下一份情，玉环和第二故乡武定，从此天长地久、山海相连。

24. "德善"留名传四方

> "你们给了我这么多荣誉，还把我推举为'乡贤'。其实这本来就是我应该做的，我只是在照顾我家的老人啊！"
>
> ——马德善

清冷月光，透过层云，照在窗框。

他像被上了发条一般，睁开双眼，左手摸索着电灯开关，右手抓起盖在被子上的中山装，该去给娘姨翻身了。"啪"的一声，房间一下子变亮堂，他揉了揉睡眼，才惊觉娘姨已经离开一年多了。

"哎……"长长的一声叹息，他望向窗外的明月，再也无法入眠。

他是临海市杜桥镇六亩洋村的村民，叫马德善。

念亲恩

马德善照顾老人

马家有六个儿子，马德善是老大，他口中的"娘姨"叫葛玉花，是他母亲的亲妹妹。姐姐生了清一色的小子，妹妹却只生了三个女儿，于是，马家长子被过继给亲娘姨，长大后还和青梅竹马的大表妹成了婚。

无论马德善的身份如何变化，唯一不变的是他对葛玉花"娘姨"的称呼。

"叫了大半个世纪，习惯了。"马德善说，"娘姨待我最好。"

到娘姨家前，马家父母对这个从小善良懂事的大儿子千叮咛万嘱咐，家里的事莫挂念，爹妈有他的兄弟们照顾着，要把娘姨当亲娘，以后就管葛玉花叫"妈"。可是，马德善那时已经懂事了，一时改不了口。娘姨却并不怪他，待他比三个亲生女儿还要亲，在三个女婿中，娘姨也最中意他。

马德善知道一开始娘姨是怕万一亏待了他让人说闲话，但是日久见人心，娘姨越来越觉得这个自己从小看着长大的大侄子"德善"就像他的名字那般德行高尚，与人为善。于是，她真心实意拿马德善当亲儿子对待，后来很放心地把大女儿交给了他。

"待我最好"这四个字，足以说明马德善对娘姨的高度认可。但是，马德善何尝不是对娘姨最好呢？

取孝道

2005 年，马德善的姨夫也就是丈人去世，尚不足七七四十九天，娘姨上山去砍柴，不小心摔下山坳。命是救回来了，却落下了残疾。从此，高位瘫痪的娘姨没法再上山，没法再走路，甚至没法再翻身……

直至 2018 年农历八月初六下午，清亮亮的一声"德善"，这是娘姨在唤自己呢！在院子里扎笤帚的马德善听到后，立马起身，走进房间，只见娘姨闭眼坐着，轻轻问道："娘姨，累了吧？我给您抱到床上去躺会儿？"

娘姨并不回答，只是直挺挺坐在德善专门用木板为她支起的椅子上。

马德善觉察有些异样，伸手两个手指，探了探娘姨的鼻息。"娘姨！"他心一慌，鼻子一酸，两行清泪流了下来。

娘姨走了。用一种她最向往的姿态。

娘姨走了。唤一声她最喜欢的孩子。

长达十三年时间，娘姨的生活起居大都是由马德善照顾的，但从未听他说过一句怨言。日复一日，年复一年。马德善每天凌晨五点起床，利落地为娘姨翻身、穿衣、洗脸和喂饭……家里最好的饭菜一般都留给小孙子和娘姨，马德善说娘姨胃口好，只要能吃身体就好，小孙子正长身体也不能亏待，自己吃得苦点没关系。到了晚上，他将两条板凳拼凑在一起，铺上竹板，一张世界上最简易的床就诞生了。它紧挨着娘姨的大床，如此简单却又如此踏实，就像随时听候娘姨差遣的马德善。

如今，两条板凳还在，铺在上面的竹板还在，娘姨却走了。

举乡贤

"如果娘姨能活到一百岁，我就照顾她到一百岁。"马德善用自己的孝道，诠释了对娘姨最温暖的感恩情怀。

从最初的周围老人请电视台来采访马德善，到如今，有越来越多的人在传颂着他的善举和美德。

自 2015 年 2 月荣登"中国好人榜"以来，各种荣誉纷至沓来，马德善获得了"第五届台州市道德模范""感动台州十大好人""浙江好人""浙江孝贤""最美残疾人家庭"……与此同时，他先后受到两届时任浙江省委书记夏宝龙同志和车俊同志的接见，临海市委书记梅式苗专程到家慰问。2019 年 2 月，来自杜桥镇各行各业的 258 位乡贤集聚一堂，叙乡情谋新篇，这其中就有马德善。

"你们给了我这么多荣誉，还把我推举为'乡贤'。其实这本来就是我应该做的，我只是在照顾我家的老人啊！"马德善看着阳光下自己的脚印，带着浓重的乡音说道。

25. 带领村民致富的研究员

"我们稳步推进各项工作，最根本的还是要靠实践出真知。认识一旦脱离了实践，就会成为僵化的教条，失去活力和生命力。"

——李俊烨

说起李俊烨，很多人都会对他竖起大拇指，说他是一个了不起的人。但当你见到李俊烨本人，又觉得他十分普通，这个反差让你对他产生疑惑，产生联想。当你真正了解他时，才发现他绝对是一个了不起的人，无论是他的谈吐，还是他的行事作风，都会让你刮目相看。

李俊烨（左二）组织培训中

这个生于 1965 年 3 月的台州中年男子，现为台州市新农村建设研究会专职副会长。别看李俊烨个子不高，但走起路来脚下生风，做事雷厉风行，讲起话头头是道，句句在理。

作为新农村建设研究会专职副会长，李俊烨每天都在忙碌中度过。他每天的工作就是想着如何带领台州的每个乡村除了走上致富的道路，还要让他们拥有更美好的明天。但是，李俊烨认为以他个人的力量，很难让所有台州村民走上振兴之路，他只能做一个"推手"。而被他"推手"的人就是那些基层村组织的村党总支书记。因为李俊烨知道，那些村党总支书记是农民的"领头羊"。如果没有农民的积极参与，乡村致富就会流于形式，而不是真的乡村共同富裕。

李俊烨也知道，在乡村发展的实践中，由于各地乡村的差异很大，我国没有统一的乡村致富模式可供模仿，而授予农民知识或许是他们改变乡村，引导他们走上致富道路，从而达到建设最美新农村的唯一途径。

正是因为这个原因，李俊烨从事的新农村建设研究会找到属于他们的路。让所有的台州最基层的村组织的村党总支书记参加学习，参加培训，让他们带领各自的村民建设新农村。

李俊烨清楚地记得 2017 年 12 月，当他把培训文件下达到各村时，前来报名的人却寥寥无几。"怎么会这么少的人呢？"李俊烨不由疑惑起来，是他们没有收到文件，还是不愿意来参加培训？于是，李俊烨拿起电话，挨个打电话过去，接到电话的村党总支书记们，不是说他们特别忙，走不开，就是说他们有另外的事，不能前来参加培训。

有什么事比参加培训还重要呢？李俊烨总觉得这里面有事。于是，他亲自到一些村里了解情况。在与那些村党总支书记谈心时，李俊烨才知道了事情的原委。原来这些村党总支书记们曾经参加过很多次培训，在培训课上那些老师讲的不是大道理，就是他们听不懂的课。他们不是不想学习，是不需要那些不切实际的学习。他们只想学点实际有用的知识，而不是那些虚的。

"原来症结在这里。"李俊烨终于找到了问题所在。于是，他四处联系相关老师，让他们把实际的东西教给这些村党总支书记。李俊烨也明白党的十九大就提出了乡村振兴，这是一个永恒的话题，而最基层的村党总支书记们是村民致富的引路人，只有他们掌握了相关的技能，才能带领村民走上致富的道路。

李俊烨说："我们稳步推进各项工作，最根本的还是要靠实践出真知。认识一旦脱离了实践，就会成为僵化的教条，失去活力和生命力。所以，我在培训时，选择那些村党总支书记们最需要的老师。他们要的是真知，他们学好了，做好村振兴的引路人，能充分发挥群众的主动性，能动性，更好地实现共同富裕。"

通过近两年的培训，很多人都说这个培训好。每次还未到培训的时间，那些村党支书就打电话给李俊烨，问他下一次培训的时间和地点，并说他们再忙也要来参加培训，因为这个培训能学到他们想要的东西。

共同富裕是一项前人没有实现的课题，只能在不断实践中积累经验。中央提出的典型思路正是要通过发掘典型的共同富裕经验，推动全面的乡村共同富裕。

因此，李俊烨用实际行动浇灌初心，用实际行动践行他的梦想，他也在甘愿默默地做一个共同富裕的研究员。

26. 滔滔不绝的"金融人"

> 努力构建现代农业产业体系，支持农村金融发展。
>
> ——徐曙鹰

"谋大事者，必要布大局，对于人生这盘棋来说，我们首先要学习的不是技巧，而是格局。大格局，就是用大的视角去审视人生，站得更高才能看得更远，有大格局才能成大事。"中国建设银行台州市分行原副行长、台州商人研究会执行会长、台州乡村振兴金融研究院院长徐曙鹰是这样说的，也是这样做的。

1960 年出生的徐曙鹰，是浙江宁波人，1977 年 12 月参加工作。后随父母来到第二故乡台州。1986 年 5 月，他调入中国建设银行台州市分行工作，一做就是 30 余年。

从基层、中层到担任分行副行长，从普通员工到高级政工师、经济师，徐曙鹰在金融系统工作的 30 余年里，喜欢钻研爱调查，对台州民营经济和区域金融产业发展情况十分了解，在很多方面有独到的见解。

徐曙鹰在为自己的新书《悠悠我心》签名售书

他全力推动台州小微金改支持台州经济发展，对金融创新、台州湾区金融发展存在的问题，提出了具有可行性和操作性的建议。针对小微企业融资难困境，他较早地提出了"四个创新"建议，即"加强观念创新，努力实现'五个转变'；加强机制创新，着力破解'两大矛盾'；加强组织创新，健全融资服务体系；

加强产品创新，探索多元融资路径"。

针对台州大湾区金融发展，他提出了四点建设性建议，对台州建设现代化大湾区，增强金融集聚能力起到积极推动作用。他还提出了"强化顶层战略设计，加大金融资源向湾区倾斜；努力构建现代产业体系，大力发展湾区资本市场。

说起自己对金融系统的见解，徐曙鹰如数家珍，滔滔不绝。从水库、电力、高速公路等交通项目到房地产开发等，每一个项目都有着细致入微的思考。

全力推动乡村振兴。运用丰富的金融手段，扶持乡村振兴实体项目。积极参与仙居老区（四都）乡村振兴文旅项目。解决黄岩（天空之城）融资难题，带动黄岩西部山区农村农民共同致富。殚精竭虑支持大陈岛（海洋牧场）红色垦荒，渔民致富。

特别是在连续当选为台州市第三届、第四届、第五届政协委员的 10 多年时间里，徐曙鹰经常深入台州市各企业特别是民营企业调研，用敏锐的洞察力和丰富的金融知识经验，写出大量有高度、有见地、有价值的调研文章，以委员提案方式建言献策。因业绩突出、工作成效显著，在四百多个委员中脱颖而出，获得台州市政协 2020～2021 年度优秀委员。

27. 书法在线教育服务的巾帼头雁

> "培养万名书法妈妈，打造千万书香之家。"
>
> ——林杨丽

林杨丽，是一位出生于浙江缙云县的乡村女孩。说起她的经历带点传奇色彩，是林儿书法谦堂创始人，"一线通""三生三世"笔法秘笈研发人，"环中进化隔屏教学系统"研发人。曾用不到半年时间复习通过司法考试。她研究互联网，擅长企业互联网集群矩阵商业架构设计和交付，擅长知识付费领域 IP 创业孵化，同时被聘为台州开放大学播商学院院长。

"师古人，师造化"。她从小热爱书法，致力研究书法的古法教与学，从缙云县第一任县令李阳冰先生"如蚕吐丝""如绵裹铁"用笔中，得书法之道的底层逻辑，发现一根线的力量和一根线的气息，最终成为"一线通"笔法秘笈。从米芾"八面出锋"，悟到看字不是字，看字是线条是笔势，打通动态字笔法最终成为"一字通""三生三世"笔法秘籍。林儿书法两大笔法三大体系教学，142 天临习 28 个经典碑帖，学员小到 6 岁，大到 60 岁以上，8 年来培训全网学员超过五万人，线下教学工作室五百多家。

在 2019 年前，林儿书法谦堂书院做了 4 年公益课程，着重打磨研究"环中进化隔屏教学系统"。传统的书法教学，讲究的是言传、身教，讲究的是"手把手"，还得学员有天赋能坚持苦练多年，渐渐成了少数人的风雅。

林儿书法谦堂书院，一个有互联网思维的书法教学，用"隔屏教学"走出了在线教学的新模式，研究普世的书法教学体系，不论年龄、不论天赋、不论文化，从"一线通"到"一字通"到"一通百通"，只要 142 天时间就能对书法进行有体系的认知和实践，再通过师训就可以培训成优秀的书法老师。2019 年后，谦堂书法进入了知识付费的阶段，通过付费将真正热爱书法的人吸引过来学习。

2022 年 3 月，一批想当书法老师的零基础"宝妈"，她们经过系统的142 天学习，林杨丽就鼓励她们当书法老师或开工作室。培养成一个书法老师得培养四大能力：第一，手头有功夫，篆隶楷行草都能写；第二，脑子里有知识，有三千年来系统的书法知识；第三，教学有逻辑，让学员复制林儿书法教学体系；第四，招生有方法，这个又得有互联网的知识。为了帮助学员招生，在台州开放大学组织了线下软笔研修班，台州开放大学播商学院专门给学员开设直播短视频培训，让他们学会做抖音短视频和直播，打开招生引流的通道。

因为有了互联网的加持，福建的"宝妈"陈老师，开始用自己农村的院子开办的工作室，一年时间就开了三家工作室，两百多名学生。河北的"宝妈"晓蕾开了两个工作室 400 多名学生；江苏的"宝妈"善雨现在开了四个工作室；杭州的"宝妈"潇潇，在宝宝读书的学校门口开了书法工作室。来自内蒙古的"宝妈"文娟，带着她教的学生参加全国的中小学生书法大赛，有 16 位孩子得了金奖、银奖、铜奖。还有些在家里带一娃、二娃，甚至三娃的上百位"宝妈"们，在林儿书法谦堂书院学习之后，华丽转变——成了书法老师，进行互联网书法教学。有的兼职，有的干脆全职在网上当书法老师，不用早出晚归，收入比之前上班拿得还多。"宝妈"们有一份自己热爱的工作，还有更多的时间照顾家庭。说到这些，林杨丽无比自豪。

从学习书法到书法教学，再到有自己特色的书法教学，并且使学生学以致用，过上更好的生活。林儿书法谦堂书院的教学走出了一条不同寻常的共富路。林杨丽说："特别感谢这个神奇的时代，林儿书法谦堂书院有幸站在这个三千年书法传承和发展的共创之路上，触摸华夏文明之渊源，感悟千年

书法之传承，是喜悦是幸福，更多的还是深深的责任，更希望能得到社会各界的支持和鼓励。"

聚星星之火，蔓延成燎原之势，一个个小小的书法梦在实现，一家家小小的书院正在成长，为民族文化的传承，为个人的修身养性，为千万书香之家，为千万女性共富的探索……

"我希望我的学生们，都能够技在手，能在身，思在脑，从容过一生"林杨丽说。

28. 农校毕业的"首席专家"

> "为果农做一些实事真的是一种奇妙的体验。每一个人这辈子至少应该奉献一次，不管你具体做什么，准备做多少。"
>
> ——颜丽菊

一想到戴一副眼镜的颜丽菊，我就感觉到她的严谨和执着，在她憨厚的脸上凸显出来。但我清楚地知道，在杨梅山上，人们经常看到不修边幅的她精心地照顾着这些杨梅。

正在授课的颜丽菊

在她的耐心关照下，青青的杨梅果然不负众望。颜丽菊用她的一双纯真的眼睛，深情地注视着光怪陆离的大千世界，用她的全副的身心去感知生活，从满树挂着的杨梅上，看到了她对这份事业的热爱。

她一年总要跑好多趟，到村里讲课，到山上指导，及时对杨梅疏果。在临海市内，经常看到她忙碌的身影。

颜丽菊说，杨梅是临海市继柑橘之后的第二大水果产业，种植面积 13.3 万亩。而在果农那里，杨梅虽然好卖，但管理也很难，所以好多事情也并非一蹴而就。

1984 年，颜丽菊从台州农校毕业，成为临海市双港林特站的水果技术员。她想人生总是需要奋斗的，只要你努力付出，一切都会成功，这是必然的。所以她在工作中认真实践自己学到的知识，做到学以致用。在过去的风风雨雨的日子里，她经历了从无到有的过程，经历了失败后的痛苦，以及找到人生方向的喜悦。通过回顾自己当技术员的这段时光，她发现对自己有了更加深刻的了解，对植物世界也有了更充足的认识。

颜丽菊说，为果农做一些实事真的是一种奇妙的体验，她相信每一个人这辈子至少应该奉献一次，不管你具体做什么，准备做多少。她相信在工作的过程中，总会有一些心路历程是共同的。

颜丽菊说，爱一个东西，就要爱到极致。只要你跟她聊到杨梅，她可以跟你聊一天，滔滔不绝，聊各种各样的保果、矮化修剪、疏果、病虫害防治等技术，而说到台州果木的种植，可以说上几天。还有杨梅，她视杨梅如儿女，可以把所有的钱用来买养护杨梅的书。

颜丽菊说，各种杨梅都是自己的"女儿"，其中东魁杨梅，个头又大又甜，但管理不好就容易出现品质产量的问题，那常常是因为不及时疏果的原因。杨梅是种娇气的水果，怕雨、怕虫，针对这个，颜丽菊采取了杨梅网室避雨栽培技术，给杨梅树挂上"蚊帐"，防止果蝇产卵。只要五月挂网，采前再加盖薄膜，能有效防虫避雨。

颜丽菊说，如果说没有遗憾，那是骗人的。她往椅上一靠，双手插进羽绒服的口袋里，倦怠地伸直双腿。她说，我还是想把果木的病虫都搞懂，但有些病害到现在也一直没有攻克。不知道将来会不会攻克？她歪着头笑了，双颊一抹绯红。

她想起之前对于回乡村和果树打交道，颜丽菊起初是抗拒的。但自从和果树交往起来，她就爱上了果树，从事农技推广，切切实实给果农带来了可观的效益，她工作 30 多年，也更关心基层农技推广队伍的"接力"。颜丽菊的工作热情也感染着周围的年轻人。她上山下乡、授课指导，开展专业研究。杨梅采摘季节，她每天要到杨梅种质资源圃，白天采样，晚上对杨梅品种特性进行测定记录，一直要忙到夜里 10 点多，没有时间陪伴家人，但她说，这就是她的本职工作，只有做到用心，才对得起这份本职工作！

29. 高调用心做"成教"

　　"成人教育是一种跨界教育，一头连着政府，一头连着企业，一头连着百姓，只有打造开放、共享、共赢的成人教育生态圈，才能形成区域联动的格局。"

——赵子平

　　成人教育是一种跨界教育，一头连着政府，一头连着企业，一头连着百姓，只有打造开放、共享、共赢的成人教育生态圈，才能形成区域联动的格局。

　　赵子平助理研究员是温岭市温峤镇成人文化技术学校（以下简称"温峤成技校"）负责人。2000 年 8 月加入成教队伍，2017 年当选为温岭市第十四届政协委员。他先后荣获浙江省春蚕奖（2020 年）、浙江省2013～2015 年扫盲工作先进个人、浙江省社区教育优秀工作者、浙江省第六次全国人口普查先进个人、温岭市优秀农村工作指导员、温岭

赵子平（左三）组织学员培训

市优秀教育工作者等 20 多项荣誉，个人考核连续 6 年获得优秀称号。近年来在省级以上报纸、杂志发表论文 6 篇，3 次在全省成教工作现场会上作经验介绍，《新时代农民教育培训问题调查及对策研究——以台州地区为例》荣获"2020 年浙江省职业教育与成人教育优秀教科研成果一等奖"。

　　第一次见到赵子平是在一次全省社区教育工作交流会上，发完言的赵子平找到我，希望能将刚刚拍摄的发言照片给他。当时我嘀咕着："这位校长好高调啊！"

·193·

再次见到赵子平，他是我的采访对象，一身藏青西装，一只黑色公文包，相比其他采访对象的随意便装，他还是"高调"。

采访中聊了很多，提到了他的"高调"。赵子平爽朗地笑答道："这是我的工作准则，高调做成教。"

成教工作中，赵子平确实很"高调"。他曾对台州各县市 476 位 18 ~ 60 周岁具有劳动能力的常住村民展开调研，走访了 200 余名相关职能部门负责人、培训教师、社会人士，了解村民培训的现状和以往培训中存在的问题等。几经梳理他开始了一场村民培训的"供给侧"改革。

他主动对接当地主打产业"工量刃具"，调研市场现状、经营户需求、制约发展瓶颈，明确培训方向，开出"互联网＋"工量刃具营销班；针对农民技能水平的差异，温峤成技校分别开设了基础班、提高班、精英班、总裁班；考虑到 1 ~ 7 天的短期培训班，学员很难真正掌握一门技术，赵子平将培训班打造成持续性项目，短期培训班的周期为 1 ~ 2 个月，长期培训班的周期可达 1 ~ 4 年……得知全镇有 291 人低收入农户时，他及时收集信息，经过筛选后将 58 人纳入培训对象行列，然后利用双休日，冒着烈日和同事挨家挨户走访或者电话询问，最后确定对有劳动能力的人进行"一人一策"培训，让其掌握一技之长。

围绕"乡村振兴千人培训计划"这一主题，赵子平制定了以职业技能培训为主的《温峤镇乡村振兴千人计划项目实施方案》，交出了一份让人眼前一亮的"高调"答卷——按照"一村一工匠、一村一厨师、一村一'老娘舅'、一村一会长、一村一礼堂、一村一电工、一村一月嫂、一村一电商"八大系列，相应开设了庭院设计培训班、乡村厨师培训班、法律法规培训班等。年培训 36000 人次，为当地培养本土人才 1268 人，增加就业 3200 多人，为百姓增加收入 3.5 亿元。

"成人教育是一种跨界教育，一头连着政府，一头连着企业，一头连着百姓，只有打造开放、共享、共赢的成人教育生态圈，才能形成区域联动的格局。"为此，赵子平因时制宜设置培训项目，"温峤镇高考志愿填报培训"解决考生家长填志愿难的问题，"疫情后企业主法律法规"为企业老板与员工的经济纠纷等提供法律支持，"线上广交会直播培训"为该镇参会企业送上及时雨，等等。

他因地制宜建立共创机制，推出"场所共建、项目共商、资源共享"思路，推进社区教育进文化礼堂工作，把培训送到群众家门口。他还运用企业经营的理念，把培训进行项目化管理。比如月嫂和育婴师培训，他细化、深化培训内容，有针对性地邀请相关专业的师资开展家政人员职业道德、护理技能、月子菜（家常菜）烹饪、月子中心实习等系列培训，同时为这些学员与家政公司进行就业衔接，亲自为从业人员"推销"，学员就业率达85%。

"心中有信仰，脚下有力量"，赵子平凭着真干、实干和对成教的情怀，让成人技校成为农民致富的聚宝盆，成为乡村共同富裕的桥头堡。他，小马拉大车，"高调"地托起了温峤乡村共同富裕的大梦想。

30. 投身新乡村建设的民间文化人

"这几年，我一直用自己的方式参与了仙居不少古镇古村落的修复和为其建言献策，这正是我从理论走向实践的过程。"

——王董天

"王董天既精书画又通乡村历史文化和规划设计，名驰仙乡却又甘于寂寞，扎根乡村以自己的方式参与乡村生态振兴事业，非常难得也不易，这个需要勇气。同时他又有丰富的实践经验，能从乡村实际出发，又在理论上有自己独到的见解，所以他呈现出来的作品非常有生命力。"台州开

王董天（左一）考察乡村历史
文化规划设计

放大学党委书记、台州乡村振兴学院执行副院长王焕斌如是评说道。

已是初冬时节，栖居在仙居四都村的名士王董天，还是面容清秀，戴一副灰蓝色眼镜，穿中山装端坐在藤椅上，他的后脑勺拖了一支短辫，颇有民国初期的范儿。

一座名为静月斋的庭院，是他的住处。缸里的荷花也已是残枝枯叶，倒是别有一番禅意寂空的味道。

5 岁之前，他一直在家乡仙居度过。1994 年以前的仙居乡村，保留了很多古建筑，生活习俗也基本延续了明清以来的余脉。小时候他特别喜欢看戏，是一个戏迷。这个情结给予他更多的农村人的温度，一种农耕文明本身就铸就的人间温情。尤其在待人接物方面他依然流淌着农村人热情待人的血液。

1997 年，王董天毕业于浙江省轻工业学校装潢设计专业。中专这 3 年，对他来说好比自己的人生打开一扇窗，故乡在屋子里，未来在屋子外而没有边界。我有了更多看待世界的方式。而他就是靠着每天大约 4 小时读书时间，品味、思考，形成了自己独有打开世界的方式，他有一种自我定位为读书人的自觉。2003 年他毕业于中国美术学院书法篆刻专业。虽然是专业出身，却极认可英国艺术史家贡布里希的一句话："世上本没有艺术，只有艺术家而已。"从美院毕业以后，王董天曾作区域史研究，这个学科的研究需要广泛的知识面。他的工作主要是古建筑研究和金石碑刻的研究，分别在 2006 年出版专著《蟠滩千年》和主持路桥历史文化碑刻的整理工程，在 2013 年成功策展《浙江括苍摩岩石刻碑拓展》。

2015 年，他突然间觉得自己在外地漂泊了 20 年，实在太久了，就回到自己的家乡仙居了……那年，有些子承父业的他，在老家蟠滩乡董坑口创办了水杉堂。一边养家糊口，一边实现自己心中的理想。中国历史上的文人和士子有一个优良的传统就是"家国情怀"。而他认为这种情怀，在任何时代都会有这样的一群人，往往是知识结构相对广博的学者。

他个人认为中国在漫长的一段时间里，是如何从农耕文明走向工业文明，关键点还是如何处理好乡村问题。所以他非常崇敬晏阳初、梁漱溟为乡村运动种种"知行合一"的贡献，当然他们所处的时代与当下相比，社会结构都变了，问题也更加复杂。

在四都村委会主任陈洵华的眼里，"董天入驻四都最大的功绩是对村干部和村民在素质和文化上的提升，他是一个纯粹的读书人，身上有被书籍滋养过的人格魅力，他又有天马行空的艺术思维，对村落有前瞻的眼光，他与乡村两级干部交往颇具协调能力和接地气，所以他所思所想往往也能落地。"

来湫山乡之前，他也曾经参与埠头镇的小城镇综合整治的工作，所以相对有经验一些。这项工作看似简单，其实是比较艰难，除了跨学科的知识结构，最重要的是明白政府与村民的各种诉求，也就是如何协调好各种关系，这需要对农村工作深层次的了解，否则无法落地。

2018 年 10 月，他受邀担任仙居县湫山乡政府文化总顾问，长驻四都村名家工作室，负责监管湫山乡小城镇综合整治工程和地方文化挖掘。

近年来，王董天主要从事古建筑修复和乡村建设的文化挖掘，从理论研究转入实践。王董天被台州开放大学乡村振兴学院聘请为客座教授。他这样真正地学以致用，通过一段时间的整理，能将一些可以推广的实践案例用书籍或者是以课堂的方式与学员进行交流。这也是他最为骄傲的事情。

第九章 乡村集体增富

深入推进农村集体产权制度改革，巩固提升农村集体经济，探索股权流转、抵押和跨社参股等农村集体资产股份权能实现新形式。立足当地特色资源推动乡村产业发展壮大，完善利益联结机制，让农民更多分享产业增值收益。

——中共中央 国务院《关于支持浙江高质量发展建设共同富裕示范区的意见》

乡村共富"十策"之"乡村集体增富"

说到乡村集体增富，不得不提曾成为热搜的"天下第一村"华西村，以及以它为代表的村镇企业集体创富模式。随着改革开放40多年来，农村集体经济形态呈多样化的发展趋势，有统分结合的农村集体经济、农村股份合作制经济、农村专业合作经济等，也涌现出不少集体经济增富的故事。可以说乡村的发展离不开村集体经济的壮大，它能起到维护农民收益、凝聚当地民心、稳定农村社会，达成乡村共同富裕的重大作用。

本章说谈的乡村集体增富，不剖析个案，探讨的是乡村集体产业发展由弱如何到强的途径，在消除薄弱村的同时，寻找成长为富裕村的诀窍。一般而言，因受限于乡土社会的差序格局的思维，乡民能想象的就是村中能人带领村集体发展产业，在关系紧密、充分信任的环境中，按照村规民俗，无私且公平地平均分配所有利益，渐渐成为共富乡村。如今，宏观格局已变，脱贫已成过去式，乡村集体经济壮大为村民带来更多发展红利的同时，更应主动向高质量发展变革。

促进乡村集体产业增富，认清产业形态是关键。乡村集体产业形态有多种，例如资源开发型、物业经营型、资产投资型、村庄经营型、生产服务型、村落建设型等，不同类型的乡村集体产业经济增长方式不同，所提供的产品或服务也不同，要合理盘活乡村土地资源、生态资源、文化资源、旅游资源等，利用组织载体有效转化为经济效益的增量。

促进乡村集体产业增富，找寻发展模式是重点。乡村集体产业要发展，要选择合适的发展模式，例如，能人带动模式、金融互助模式、股份合作模式、强企联盟模式、循环农业模式等，更多强调人才、产业融合、公司企业利益联结带动的作用，推动乡村集体产业发展向规模化、组织化、现代化转变，释放乡村产业发展潜力的同时也能够更好地对接市场，实现村级集体经济增富。

促进乡村集体产业增富，聚合人才资金是基础。好的乡村集体产业在发展过程中，注重培养一位具有企业家精神的领头人，同时畅通人才引进通道，打造一支村后备人才中坚队伍，共同推动村集体产业发展。同时要鼓励多元渠道融资代替原始资本积累，建立村级集体产业发展基金和专项资金，积极协调各级部门和金融机构加大对村级集体经济发展项目的支持，让各类资金集中村集体调配管理，发挥村集体增富的最大效益。

31. 勇立涛头的"中国海上畲乡"

> "敢为人先、抢抓机遇，才能闯出新路来。"
> ——林后宜

不久前，抖音里冒出一个操着浓重三门本地口音的中年汉子，吆喝售卖小血蛤，一下子成了"网红"。

他就是三门县海润街道涛头村党总支书记林后宜，虽已年过半百却处处敢为人先，一步也不落后。面对疫情，林后宜身先士卒、日夜坚守，带领全村党员干部齐心抗疫，牢牢守住"最后一道防线"；进入复工复产阶段后，破冰前行，大力破解小海鲜滞销难题，在最短时间内实现了突围。

三门县海润街道涛头村自 1997 年开始实行整村"种改养"，90% 以上的村民从事小海鲜养殖，其中养殖血蛤最多。今年养殖户的产量不小，但受疫情影响严重滞销，一旦错过血蛤的销售旺季，全年的养殖进度及收益都会受影响。林后宜看在眼里急在心里，疫情形势稍有好转，就忙着筹划推销海鲜。

林后宜通过多方资源联系了淘宝、京东等平台，开始直播卖货，迅速打通了小海鲜销售瓶颈，仅头两次线上直播就卖出小海鲜 3 万多斤。尝到线上销售的甜头后，他又发动养殖户、年轻村民通过微信、"抖音""快手"等进一步拓宽线上带货渠道，短短几周内，涛头村小海鲜销售难题迎刃而解。

就是这样，林后宜一直敢想敢做，涛头村在疫情期间全村上下同心同力，很大程度得益于林后宜多

林后宜（左）推销三门青蟹

年来担当实干打下的坚实基础。

"敢为人先、抢抓机遇，才能闯出新路来。"2014 年，林后宜刚担任村书记时，涛头村通过 10 多年的"种改养"已经实现了村强民富，全村渔业产值过亿元，村民人均收入 6 万元，但"人多塘少"的问题十分突出，全村养殖业触到了"天花板"。

"我们村主要靠养塘赚钱，几乎家家户户都有养殖塘，青蟹是我县的金招牌，更是我们养殖的重点，但随着市场需求变化，养殖塘成本越来越高，养殖规模难以拓展。"林后宜回忆道。

如何突破养殖瓶颈，能不能跳出涛头村，甚至到国外去养殖，让村里无产业的这些人也能富起来，这些成为村里的工作重点。目光敏锐的林后宜抢抓"一带一路"发展机遇，决定带着村民走出国门，试水海外养殖。他召集村干部和部分养殖户开会商讨，自掏腰包 40 万元，组织村里的养殖专家、养殖大户等先后 11 次赴马来西亚、泰国、埃塞俄比亚等国家尝试青蟹跨国养殖，为涛头村海水养殖业找到了"新大陆"。

2017 年他在马来西亚麦隆县租了 4000 多亩海田，开始了第一期 2000 亩的试种，根据当地的土壤、水质和温度，主要进行血蛤、青蟹、小白虾和蛏子混养。功夫不负有心人，他的试种很成功。于是，他立即发展海外养殖面积，让村民们出去海外养殖。在 2019 年中国北京世界园艺博览会推介活动上，林后宜与马来西亚农业大学签订跨国小海鲜开发合作协议，"协议签订以后，国内先进青蟹养殖技术和优质青蟹种苗通往东南亚地区的渠道将更加畅通，跨国养殖，将弥补春冬两季国内青蟹市场的空白，同时提高当地的青蟹养殖水平，促进农民增收。"林后宜向我们描绘着美好的前景。

2018 年行政村规模调整后，林后宜又先人一步，带领村"两委"全力推进文渔旅体融合发展，建成了畲族文化展馆、少数民族长廊等特色项目，涛头村的"二次创业"步伐迈得坚实而有力。

"近年来，我们以打造'中国海上畲乡'为抓手，大力推进渔文旅融合示范区建设，通过对涛头村的基础设施改造、畲乡文化挖掘、旅游景观建设，全面展示海上畲乡的独特魅力，努力打造三门美丽乡村建设样板。"林后宜除了带领村民致富外，在乡村产业振兴中也大胆打造"海上畲乡"，改变乡村面貌，使得涛头村又走在了前列，成了远近闻名、名副其实的立于"涛头"之村。

林后宜心系民富村美，是当之无愧的新时代浙江省"千名好支书"、浙江省担当作为好支书、台州市兴村（治社）名师。

32. 炮台山上好风景

"当年我们炮台村村级集体经济不足，全部加起来还不足5万元，万事开头难。但既然当了村干部，就要为村民们干点实事。"

——骆福忠

几年前，玉环市干江镇炮台村还是一个人烟稀少、默默无闻的海边小山村。现在，炮台村已经成为远近闻名的生态休闲村、旅游网红之地。

说起炮台村的变化，炮台村党支部书记骆福忠深有感触地说："我是在2010年当选村党支部书记的，当时村里很多村民都已经搬下山了，只剩下为数不多的老人留守在村里，短短几年时间，真是翻天覆地的变化……"

炮台村地处偏僻，山高路远，与洋屿、鸡山等岛屿隔海相望，因山上筑有明朝年间抗倭的炮台而得名。解放战争时期，这里是前沿阵地，解放军与国民党部队发生过几次战斗，直到洋屿岛解放后，部队才撤离，至今山上还遗留有战壕和废弃的部队营房。

骆福忠伏案工作

炮台山上的村落，都是用石头建筑的房子，共有 100 多栋 300 多间，这些石头房早的建于新中国成立前，大多是 20 世纪七八十年代的。本来这是一笔无形的资源，得天独厚，但因地处偏远，人烟稀少，一直没有人来投资开发，那么好的旅游资源就这样白白地荒废着，十分可惜。

"当年我们炮台村村级集体经济不足，全部加起来还不足 5 万元，万事开头难。"骆福忠感慨地说，"但既然当了村干部，就要为村民们干点实事。"

骆福忠带领村民们在炮台山上搞起了旅游项目，先是小范围地搞，积累了资金和经验后，就放开了手脚。

村里在炮台山上建起一家大型的农家乐，可容纳 40 多桌客人。炮台山下是海边金沙滩，村里修建起游步道，把山上山下连接起来，游客们闻讯而至，人气越来越旺。

2018 年 10 月 1 日，玉环环海大桥正式通车，炮台山上迎来了更多的客人。黄金周期间，山上山下人来人往，从山上往下看，山路上、空地里车子停得密密麻麻，每天都有几千辆汽车。这样的情景是炮台村的村民们从未见到过的。

客流量实在太大了，骆福忠发动全村的党员轮流值班。他自己更是忙得白天晚上连轴转，虽然累得不行，但他脸上一直挂着开心的笑容。

然而骆福忠并不因此满足，农家乐只是他的起步，他现在考虑的是如何整体开发炮台山旅游项目的事。对于炮台村来说，那才是一件举足轻重的大事。

骆福忠把自己的想法向干江镇党委政府作了汇报，得到了领导的大力支持。骆福忠不但工作有恒心有毅力，又是一个说干就干的人，2019 年 5 月，浙江炮台红色旅游开发有限公司正式成立。5 月上旬，他带队外出考察旅游项目，5 月中旬工程破土动工。

然而，整体开发的方案预算资金达 1100 多万元，钱从哪里来？

"5 月份，我们开了几十次各种会议，讨论商量启动资金的筹集问题。最后形成了统一的意见，合股经营，村集体占 51% 股份，村民人人入股，占 49% 股份。"骆福忠介绍道，"当时村民投股的钱有 530 多万元，村里的集体可用资金只有 70 多万元，最后就由村两委会集体担保，从银行贷款 500 多万元，炮台山整体旅游项目就这样破土动工了。"

2019 年 10 月 1 日，炮台山红色旅游开始试营业。到 2020 年 10 月，一年的门票收入就有 300 多万元。如果不是受到疫情影响，肯定还会更多。毫无疑问，炮台山红色旅游项目获得了巨大的成功。

算起来，骆福忠担任炮台村党支部书记已经有 10 年了，炮台村发生了翻天覆地的变化，他自己经营的企业却受到了不少损失。

骆福忠的鑫威机械有限公司主要生产消防器材配件、气动工具器材配件，开始时有 70 多个员工，现在压缩到 40 多人。"当村支书后，没日没夜做村里的工作，一心想着村集体能够增富，没有精力再去管理自己的公司，公司只能交给两个外甥去打理了……"骆福忠微笑道。

33. 给渔民一个惊喜

> 能力越大，责任就越大。
>
> ——奚圣军

三门县健跳镇健渔村的奚圣军是"台州市十佳农民大学生"，也是健跳港渔业服务有限公司的发起人，更是三门县成功燃料油经营部的负责人。今天，就让我们走进健跳镇，走进健渔村，来认识这位渔村振兴中的主力军。

奚圣军在办公室

嘉庆四年为抵抗倭寇，宁绍台参将戚继光修建了健跳城。健跳地处海口，海域面积 57.3 平方公里，"健跳港"是浙江省四大深水良港之一。健渔村则是健跳镇为数不多的七个纯渔村之一。

俗话说"靠山吃山、靠水吃水"，2002 年奚圣军刚担任健渔村村委会主任不久，看着村里渔民生活艰苦，他积极探索，挖掘商机，带领 10 多个渔民投资 50 多万元成立了健跳港渔业服务有限公司。公司专门为外来挂靠船只提供配套服务，光一个休渔期就能提供油、冰等物资 200 多吨，销售水产品 100 多吨，极大地带动了村里经济，增加了渔民收入，大家都喜上眉梢。

与此同时，挂靠船只进港之后要到两公里外办理相关证件，而且证件较多，耗时又费事，于是奚圣军主动向有关部门申请在公司设立办证处，邀请工作人员上门办证。

不仅如此，奚圣军想人所想，急人所急。因为外来渔船最怕的就是辛辛苦苦捕回来的新鲜鱼虾销售不出去，于是，渔业公司就主动帮助船家联系水产品市场或者统一价格收购，解决了他们的后顾之忧。

能力越大，责任就越大。担任了 8 年的村主任后，2011 年奚圣军成为健渔村的党支部书记。

虽说"新官上任三把火"，但奚圣军不走寻常路，他一边处理繁重的村务，一边选择报考三门电大的大专班，进行为期两年半的学习，主修农村经济管理。在 66 人的大专班里，他成绩优异，担任班长，最终获得"中央电大奖学金"，成为"台州市十佳农民大学生"之一。

有了夯实的理论作支撑，奚圣军振兴健渔村的干劲更足了，但现实是残酷的。

早在 2007 年健渔村两委商议在已有村资产 60 万元的基础上，村里主要干部每人筹集 20 万~30 万元，共集资 300 万元，为村里兴建造船厂。当时，奚圣军也拿出了 30 万元。正是这个决定，给村里带来了每年 180 万元的收益，从根本上打破了 20 年来村集体总收入不足万元的局面，基本解决了村民的农医保问题。

可是，2008 年的全球经济危机给造船厂带来极大冲击，很长一段时间船厂招不到租。村书记奚圣军力挽狂澜，在 2013 年终于以每年 48 万元的价格将船厂出租出去并签订了5年的合同。2018年再次招租，租金已涨到每年143万元。

尽管船厂的收入起起伏伏，但的确一次又一次解决了村里的大开支，落实了村民的农医保，更让村里孤寡老人的生活得以改善。

在任期间，奚圣军还积极培养优秀人才，为发展健渔村积蓄力量。健渔村每年都有二三十人写入党申请书，但他作为村书记总是严格把关，比如2014年村里才发展了两名预备党员，村民说他"太严格啦"，但他却回答"我要保证吸收到党组织的都是最优秀的人才，他们可是日后振兴健渔村的主力军，容不得半点马虎。"

2018年，在连任两届村书记之后，奚圣军决定退下来。他一方面辅助新一届村干部，另一方面决定专心经营自己的"成功燃料油经营部"。通过上海的朋友，他成功拿到了日本人的燃油新配方，开始着手研发新产品……

相信不久之后，奚圣军又会给健渔村的渔民们一个新的惊喜。

34. 有一本经叫"友谊致富经"

> "我们的成功是因为村民的团结。"
>
> ——林晓静

"农村＋公司＋农户"的模式，让浙江天台从以打石板为生的"以命换钱"生存方式向以发展乡村休闲旅游致富的"美丽经济"转变。成为全国"美丽乡村"学习样板，后岸村只用了7年时间。

2011年，后岸村村集体率先带头创办农家乐，并创立了一家旅游公司。而这家公司的总经理却是一位优雅干

林晓静介绍村党建基地

练、落落大方的女士，她叫林晓静。

起初为了发展经济，后岸村通过传统开矿来完成经济发展，可是在矿挖的越来越深的时候，给人体造成的伤害也越来越深。于是后岸村的村长就提议发展旅游业来提高经济发展。"当时在一个偏僻、山沟沟的地方，发展旅游业是多么艰难的事情，所有的村民没有一家说后岸村搞走乡村旅游好，有前景，他们看不到发展，看不到未来。"林晓静回忆起当时的场景，说道。而在村长提出搞农家乐时，也没有一个村民愿意相信会有游客到这里。

要致富，先修路。但在 10 年前，后岸村并没有一条平坦的道路，当时，一条石子路就已经是一条很好的道路了，走路都不好走，只有逢年过节的时候走动一下亲戚，基本从外地来后岸村是不可能的。当年在林晓静和其他村民看来，发展农家乐是一件很奇怪的事，村民们也都很清楚大城市的人不会到偏僻的农村来。

在村长的坚持下，乡村旅游也就磕磕碰碰地开了个头。从 2011 年开始，后岸村的旅游一直由林晓静来负责，至今过去了 10 年。十年间，民宿和床位的数量在不断增加，来到后岸村旅游的游客也多了起来。"我们的成功是因为村民的团结。"林晓静带着笑容，语调稍稍提高，说道。后岸村的旅游用的是统一模式，公司为村民创办农家乐提供个性化布局规划、统一化装修设计和标准化业务指导，开展统一宣传营销、统一分配客源、统一服务标准、统一内部管理，这便使得村民之间只存在良性竞争，而非恶意竞争。

农家乐户房型有大有小，有各自不同风格，不同的风格给人以不同的感觉。让人们找到合适的、舒适的享受旅游带来的温馨。这也恰恰说明了后岸村能够发展起来的重要因素——民风淳朴。

把客人变成朋友是后岸村旅游公司的宗旨。有一次，一位旅客丢失了自己的钱包，他也就抱有一点点希望告诉了林晓静及村民，没有想到，村民给他找了回来，他激动地攥着林晓静的手说太不容易了。"说到这里我心里也是很温暖的，因为被别人信任，给予肯定，那么我的工作就没有白做。"回忆起当时的感受，林晓静如是说。

有时候后岸村旅游公司会收到游客的信，夸赞他们的服务到位。林晓静说："收到表扬后的我们并没有骄傲，而是一心一意发展，做好我们工作，实现稳步推进，全面发展，健康发展，把咱们的口碑打好。"

既要带动发展经济，就要把文体旅全部结合在一起。2013年，后岸村里建造了一个大型的多功能体育场馆，为很多大型赛事提供了场地。在林晓静看来，有了这个场地也就意味着后岸村有能力承办大型赛事，也就吸引了来此参赛的人，这也就增加了后岸村的知名度，进而达到宣传旅游的效果。

"等到游客多起来之后，我们旅游公司队伍也壮大了，后岸村的旅游也发展起来了，口碑和品牌做起来了。"林晓静说道。

2011～2020年，在这近10年的日子里，林晓静时刻要求自己回报家乡，尽己之力带领旅游公司的发展。后岸村从开矿业到服务旅游业的转身是十分不容易的，打造后岸村的旅游品牌，在摸索中探寻方向，为家乡的旅游事业贡献自己的一份力量，林晓静始终在路上！

35. 爱田爱地的种粮大户

"解放村民，不只是解放他们的劳力，而是解放他们的身心，让他们在外放心务工，回来有个家。"

——单海明

当你走进临海东溪单村时，看到在田间一片忙碌时，或是机器在收割稻子，或是无人机在喷洒农药，或是听到粮仓边上的烘干机正在不停地工作……你或许会感叹起来，现在的农村真好，都实现了全机械化工作了。但你也许不会想到，10多年前，这里本是肥沃的田地里却长满了野草……

唐代诗人李绅的诗句："锄禾日当午，汗滴禾下土。谁知盘中餐，粒粒皆辛苦！"道出了农民种粮食的艰辛。但是，改革开放以来，许多农民却离

单海明

开了赖以生存的土地，以打工挣钱来维持生活，而在农村留下了许多肥沃的土地，甚至抛荒。

担任了多年的村党支部书记，连任 3 届，每一次换届，他都是满票当选。2007 年，单海明终于下定了决心，他要承包村里的土地。

其实，东溪单村人均耕地只有 0.4 亩，人多地少，很多农民又不愿意把土地长期转让或转包给他人经营。单海明通过做工作，并给出了两种条件：一是一亩土地每年根据市场价折合人民币多少钱，一次性付清；二是给予人民币等价值的粮食。

很快，村民都积极响应起来，答应把地给单海明承包。这一年，单海明承包了 1024 亩地，同年成立了临海市农春粮食专业合作社。2009 年，单海明成了临海最早全机械化的粮食种植大户。但单海明这个种粮大户，也并不是一帆风顺，2013 年 10 月 3 日，台风"菲特"来袭，洪水特别大，水稻全部倒伏，受灾特别严重。这一年，单海明损失五六十万元。

"解放村民，不只是解放他们的劳力，而是解放他们的身心，让他们在外放心务工，回来有个家。"单海明说，"让村民把农田承包给合作社后，他们再也不用担心家里没人种粮了，让留守的老人成为合作社一员，每月能拿到几百元工资。虽然我把村里的土地承包了，但我希望村里外出无论是打工的人，还是在外面工作，或定居在外面的人常回来看看，给村里的留守老人留下一种希望。"

东溪单村共有 4000 余人，其中老年人达 1300 多人。这些老人成了留守老人，他们留守在这块土地，子女们基本都外出了，孤单、寂寞成了他们生活中不可缺少的生活。

单海明看在眼里，急在心里。他要让这些老人快乐起来。在 2007 年，他依托乡贤成立了全国首家孝心基金，每年正月初六，趁村里人回家过春节的时候，他就评选出村里的孝子孝媳，晒家风。在这一天，还举办老年人趣味运动会，让老年人锻炼身体，健康长寿。也让外出的年轻人记住，东溪单村是他们永远的家。

自己的生日或许记不住，但单海明能记住全村老人的生日，在午后，他会亲自为过生日的老人送上一份生日蛋糕。每年的重阳节这天，村里会出现百张大圆桌，这是单海明为村里的老人过集体生日。

但如今的单海明不但成了临海市东塍镇最大的粮食种植户，更是成立了临海市农春粮食专业合作社，投入160万元，建起1500平方米的仓库、200平方米的办公楼，建了10亩全钢架结构的工厂化育秧房，购置了拖拉机、插秧机、收割机、烘干机等设备，形成了全程机械化"一条龙"服务的粮食生产流程。

作为种粮大户，单海明杜绝了土地抛荒，作为村主任，他是村里的主心骨，是更多留守老人的一盏明灯，东溪单村在他的带领下，会越来越富足，村民的生活会更上一层楼。

36. 时刻想着让盆景变成风景

"因为有了党建引领，党员领跑。党员干部发现创业机遇后，主动发挥先锋模范作用，以极大的担当和责任，通过传帮带的形式，带领村民走向共同富裕，也奠定了美丽乡村发展的根基。"

——黎锦锋

村主任黎锦锋想起自己最初做盆景的时候，自己的家人不仅没有鼓励，而且还是万分地不情愿，正是在村党支部书记黎宏远的带领下，才逐步让盆景经济走上了正轨。

他还想起当初建造盆景市场的过程，遭遇的重重困难，但这些，他一咬牙，一跺脚，最终也挺过来了。

也许在黎锦锋眼里，构建自己的盆景理想国，市场不是市场，是花园的

黎锦锋在工作

美好中的姿态各异，是错落有致中的郁郁葱葱。也许你看到的房前屋后、前庭后院的盆景，都会超出你的想象。

谁也没有想到在无心插柳里发现了新商机，也只有当事者回忆起二十多年前，农闲时，觉得树桩的趣味和好玩，挖回家不小心培育成受人青睐的盆景。黎锦锋说，这也许是村民对青山绿水最初的向往和追求。但事情也总是一波三折，盆景好卖了，就出现了赊账欠账的事情。村民也就自发抱团，一起做盆景生意。而黎锦锋也顺应村民的心愿，成立市场，也就有了"美丽产业强村、全民创业致富"的新路子。

黎锦锋说，别看这小小形态各异的盆景生桩，如今已作为产业支柱，种植户从最初的20多户发展到现在300余户，其中半数的人以此为生，年收入少则十几万元，多则七八十万元。随着盆景的需求量增加，如今，村民自己山上荒地的生桩，已经不能满足供应，他们大多购买生桩自行养杯、凹造型，细心培养三四年之后再出售。而这些正是美丽乡村的最初福祉。

一提到前郭村，大家都想到金豆。村民也没有想到这会成为他们的金饭碗。一盆金豆便宜的几百元，贵的上万元。家家户户也就自发加入养殖队伍中去。人员多了，为了管理好，也就自发成了三门县首个村级盆景协会，由黎宏军担任会长。黎锦锋说，这是为了盆景产业发展，因此不能无规则无秩序，必须要有人才队伍的指引和带动，发挥行业领军人物的作用，这样使盆景市场有了良性发展。

黎锦锋说，村委会光喊口号是不行的，要以实际行动投入管理当中，将心比心，把协会、市场、育苗基地相关的农家乐、民宿等旅游配套设施，开发盆景特色旅游以及伴手礼等土特产品，以继续扩大知名度，形成收益互补的同时，带动盆景市场的销售，推动产业融合发展。

当你置身约1万平方米盆景基地，你会看到每间小木屋前，都张贴着盆景户的个人信息牌，上面有姓名、联系方式和收款二维码，方便外出工作的村民进行远程交易。这就是黎锦锋说的网上销售模式，也是他们给村民支的招，黎锦锋说，最早只是天台县、宁海县、义乌市等周边县（市、区）的客商来采购，现在已辐射到上海、江苏、福建等省，甚至还吸引了日本的客商。

如果你有一个周日一大早走到盆景市场北侧的山桩市场，你恰巧遇到"开市"，你会看到天南地北的客人，有来自内蒙古、山东、福建的，也有来自温州、宁波等地的。天一亮，你会看到他们交易的场面。

黎锦锋满怀骄傲地说："因为有了党建引领，党员领跑。党员干部发现创业机遇后，主动发挥先锋模范作用，以极大的担当和责任，通过传帮带的形式，带领村民走向共同富裕，也奠定了美丽乡村发展的根基。"

37. 逐梦"黄岩蜜橘"

> "橘元素是我们村民共同致富的元素。"
>
> ——黄卫杰

"澄江坐拥'千年永宁'文化坐标和'中华橘源'地理坐标两张金名片，旅游资源充足，能不能创建成功，就看我们挖得深不深、做得全不全。当前'不忘初心、牢记使命'主题教育开展得如火如荼。"黄卫杰说："我们一定要把澄江的发展跟主题教育活动结合起来，全力推进旅游风情村创建工作。"

近年来，随着柑橘产业振兴战略的不断深化，作为黄岩蜜橘发源地和重要产地之一的澄江，在 2017 年被列入省旅游风情小镇培育名单，该街道对照创建标准，聚焦旅游开发、景区提升等各项重点工作，全力建设"中华

黄岩澄江视频短片中的黄卫杰（中）

橘源甜蜜小村"。

"突发的事情多，大部分创建工作我都能帮上忙，就像万金油一样，哪里需要涂哪里。"这是黄卫杰对自身的工作定位，似是验证他的话语一般，会议进行到一半，他就被一个电话呼唤走了——凤洋村公共工程遇到了一些问题。

凤洋村村委会书记黄卫杰一抵达现场，就和相关人员凑到一起，仔细了解地面铺设遇到的情况后，随即给出解决方案："不要怕麻烦，把材料更换一下重装，我们必须做好做精。"话音刚落，他的手机又响了，这是来自黄岩食品厂负责人的电话。"新的蜜橘酥研制好了？行，我现在马上就过来。"他回答道。

奔往目的地的路上，他介绍起了"蜜橘酥"。原来，为了增强游客旅游体验感，进一步宣传"蜜橘文化"，澄江街道借助创建旅游风情小镇的契机，着力打造一套具有"橘元素"的伴手礼，蜜橘酥就是伴手礼礼盒中的一款产品。"除了蜜橘酥，还有橘子罐头、酸奶、果盘等，吃的用的都有，这对于提升澄江知名度、完善旅游业态都有作用。"黄卫杰介绍道。

"下午还得去联系一下橘宴的事，在建的自行车站也得去看看。"路上，黄卫杰罗列了他当天下午的工作事项。"创建工作量非常大，眼看着离验收时间越来越近，我们越不能有松一松、歇一歇的想法。"他告诉记者，在澄江街道，像他一样的"陀螺"还有许多。

随着中国柑橘博览园成功创建国家 3A 级景区，来到澄江旅游的游客越来越多，旅游食宿市场随之成形，自旅游风情小镇创建工作开展以来，民宿业的发展也成为重点工作之一。

澄江旅游发展势在必行，发展民宿业很有可行性和前景。从普通民居变身为获得营业许可的民宿，其中要经过的改建设计和审批手续相当繁琐，许多村民不懂政策，便只能靠街道和村级干部进行解释协调。"为了更好地帮助村民解决问题，街道自 7 月起成立顾问团队，每个星期都会上门服务，指导村民进行改建，再和消防、市场监管等各个部门联系，帮助村民准备审批资料。"黄卫杰说。

"橘元素是我们村民共同致富的元素。"像黄卫杰他们积极收集了"黄岩蜜橘"的传说、橘俗等特色文化，印成了宣传册作为旅游资料，排演"祭橘神"、举办橘花节等风俗节庆活动，将筑墩栽培技术申请全国技术专利……"这些也是澄江发展旅游业的一大措施，人文和景观是旅游发展必不可少的要素，通过系统性、规模性策划宣传，进一步打造澄江'旅游风情小镇'人文展示体验平台。"黄卫杰说。

38. 应急搜救队长来了

> "不能让我的队员们以身犯险，打没准备的仗。"
>
> ——方浙

翻开厚厚一本取名为《队长日记》的救援案例与背后的故事，我为编著并作为书中主人翁的方浙自豪，更为仙居县这座"志愿者之城"喝彩！

这是一支精于山地搜救的巅峰战士队伍，也是一支敢向涛头立的激流勇士队伍。就在直击超强台风"利奇马"的抢险救灾中，仙居搜救队救援和转移群众112人，尽全队之力保障了人民群众的生命安全。

为了更好地让全体队员熟悉水域救援知识，提升水域救援抢险技能。2019年8月25日，浙江省红十字（仙居）应急搜救队特地开办了一期"水域救援知识讲座"和"水域救援实操训练"。上午，全体搜救队员在队部教室学习了"水域救援基本常识""救援概论和安全管理""遇难者遗体处理"等，方浙、朱文龙、王洪兵等分别为大家授课，让队员们尤其是新队员对搜救知识有了全新的认识。

整装待发的方浙队长

下午 2 时整，队长在骨干队员群中发出"紧急集训"指令，按照救援出勤的惯例，全体参加演训的队员从各自的家里或者岗位出发，在 20 分钟内，赶到集合点。

"20 分钟集结令"是仙居搜救队的铁律。

10 年来，他们都是这样坚守并严格执行纪律。在 2020 年 2 月 16 日"仙居发布"发布的名为《最美志愿者，浙江省红十字仙居应急搜救队：勇往直前是我们的本色！》的文章中，我读到了《队长日记》外的日记——积极向党组织靠拢的方浙，作为浙江省红十字仙居应急搜救队队长，是巅峰战士中的勇士！

年初，一场突如其来的新冠肺炎疫情，让每一个人不敢轻视。

抗疫就是命令，防控就是责任，面对防控的严峻形势，仙居广大志愿者积极投身战场，用实际行动，为打赢疫情防控阻击战，贡献新时代志愿服务的力量！

志愿号角，有召必应。暖心共筑志愿城的仙居，有"一个人与一支队伍"的精彩故事。

他们都是逆行者，一直都是。

"无论是在山地、水域还是灾害面前，巅峰战士从不畏缩，勇往直前是我们的本色！

疫情严重的时刻，是我们展现无畏风采的时刻！"为助力疫情防控，1 月 26 日的浙江省红十字（仙居）应急搜救队党支部在微信群中发出招募帖，号召队员主动参与防疫工作。

"我是党员，我先上！"

"算我一个！"

"我报名……"招募帖在群里一发出，队员们纷纷响应。短短几分钟，原定招募 12 名队员的帖子一下就爆满了。经队党支部再三考虑，将招募名额扩大到 30 名。最后，搜救队招募到 32 名志愿服务队员参与防疫工作。没能参加的队员，纷纷表示会做好后勤保障工作，并表示随时可以上一线。

"不能让我的队员们以身犯险，打没准备的仗。"这些擅长攀岩探险的队员，征服过崇山峻岭，却为了参与防疫工作开始学习专业疾控知识。这个"转型"跨界很大，但大家都打起十二分精神，没人叫苦。

"我们是以志愿者的身份参加战疫的，所以我们没有固定的任务，所有的工作我们都能参与，面很广，体量很大。"接下这个任务后，方浙就忙开了。

最让他难受的，是有家不能回。每天在一线奔波，方浙和队员们接触到病毒和受感染的风险非常大。为了不连累家人，他选择在队里食宿，想家也不能回去。"我的小孙儿还不到两周岁，特别想抱抱他，但是我不能这么做，这是为了家人的安全。"方浙说。

"红十字仙居应急搜救队来了，大家整理一下东西，配合他们好好消毒。"现在，红十字仙居应急搜救队所到之处，都被大家竖起拇指称赞。

39. 为了"人才经""产业经"的同时闪耀

> "机会总是给有准备的人。看似偶然，实则必然。"
>
> ——牟同耀

2018年3月，看起来与往年并没有两样，但对于黄岩区宁溪镇岭根村党支部书记牟同耀来说，却是一个特殊的日子，岭根村经济腾飞的机遇降临了。

机会总是给有准备的人。看似偶然，实则必然。为了这一天，牟同耀"准备"了多年。

岭根村地处黄岩西部，是一个偏僻穷山村，曾经有"一张扶梯走遍全

牟同耀（右一）正在和村民一起抬水泥预制板

村"的说法。牟同耀担任党支部书记那些年，岭根村才渐渐有了起色，特别是在村庄整治、美丽乡村建设过程中，3 天时间便完成了全村 250 多个露天粪坑的改造，然后建起了 4 个漂亮的公共厕所。宁溪是节日灯之乡，人们对节日灯怀有一种特殊的感情，岭根村就在村河两边和村街上挂起漂亮的节日灯。亮化美化之后，村容村貌大为改观。

开始时，有些群众并不理解，有人甚至闹到牟同耀家里，对他说："你把我们的粪坑敲掉了，以后浇地的粪水从哪里来？你敲我粪坑，我就把粪倒到你家锅里。"牟同耀笑一笑，说："我家有两只锅，一只锅我烧饭烧菜，一只锅就给你倒粪吧……"牟同耀这一笑，就把对方满肚子的气笑没了，接下来的思想工作就好做了。

岭根村的生活环境改变后，村民们的精神面貌随之改变，无形之中为 2018 年 3 月做好了铺垫。否则，人家怎么看得上一个环境"脏乱差"、人心又不齐的偏僻山村呢？

黄岩是柑橘之乡，黄岩蜜橘远近闻名。留美博士、浙江大学环境与资源学院研究员、博士生导师田生科来到宁溪镇，一眼就看中了岭根村，与牟同耀一拍即合。

田生科是国内植物营养和环境修复领域的著名专家、台州市柔性引进的高端人才，他来到岭根村后，迅速成立了田苑农业科技有限公司。在宁溪镇党委政府的大力支持下，牟同耀和村班子成员齐心协力，只用了 7 天时间，就完成了岭根村 200 多亩柑橘基地土地征用流转工作，村民们高高兴兴地把自己手中的土地租了出去。这也意味着全村除了几十亩土地留作村民们自己种点蔬菜瓜果供日常生活外，其他土地全部流转给了田苑农业科技有限公司。

3 天时间完成全村露天粪坑改造，7 天时间完成全村土地流转，这就是牟同耀的工作能力和工作节奏。

而每年每亩 700 元的流转租金，村里一分都不截留，全部分发到村民手里。村民们还可以在田生科的柑橘精品科创园里打工挣钱，在柑橘园里干活的村民，闲时有 10 多人，忙时多达 50 多人。村民们不必再到外地打工，在自己的家门口就能挣到钱了，而且一边干活挣钱，一边还能从田生科博导那儿学到栽种、修剪、嫁接等技术。

村民的腰包鼓起来了，村级集体经济当然也要发展壮大。而增加村级集体经济，牟同耀另有"一本经"。

岭根村争取到了200万元"两山"资金，牟同耀立即组织人马在田里盖起大棚，然后出租给田苑农业科技有限公司，这一来既省去了田生科博导的施工问题，让专家一心做专家的事，又为村里增加了每年10万元的租金收入，真是一节甘蔗两头甜，两边的人都喜欢。

最近，一幢占地1000多平方米的多种经营综合楼又在岭根村破土动工。大楼建好之后，也出租给田苑农业科技有限公司，年租金6万元，这是岭根村集体经济的又一笔收入。

随着田生科的到来，岭根村的村级集体收入从2017年的2000元，猛增到2019年的18万多元。

与此同时，短短两年多时间，田生科和他的团队已经成功创立了"红美人""柑平""阿司敏"等多种柑橘品牌，这些柑橘品种外形挺拔秀美，口感细嫩甘甜，深得现代城乡居民喜欢。

黄岩老百姓祖祖辈辈种柑橘，对柑橘种植太熟悉了，但走进田生科的田苑农业科技公司，人们还是耳目一新。限根栽培、水肥一体、设施农业、物联网，果园里的现代科技，循环农业的崭新理念，给传统的黄岩柑橘产业注入了新鲜血液，也给岭根村带来了无穷的生机。

40. 唱响"同一首歌"

"我没做什么工作，也没有什么成绩，工作都是班子里的同事一起做的，成绩也是大家的。"

——王建国

正在热心做志愿服务
工作的王建国（中）

台州市岩屿实业总公司的原总经理王建国真是一个谦虚的人，在采访中，不停地说："我没做什么工作，也没有什么成绩，工作都是班子里的同事一起做的，成绩也是大家的。"他是把整体与合力，看成最重要的东西，如"同一首歌"，一起唱响。

王建国其实做了许多卓有成效的工作，但他就是不肯自我标榜。"我真的没什么值得宣传的事迹。"他谦虚地说，关于公司的一些情况，我发资料给你们吧，如果你们有什么问题，再问我好了。

那么，就来看看王建国提供的那些材料吧。

岩屿村是一个很有特色的行政村，隶属于椒江区白云街道，南邻白云山，北靠工人路，东接红旗村，西接星明村，全村原有土地约 800 亩，大部分已被征用了。岩屿村设有党支部、村委会和岩屿实业总公司。

岩屿实业总公司目前拥有股东 900 多人，基本上囊括了岩屿村的全体村民，总公司设有党支部、董事会。

两相比较，发现岩屿村和岩屿实业总公司，近似于一身两形，除了一些党务政务工作必须分开之外，其他村务与公司事务已经相辅相成，合并为一处了。在城镇化快速发展的今天，在经济发达地区的特殊地域环境下，这无疑是一个极具发展前景的创新之举。

这一点，岩屿人有着切身的体会，作为岩屿实业总公司的总经理，王建国更有发言权。

王建国虽然不太想宣传他个人和实习总公司的业绩，但他列举的一组数据已经说明了问题。他说："岩屿实业总公司每年可分配收入 1000 多万元，股东人均收入 1 万多元。"

这里所说的股东，其实就是岩屿村的村民，全村人人持股，给股东分红，自然就是把钱分到了全体村民手里，这是给村民们实实在在的福利。

　　每年能保持这么大的一笔可分配收入，岩屿村、岩屿实业总公司和公司总经理王建国的工作成绩可见一斑。

　　除此之外，当然还有许多资料可供查阅，比如岩屿村文化礼堂建设、岩屿乡贤联谊会的组建与作用发挥、爱心慈善公益活动等，都是可以大书一笔的。

　　采访结束两个星期之后，王建国应约给记者发来了一份资料，那是他的一份个人年终工作总结，用钢笔写在两张 A4 纸上。

　　一年的工作千件万件，可他只稀稀朗朗写了一张半纸。这就是王建国的风格。

第十章　乡村服务享富

探索终身学习型社会的浙江示范，提高人口平均受教育年限和综合能力素质。深入实施健康浙江行动，加快建设强大的公共卫生体系，深化县域医共体和城市医联体建设，推动优质医疗资源均衡布局。积极应对人口老龄化，提高优生优育服务水平，大力发展普惠托育服务体系，加快建设居家社区机构相协调、医养康养相结合的养老服务体系，发展普惠型养老服务和互助性养老。健全全民健身公共服务体系。

——中共中央 国务院《关于支持浙江高质量发展建设共同富裕示范区的意见》

乡村共富"十策"之"乡村服务享富"

为何古时年老者都有归隐乡村的做法，如今却让人不敢苟同，原因就在于时过境迁之后，乡村公共服务与城市相比差别太大，让归隐的老者无法安逸享受时光。这里提到的乡村公共服务其实包括了乡村基础设施、公共服务、民生需求等，涵盖了乡村医疗、养老、教育、饮水安全、危房改造、人居环境、政务服务、留守儿童关爱、公共文化体育服务等多个要素，从目前来看，还都有待改善。从长远看，只有逐步提升乡村公共服务水平，才能加快实现农业农村现代化，推动农业农村高质量发展，它是真正实现农业强、农村美、农民富的强有力支撑。

本章中的乡村服务享富，是要做好乡村事业发展、收入分配制度、农民就业与社会保障制度、公共教育、公共卫生、公共文化、公共安全等公共服务的能力建设，期待最终形成城乡公共资源均衡配置、乡村公共服务供给城乡统筹、卫生教育文化质量提升、乡村养老托幼有所保障，并拥有数字应用场景、乡村公共服务多元化供给机制、村级集体经济盈余分享的未来乡村。

做好乡村服务享富，需加强乡村公共服务队伍建设。总体上看，目前农村人口流失、老龄化严重，乡村基层干部人员队伍不强导致了乡村公共服务水平整体建设偏弱，应加强例如"大学生村官"、派驻干部等人才下村的体制机制来强化队伍。效果上看，驻村干部、扶贫干部在工作能力上、公共服务意识上和工作责任上效率普遍较高，或许下派的干部社会人脉丰富，能够整合的各类资源能带动当地经济发展，直接提升村级公共服务水平。制度上看，还是要树立以优秀干部为榜样的激励机制，提高从事乡村公共服务部门人员待遇的财务机制，加强基层干部的公共服务能力培训机制。

做好乡村服务享富，需优化乡村公共服务治理结构。在规划上以政府为主导，可以合理利用村级公共服务经费，多村抱团建设，综合考虑村级特色产业的发展规划，引导乡村公共服务建设向城镇化、现代化、智能化发展。在建设上以村民为主体，按目前基层政府的财政，不足以让每个村都开展完善的村级公共服务建设，因而以村民为建设主体，引入相关专业人士开展技术指导，避免土地资源浪费，公共服务设施更符合村民需求。在维护上以小组为单位，村级公共服务设施难免会遇到共同监管、维护和修缮问题，以小组为单位的巡查制度，将保障公共服务设施的长期效益。

做好乡村服务享富，需转变乡村公共服务建设观念。要完善乡村基本养老、基本医疗、最低生活保障制度，这是提升村民幸福指数最基本的制度保障。要繁荣乡村文化服务，挽救非遗传承项目，需按村民需求开展乡村文化的基础设施建设，营造各具特色的乡村特色文化氛围。要推进乡村公共服务与数字技术深度融合。以我国有效应对疫情的实践表明，各种无接触的"云服务"为乡村防疫和公共服务提供了有效支撑，因地制宜地结合云计算、大数据、物联网和人工智能等现代信息技术将会补上乡村公共服务的短板，逐步缩小城乡公共服务的差距，让归隐美丽富裕乡村的梦想不再遥远。

41. 就是要为公众服务

> "公务公务，就是为公众服务好。"
>
> ——应官军

"龙楼凤阙不肯住，飞腾直欲天台去""台州地阔海溟溟，云水长和岛屿青"诗仙诗圣留下的诗句道出了台州的山奇与海美。确实，背靠巍峨的括苍山，面朝浩瀚的东海。台州兼得山海之利，山魂海魄，历来为人们所称道。别说外地人，就是台州本地人要想看看自己台州的美景，又是山又是海的，还真的需要依赖代步工具。现在每个周末，无论是神仙居还是三门潘家小镇，停车场都停满了，但是细心的你一定会发现其中还有几辆标志统一又明显的中巴车，再仔细一看竟然还有"公务"字样。

居然还有"公务"车在周末这么齐刷刷地出现在景区景点？相关部门总不会周末去景区景点视察指导工作吧？莫非这是"公车私用"？

没有与台州市公务用车服务有限公司总经理、党支部书记应官军的一番面对面交谈，还真的也会这么认定。"其实这是我们公司为全面振兴乡村经济而改变思想与思路的具体做法，说简单点就是'公务用车'社会化。"应官军如是说。

应官军毕业于黄岩农业技术学校的柑橘专业，1987年开始转行做运输，1995年到公交公司的汽车站工作。半路出家的应官军，凭着农民特有的踏实、不服输的钻劲与聪明，在公交公司崭露头角。2017年他临危受命，担任台州市公务用车服务有

应官军在工作

限公司总经理、党支部书记。刚接手，他就发现公司在外各个用车部门都摇头、差评，在内面对的是亏损 800 万元、员工人心涣散。怎么办？"企业不能在我手里关门，员工不能在我手里失业。"应官军这样说的时候，我从他坚定的语气中读出了一份义不容辞与责无旁贷。

根据以往单纯的公务用车需求来看，即使应官军通过抓管理抓服务等措施，赢得一点市场份额，但依然会亏损。那么怎么来止亏并扭亏为盈呢？他把视线瞄向了台州正如火如荼开展的乡村振兴政策。"我想我们公务用车的车况好，服务又规范，出行安全第一，完全可以满足现在群众生活水平提高后对出行质量的高需求吗。"说干就干，应官军这个大胆想法得到了集团高层的认可。

于是，第一辆印有"公务用车公司"的中巴开始推出，正式面向普通大众。没想到这辆崭新的豪华中巴，以"公务"服务标准，市民完全可接受的价位，成了供不应求的"香馍馍"。不仅有单位搞小型团建需要，旅行社也需要，普通市民家庭兄弟姐妹、亲朋好友周末聚会都需要。看到了市场与商机的应官军，当年就一下子又推出了 8 辆中巴车投入使用。这一年，应官军硬是把原本公司亏空的近八位数缩小到六位。

看到了希望的应官军第二年更是大胆，一方面继续抓管理提升服务质量，多赢得公务用车的市场份额，一方面继续加大投入不断占有新开辟的社会市场。他打破国有企业的"大锅饭"格局，成立了业务销售部门，实现多劳多得的报酬体系。"不瞒你说，当时我是头顶'八项规定'，脚踩'市场经济'，心里也害怕啊。可是你要不走新路子，没有担当，怎么对得起对我信任的领导和跟着你干的员工呢？"他说完这番话，随口提供了三组不同的数据：公务小车的用车率从原来的 33% 提高到了现在的 66.7%；员工收入每年递增了 20%，部分销售人员甚至年薪接近 20 万元；每年除了新投入购车之外，利润开始由负变正并节节攀升，2018 年 65 万元，2019 年 125 万元。这些数字是客观的、冰冷的，但是它们背后却凝聚着应官军一颗滚烫、担当的心，凝结着他带领下的公务用车员工们的努力与拼搏。

临近采访结束，编者请应官军试着用一句话来概括自己，未曾想他居然立刻接话："公务公务，就是为公众服务好。"是啊，不忘初心、公而忘私，不正是我们事业风雨无阻、砥砺前行的动力之源吗！一位基层共产党员一句朴实无华的话语，道出了九千多万党员的初心与使命。

42. 想干事　会干事　干成事

"把农村党员培养成致富能手，把致富能手培养成党员，把优秀党员培养成村干部，使那些政治素质好、带领群众致富能力强的农村能人进入村级班子，解决好村级班子后继乏人的问题。"

——王龙

王龙说，他从一名出校门的毕业生，到从军、自主创业，再到担任村党支部书记，选拔进入乡镇公务员队伍，后选调到市直部门挂职台州市 12345 政务咨询投诉举报中心一科科长，回首这 20 年的奋斗历程，他坚持"言必信，行必果。择其善者而从之，其不善者而改之"的理念，学习他人之长处，摒弃自己短处，努力做一个想干事、会干事、干成事的人民公仆。

2005 年，王龙走马上任担任宁溪镇王家店村党支部书记，他看到村级党组织软弱涣散，他意识到整顿好组织才是首要任务。他围绕着加强党支部的建设，大力发展新党员、增强农村党支部活动，加强对支部班子及党员的民主评议和改变基层党支部工作方式等方法，将党的领导和村民的意愿统一起来，做好服务工作，很快就

王龙获市级先进个人

赢得村民的信任。

他说，一定要理顺党支部和村委会的职能关系，规范村"两委"的职能和权责，避免"村两委"在工作运行中产生不必要的矛盾。凡村里讨论决定的重大事项均贯彻先党内后党外的原则，先由党员大会进行充分讨论酝酿，在此基础上村"两委"讨论形成基本一致意见，再提交村民会议或村民代表会议审议通过，由村委会具体组织实施。

一个党组织持续的活力在于有后备人才，他积极拓宽选人渠道，提高选人质量，选优配强班子及后备队伍，进一步提高村级班子的凝聚力和战斗力。他说，只有按照"公开、公正、平等、竞争、择优"的原则，坚持"德才兼备、办事公道、乐于奉献"的标准，从致富能手、退伍军人和大中专毕业生中选拔素质高、能力强、有奉献精神的年轻人中选拔党员和后备人才。把农村党员培养成致富能手，把致富能手培养成党员，把优秀党员培养成村干部，使那些政治素质好、带领群众致富能力强的农村能人进入村级班子，解决好村级班子后继乏人的问题。

王龙与村委成员在入户走访中发现，修筑防洪坝、实施村庄规划是村民多年来呼声最强烈的两件大事。该村许多住房和耕地位于河道周边，每年7、8月洪水期，都会受到不同程度的影响，有的耕地甚至直接被洪水冲毁。针对村民反映的问题王龙一直记在心上，他与村主任和委员一道实地踏勘，研究修建防洪设施的初步设想和方案。最终决定向黄岩区宁溪镇党委政府、区水利局建议修建防洪堤坝，通过多方协调终于争取到了防洪坝的水利项目。但由于上拨补助资金有限，要村里自筹一部分。而村集体却一穷二白，王龙与班子商定，村干部、党员、团员义务带头参加，由于有了党员干部的率先示范，村民们自愿加入到了修建堤坝的队伍中。大家不顾天气炎热，撸起袖子仅用了一个月的时间赶在汛期前完成了全部建设任务。

他先后从事过乡关工委负责人、综治办专职副主任、工会专职副主席、市 12345 话务绩效办负责人、市 96345 党员志愿服务中心副主任等岗位的工作。在每一个岗位上，他都尽心尽责，努力的干好每一件事。

2020 年春节，一场突如其来的疫情打乱了所有人的工作节奏。2020 年

1 月 22 日以来，王龙主动放弃休假，提前返岗，始终工作在疫情防控的最前沿。在保障员工安全防护的基础上，统筹抓好疫情防控和话务工作，切实做到"两手抓""两手硬"。每天 24 小时他都处于随时待命状态，手机从不敢离身片刻，时时关注每一条疫情信息，根据《针对新型冠状病毒感染的肺炎疫情的应急预案》要求，启动疫情快速响应机制，快速处理群众诉求。如：他迅速与市县两级防指以及交警局对接，帮助台州铁路综合维修基地办理好人员通行证，规划最优路线，确保抢修人员第一时间赶赴故障地点，及时修复故障，避免一次重大运行事故的发生。他积极对接椒江、临海和三门等地中心，开辟生命绿色通道，帮助在三门患有重度老年痴呆并伴有大出血的老人护送至椒江城区医院就医看护，切实保障人民群众的生命安全。

43. 她是老年人的知音

> "要完善制度、改进工作，推动养老事业多元化、多样化发展，让所有老年人都能老有所养、老有所依、老有所乐、老有所安。"
>
> ——於婉玲

站在路桥街道古街上，看着依房成街，桥街相连，咫尺往来的这个古街社区，街道两旁商店林立，一对对情侣在街上甜蜜相依前行……行走在这里，只要静下心神，会感觉到这是一幅从历史的长廊中沉淀下来的悠闲而美丽的风景画。这里的历史凝重，沉静，醇厚，悠远。很容易让人想起它的过去，想起它现在的繁华。

但就在这样的古街群里住着一群不一样的人——高龄老人。小区老，住的也是高龄人，每天都有很多鸡毛蒜皮的事发生。处理这些事情的就是路桥区路桥街道古街社区党委书记、居委会主任於婉玲。别看於婉玲个子不高，

於婉玲（中）开展主题教育
"送"进家门

但说起话来特别利索，走起路来也虎虎生风，当你走近於婉玲，才知道古街社区的许多故事。

由于都是老房子，排水管道和电线的布局老旧。几乎每天都有管子漏水的事情发生，一个电话打到社区，於婉玲就会急匆匆地跑过去帮助解决。有一次，一户楼上的水管破了，水顺势流到楼下一户人家，阳台上全是水。於婉玲接到电话，在第一时间赶了过去，两户人家正在吵闹。於婉玲急忙劝阻，又叫工程队马上来修理管道，她则亲自帮着楼下的那户人家打扫卫生。看到於婉玲忙前忙后，两户人家停止了争吵，也加入打扫卫生的行列。做完这一切，於婉玲又说大家都是楼上楼下的邻居，低头不见抬头见，有什么过不去的坎？两户人家听了於婉玲的话，马上握手和解。

人口日趋老龄化，已成为我国社会经济发展的一个阶段性特征。推动养老事业多元化多样化发展，积极应对人口老龄化，是适应经济发展新常态和全面建成小康社会的一项紧迫任务。

"要完善制度、改进工作，推动养老事业多元化、多样化发展，让所有老年人都能老有所养、老有所依、老有所乐、老有所安。"於婉玲深知养老是一个综合体系和复杂工程，需求多样化、投入多样化、要素多样化，需要政府、社会、家庭的共同努力，更需要她这样的社区党委书记下大力气来应对，为社区的老人带来福祉。因此，在面对古街社区众多的老年人，附近又有学校和医院，於婉玲想了很多办法，其中之一就是把学校与医院的党员联系到了一起，组成了一个大党委，定期为社区的老年人义诊，上门服务，帮助清理垃圾等，为社区营造一个和谐向上的环境。

古老街道，古老社区，存在着许多消防安全隐患。为确保每户人的生命和财产安全，於婉玲针对社区的特点，成立了社会微型消防站，聘请专业保安公司的退伍军人 13 人，进行 24 小时巡查，还安装了高清监控 24 小时全覆盖，发现有消防隐患，专职保安在 5 分钟内定会赶到出事地点。

"我们最担心的是社区里的火灾，万一着火，整个社区都会处在熊熊大火之中。"於婉玲说，"社区居民的生命和财产比什么都重要。"

於婉玲的话很朴实，也很伟大。她是这样说的，也是这样做的。因为在这个世界里，没有什么比生命更重要。人的生命只有一次，失去了，再也回不来。

我们相信，古街社区在於婉玲的带领下，居民生活的幸福指数会更上一层楼。

44. "工作就是我最大的爱好"

> "做老实人、说老实话、干老实事，是作为一名党员干部必须保持的优良传统和作风。"
>
> ——卓玉宝

卓玉宝是长期奋战在一线的人民公仆，是忠诚的铁军干部，他身患癌症仍旧把全部精力倾注在工作岗位上，从不计较个人得失，倾情服务一方百姓，他总说："工作就是我最大的爱好"。2017 年，浙江省委政法委、台州市委分别号召全系统、全市党员向他学习。人民日报、新华社、浙江日报等纷纷采访其先进事迹。2018 年 1 月，卓玉宝荣登"中国好人榜"。

卓玉宝（左一）正在与村民交流

卓玉宝心系群众，真心把群众当亲人，切切实实帮助群众解决困难。卓玉宝在担任综治办主任期间，处理的每一件事都亲力亲为、尽心尽责，没有丝毫马虎，特别是碰到一些群体性事件时，总是第一时间出现在现场，化解一场场危机。当群众有困难找他时，无论是下班时间或周末，他总是立即奔赴现场，为群众解决难事。他曾数度担任"难点村""复杂村"的党支部书记，一干就是好几年，口碑极佳。

1992 年，在担任小古顺村党支部书记期间，卓玉宝同志为解决小村的交通闭塞问题，不管白天黑夜，总是干在农村一线，为村路拓宽用地和资金筹集几乎跑瘸了腿、磨破了嘴，最终解决了棘手的修路问题，还带领村民建农田排灌水渠、造泵站、修铺自来水管。2009 年，县重点工程"一关三检"工程开始征地，五一村由于班子不团结等原因迟迟征不下来。卓玉宝挑起村党支部书记的担子后，推心置腹，凝心聚力，该班子向心力和战斗力陡增，征地难题也迎刃而解。

2012 年，在担任长山嘴村驻村员时，他挨家挨户走访，仔细摸清村里的情况，积极动员村民响应县里的"立改套"政策。他一边耐心做村民的思想工作，一边带着村民去其他村参观调研，打消村民们的顾虑，又一次次地跑街道、跑部门，为村民争取最优惠的政策。最终在他的努力下，村里的"立改套"项目通过审批，一举解决了 70 多户村民的住房难问题。村民们无不纷纷夸赞他的尽职尽责。

10 多年来，他解决的各类疑难矛盾纠纷、意外突发事件超过 500 件，涉及金额达 6000 余万元，街道的综治、平安工作每年都被评为市级先进集体，他个人也多次获得省市各级荣誉。在领导眼里，卓玉宝是一个有着过硬的农村工作本领的人，他总能灵活运用知识智慧破解村级一个个难题，是村干部的主心骨，是调解农村问题的"不二人选"。

在群众眼里，他们也打心眼里敬重这位"金牌调解师"，无论问题有多棘手难办，卓玉宝总是不管风里雨里，第一时间出现在他们面前，耐心处理一件件矛盾。2014 年，由他一手编制的民主法制村记录本在全县推广应用，成为全省首创，助力推进了社会秩序的运行。

忧公忘私、积劳成疾，他却把癌症病历藏了起来。

2016 年底，组织上考虑卓玉宝的身体原因，让他从综治办主任的位置上退下来，以减轻他的工作量，但他人退心不退，还是站在工作前线，站在综治一线。年初，县里为了发挥"退二线"干部的余热，统一下发《退出现职领导岗位干部领办实干项目意愿表》，卓玉宝主动要工作，一连勾选了五六个项目：参与重点工程、重点项目建设，矛盾纠纷调解，帮带年轻干部等。

"实"是共产党人的立身之本，"不唯上、不唯书、只唯实"，做老实人、说老实话、干老实事，是作为一名党员干部必须保持的优良传统和作风。卓玉宝走过 35 年乡镇街道基层干部历程，每一个工作阶段，都留给同事和为之服务的民众"实在"印象，没有丝毫虚浮、夸饰，因而赢得身边人的尊敬钦佩、村民的感念爱戴。

"源清则流清，心正则事正"，归根结底，一名干部拥有优良的品格修养，才是崇实唯实的源头活水。卓玉宝坚持表里如一，把"实"融入了自己的人生品格，堪称崇实唯实的典范，他的"实"，如"桃之夭夭，灼灼其华"。

45. 一碗热气腾腾的炒年糕

> "现在的农民不一定在田头转了，我们却几乎天天下乡到田头上转悠，这就是农险人的日常工作。一年四季，不管刮风下雨，寒冬酷暑。"
> ——邱超超

"现在的农民不一定在田头转了，我们却几乎天天下乡到田头上转悠，这就是农险人的日常工作。一年四季，不管刮风下雨，寒冬酷暑。"邱超超微笑地说。

10 多年来，邱超超走遍了椒江农村每一个角落，和农户成了好朋友。

邱超超是中国人民财产保险股份有限公司台州市椒江支公司农村保险事业

走在田间地头的邱超超（左）

部、农村普惠金融事业部经理，现年 35 岁，长得很清秀，文质彬彬的，乍一看，根本不知道他是一个长年在乡村田间跑的人。

人保财险椒江支公司农险部主要工作职责有三大项：

一是政策性农业保险及农房保险承保、理赔工作。目前已承保椒江区 9 个街道 11.3 万户农村住房保险，提供 24.53 亿元风险保障；承保各项种养殖林木险政策性险种 13 项，为 2300 余户农户及农业生产经营主体提供保障 2.47 亿元。

二是农村网点设立及村协保员队伍建设。目前已基本实现全区村级协保员工作点建设，农网专员、村级协保员覆盖率达 96% 以上，实现了农户承保、理赔零次跑。

三是配合上级公司，推进农村助农普惠金融服务。

我们从中可以清晰地看到两条信息：一是几年来农险部做了大量工作，取得了可喜的业绩；二是农险部办公室虽然设在城里，但他们的办公地点大多在农村，在田间村头。

"台州是受台风影响十分严重的地区，每一次台风过后，全区的承保户我们几乎都要走一遍，为受灾户理赔，工作连轴转，常常几天几夜得不到休息。"邱超超说道。

邱超超是 2009 年从部队转业到椒江的，刚到公司工作时，认为自己好不容易考上了军校，跳出了农门，结果转业回来还是跑农村与农民打交道，心理有落差。而且农险部的工作量大，工作特别辛苦。邱超超入职不久，就遇到"菲特"台风，整整半个多月，和同事们天天泡在田头查看大棚蔬菜，晚上回到单位加班，造表册，理材料，做定损，累得高血压发作，不得不到医院打吊针。

但在工作中，邱超超碰到了许多暖心的事。

2013 年"凤凰"台风袭击椒江，邱超超来到一个承保农户田头查看受灾情况，因为走得急，还穿着皮鞋。对方是一位 70 多岁的老人，脱下自己穿着的雨靴一定要邱超超换上。就这样，老人在前面引路，邱超超跟在后面，一步步查看完 20 多亩大棚蔬菜。定损结束后，老人一脸愧意地说："现在国家的政策那么好，保费都是政府出的，受了灾农户还能得到赔偿。这次不是我向保险公司要钱，是我老婆肿瘤要开刀，儿子又赌博不争气。今天就算我向你们借的，等有了钱我一定还给你们……"

这件事一直深深地感动着邱超超，让他在农险部坚持了下来，甚至后来多次出现转岗机会，他都选择了放弃。不知不觉中，他已经爱上了农险工作，和农民们产生了感情，他已经舍不得离开了。

2019 年的"利奇马"台风，椒江区农户损失惨重。有一个农户整个大棚被台风吹走了，情绪激动，邱超超的同事谈了一天谈不拢，就向邱超超讨救兵。邱超超赶到后，发现农户受损情况确实严重，但定损又是有标准的，不能随便改变。双方一直谈到晚上 9 点多钟，邱超超坐在农户的饭桌前说："现在你们吃好了晚饭，我是中午 11 点半吃的中饭，到现在还没有吃一口饭呢，我忙了整整一天，你能不能理解一下我们的工作难处，定损标准是肯定变不了的，但我一定想办法到区里给你们争取其他补助。"对方终于被感动了，拿起笔来签了字。一边签字一边让老婆炒了一碗热气腾腾的年糕，邱超超想推辞，对方说："工作归工作，现在你是我的朋友了，在朋友家里吃一碗炒年糕又有什么？"

一碗炒年糕，拉近了双方的距离。

一碗炒年糕，让对立化为了和谐。

46. 荣誉背后的群众贴心人

> "要为群众办实事，做好事，当好群众的'贴心人'。"
>
> ——许菊芳

她只是基层千千万万村干部的一员，也像所有的村干部一样，流过汗更流过泪，被人误解过，也遭人攻击过，但为了最初的选择，为了她热爱的事业，为了村民过上好日子，今生她无怨无悔。

2005 年农历 12 月 25 日，是她人生中最难忘的一天，时任台州市委书记蔡奇等 10 多位领导，先后来她家看望，她激动得热泪盈眶。她觉得她今天所取得这么多的成绩离不开所有党员、村民对她的支持。于是，第二天她把市委书记给她的慰问金，全部送给了困难群众和老干部家属。

她还记得 1996 年刚上任时，蒋桥村有 780 户，2870 人，村级集体经济非常薄弱，村民生活水平较低，可以说是一个贫困落后村，又加上原来蒋桥村基础设施较差，很多工作都难以开展。

许菊芳胸前挂满了荣誉奖章

为了解决这个问题，她综合考察村所处的区位优势，她想如果要能在村里建个废旧市场就好了。当时有少数人听到后，感觉十分不理解，说别的村想批市场都批不下来，就凭你这个女同志能批下来吗？

许菊芳便向内行人请教报批市场手续。她顶住闲话，天天往工商、税务等部门跑。她为村民办实事的恒心加诚心终于感动了人心，许多部门为她开了绿灯，不出两个月，就领取了市场营业执照。该市场开业以来，共创税利近千万元，利润 200 万元，蒋桥村逐渐成了路桥区矽钢片冲件的专业村。

许菊芳出生在普普通通的农村家庭。1987 年她自愿放弃了留在乡镇负责计生工作的机会，毅然选择当了一名村干部，一干就是 30 多年。

她作为蒋桥村党支部书记和人大代表，深感责任重大，一心扑在村里工作上，大街小巷、田间地头，村民们经常会看到许菊芳的身影。除了积极参加人大组织的各种调研、视察等活动，更多的时间里，她在村里到处走走、听听，跟村民拉家常，话农桑。

这么多年，作为妻子，她为没能很好地照顾家庭而感到愧疚，作为母亲没有悉心照顾好孩子心里有时过意不去，但是她从没有动摇过，犹豫过。当她想到 2005 年浙江省重点工程 500 台东输变电需要征用土地 100 亩，遇到的酸甜苦辣，让她不禁落泪。当时她和村班子集中讨论，决定分头做工作，她挨家挨户，苦口婆心地说服村民，但 16 组村民思想不通，工程一再拖延。镇领导制定了一套方案，着手推进，村民又前往阻止，并躺在路上破口大骂，不让施工人员进场，甚至还带着人到她家里吵闹。

为了工程的顺利开工，她不怕得罪人，召集村班子，整整 3 个月，不分日夜、天天上门做群众工作，大部分村民的思想通了，可有个别村民死活不同意，纠集了一些不明事理的村民到她家闹事，并扬言要敲门砸窗，但是她仍然顶住压力，不怕威吓，继续做工作，工程最后才顺利完工。前不久，这个村民的儿子发生车祸急需用钱，许菊芳却不计前嫌为他送去了 2 万元钱。

从 1993 年至今，她先后荣获全国 "三八红旗手"、省级 "为民好书记"、省级 "劳动模范"、省级 "文明家庭"、市级 "优秀共产党员"、区级 "优秀党支部书记" "感动路桥十大人物" "女状元" 等荣誉称号。

一路走来，尝尽酸甜苦辣，流过汗，也流过泪，不管处境如何，她始终坦然面对，牢记代表使命，时刻告诉自己要为群众办实事，做好事，当好群众的 "贴心人"。

47. 老协警的"人民调解情结"

> "自身有硬气、有底气，在老百姓当中有威信，才能做好人民群众的矛盾调解工作。"
>
> ——应明弟

"自身有硬气、有底气，在老百姓当中有威信，才能做好人民群众的矛盾调解工作。"应明弟是这样说的，也是这样做的。

应明弟是仙居县公安局朱溪镇派出所的协辅警，在基层派出所一待就是 30 多年，一直从事辖区内老百姓的矛盾调解工作，是仙居县人民调解委员会成员。

应明弟在基层派出所当协警，每个月只有 1600 元的保障工资。曾经有人问过他："你拿最低的工资、干最苦最累最得罪人的活，是什么力量支撑你几十年如一日地干下来的？"

应明弟毫不犹豫地回答道："我喜欢这项工作。"

多么朴素的言语，多么崇高的精神，又是多么令人感动。

"人民调解工作说到底是为了维护社会稳定，只有社会稳定，从领导干部到人民群众才能集中精力干好工作。没有社会的稳定，大家怎么才能安下心来发展社会经济呢？"这是应明弟的理念，他把这个理念贯彻落实在日常工作之中，做到法、理、情、行四个结合。

首先，用法，就得懂法，

应明弟（中间）走村入户进行调节

法律是做好调解工作的基础。为此，应明弟平时十分注重从新闻媒体、从报刊书本上自学法律知识，还报名参加了广播电视大学法律专业进修班，成为仙居县广播电视大学年龄最大的学生。

其次，公正，公心，以理服人。应明弟风趣地说，处理矛盾纠纷就要"见人说人话，见鬼说鬼话，见人说鬼话，人家不爱听，见鬼说人话，他们也听不懂。""只要人家听得进去，才能接受你讲的道理，然后你再一步步做工作，就没有调解不好的矛盾和纠纷。"

再次，有情有义，真心待人。在基层派出所工作，辖区里的人低头不见抬头见，平时都是认识的。要协调他们之间的矛盾纠纷，不但要晓之以理，还要动之以情。应明弟说："做工作的时候，自己也要保持良好心情，如果自己心绪烦躁，接待调解对象时怎能心平气和？碰到这样的情况，我就先去做其他的事，等心情平静下来再去见他们。"

最后，打铁须得自身硬。应明弟平时十分注重自身的言行，"我虽然是一名协警，但一直把自己当成正式公安干警来看待，每说一句话每做一件事都是代表着派出所的形象。"应明弟说，"自身行得正，有底气，才能硬得起来，在老百姓心目中才能有威信，人家才能听你服你。"

30多年时间一晃而过，应明弟成了辖区内一根社会稳定发展的"定海神针"，老百姓服他，领导信任他，他在朱溪镇派出所经历了前后12任所长，没有一个不夸他的。有一位所长拉着他的手对他说："我们在工作上是把你当成中层干部看的，从来不把你当成协辅警看待。在辖区里，没有你老应调解不了的矛盾纠纷……"一番话说得应明弟心里暖洋洋、热乎乎的。

应明弟有许多荣誉，曾获得台州市十佳协警、台州市见义勇为先进个人、台州市见义勇为勇士、浙江省公安厅三等奖章、浙江省千名好民警（辅警）称号，他的家庭也被评为仙居县学法用法模范户。

为了做好辖区内老百姓的调解工作，应明弟付出了太多。他的手机24小时都是开着的，因为不管白天黑夜，都可能会有人打电话请他去调解。

现在青少年违法犯罪的案例很多，应明弟就与学校联系，办起了青少年心理健康与法制知识培训班，自己出钱买教材设备，利用休息时间，免费给青少年们上课。还给他们布置家庭作业，夜里一个个去家访。布置他们写法律日记，到学校"校访"，和老师一起开展教育工作。

乌圣村有人好心出资造桥，因为事先没有经过村民们集体商量，引发了经济纠纷，还因为施工的石块放在路边撞了车，造成交通事故，最后打起了官司，法院审判后，也执行不了。派出所把调解的任务交给了应明弟。经过一番调查，一番协调，很快，问题迎刃而解。

西马村老百姓因为水稻种子和播种技术问题，导致村里300多亩农田颗粒无收，与农机站和农科员起了冲突，矛盾纠纷越闹越大，最后应明弟出马，三下五除二，就把问题解决了。

48. "有为图书"网红人

> "我想读很多书，去很多地方，做一件件让世界变美的事情。"
>
> ——何雪娇

"我想读很多书，去很多地方，做一件件让世界变美的事情。"何雪娇，这个出生在三门县横渡镇小横渡村的80后姑娘，坚持将公益事业当做自己的毕生追求，以自己的实际行动抒写了一曲曲最美的青春之歌，荣获了首都国庆60周年优秀志愿者和2014年度浙江省杰出志愿者。

毕业于北京城市学院国际语言文化学部的何雪娇，是台州市三门县横渡镇小横渡村人。现为三门县有为图书馆副馆长。

正在做志愿服务的何雪娇（右一）

她致力于家乡的阅读推广和社区文化营造。先后被评为"浙江省杰出志愿者""浙江好人榜"。

何雪娇先后组建了成人义工队伍、小义工队伍、有为女人俱乐部等，带领义工执行团队累计开展亲子绘本阅读、小义工社团、冬夏令营、博雅乡村、真爱梦想课程、有为女人俱乐部等公益文化活动750多场次，影响近40000人次。累计参加志愿服务已经达到了一万多小时，曾被评为首都国庆60周年"优秀志愿者"。

2006～2010年何雪娇在北京，和爱心社团或者社会上公益组织一起去廊坊孤儿院，北京太阳村孤儿院定期看望孩子们，做各种杂活。2008年作为北京城市志愿者，在城市各个交通要点为行人提供各种咨询服务，服务时长一个月。

2009年国庆，在北海公园为国庆60周年服务，为公园游客提供咨询服务，服务时长两周。2012年10月她认识有为并成为这个公益图书馆的本地义工，业余时间帮助书籍上架、打扫卫生、活动主持、邮局代取包裹等。2013年9月3日，她辞了原有工作，面试通过后，成为有为图书馆的在馆员工，全身心从事公益图书馆的阅读推广工作。

入职至2015年3月她的服务时间超过4797小时。除担任副馆长外，直接统筹和负责的工作有：亲子绘本阅读、讲座、博雅乡村、真人图书馆、环游全球N天、教师团队建设、有为女人俱乐部、外联推广等。2016年、2017年参与腾讯99公益活动中，共同发起"99公益，请您和有为一起共建家乡图书馆"大型网络公益募捐活动，发动有为女人俱乐部、爱心企业、社会各界爱心人士为有为图书馆捐款达133万元，使有为一夜之间成为了"网红"图书馆。

她致力于打造台州市社区标准化公益图书馆示范馆，为了让更多的人参与公益阅读。为实现这一目标，何雪娇做了许多努力，通过"走出去，引进来"战略实现着有为的创新与发展。她多次赴美国学习，改进文档资源，考察当地社区图书馆的标准化建设。

在2020年的植树节期间，组织数百位爱书公益人士举办了有为图书馆

2017 年年会暨"为梦想种下一棵苹果树"活动，乡贤章百家等数十位国内知名学者专家应邀出席仪式。端午节期间，成功众筹一场国宝级演出，诚邀日本家喻户晓的纸戏剧艺术家野间成之先生、中国皮影戏表演艺术家路联达老师同台演出，为孩子们献上了纸戏剧《猫咪小白》和皮影戏《狮子舞》等两场精彩绝伦的文化大餐。

在有为的日子里，何雪娇认为她最大的收获就是找到了自己的人生目标：在三门这座小城做阅读推广、教育等相关事业，就算今后不在有为图书馆，也会回来做义工，以另一种形式参与到其中。

"我是一个简单的人，而我想做让世界变美丽的事情，让更多人读更多的书，去更多的地方。"

"未来，我会顺应初心，继续走下去。未来，我会继续爱阅读、爱孩子、爱公益。未来，我应该也会继续遇见美丽的人，会继续做美丽的事。"

49. 大陈岛上的"光明使者"

> "对于我来说，大陈岛上周围树木的高低与哪根电杆的距离，我基本能记得住。"
>
> ——王海强

"云雾满山飘，海水绕海礁。人都说咱岛儿小，远离大陆在前哨，风大浪又高啊……"美妙的歌声里所形容的似乎就是台州市椒江区的大陈岛。从椒江码头乘船向东南航行 52 海里，在烟波浩渺的海面上，有着一座风景秀丽而又富有传奇色彩的岛屿，这就是被誉为"东海明珠"的大陈岛。在碧海蓝天环绕之中，岛上的原始森林郁郁葱葱，近处石屋错落，远处渔帆点点，大陈供电所就坐落在这座美丽的岛屿上。而此刻，大陈供电所的党支部书记王海强就坐在编者的对面。

王海强，是大陈岛上土生土长的"垦荒二代"，从线路班长到生产所长，从抢修队长到供电所长。他扎根海岛23年，守护着海岛11.89平方千米的供电区域和1526户供电户，只为了海岛灯光亮起的那一刻。说到他的事业，他的眼睛开始发

王海强在工作

亮了，这位皮肤黝黑、已有几根华发的壮年汉子，聆听他的介绍如同沐浴着海岛粗粝的风。

大陈岛是台州的风口。特殊的地理位置使得供电所有半年时间需要奋战在抗台第一线。台风高峰时期，王海强身先士卒，带领员工们顶风冒雨、加班抢修，一两个月回不了家也毫无怨言。他在了解了海岛因为湿度高、盐雾重、藤蔓多，普通电缆腐蚀易脆而产生的电压不稳、时常停电问题，带领供电所员工立足岗位，历时6年，将23千米的铝电缆全部换成铜电缆；将566根电杆都做了防风拉线；更换1071个高绝缘性绝缘子以消除盐雾造成的污闪；利用岛上风力资源设计"风趋式防缠绕装置"，解决藤蔓缠绕线路的安全隐患。

对于防风拉线和"防缠绕装置"，王海强还特意补充说明："拉线是能对抗大风，但岛上潮湿温度高，适合蔓藤生长。一旦蔓藤缠绕，且长到线路上，很容易造成电路接地和跳闸，或烧断电缆线。"为了有效解决这一难题，王海强就利用业余时间，受风车、屋顶的排气扇等启发，和团队经过多次画图纸，请打造不锈钢的师傅制作设备并反复地试验，充分利用岛上丰富的风力资源，终于克服了出现的新问题，最后成功设计出了"风趋式防缠绕装置"，保护了线路安全。

严谨内敛、不善表达的王海强，说起大陈岛的电力却平稳而流畅，让我们分明看到了另一个未曾停歇的王海强，正在烈日下、海风中，带领着他的团队辛勤改造，造就了大陈岛如今"四不怕"的电网，即使在16级台风的

肆虐下也能安然无恙，电网等级远超行业规范。

"对于我来说，大陈岛上周围树木的高低与哪根电杆的距离，我基本能记得住。"多年的一线基层工作使王海强积累了丰富的现场经验，整个大陈岛内所有 10 千伏线路以及不计其数的低压线路，没有一条是他不清楚的；各种配变电、分支箱都在他心里明明白白地装着。所以，一旦哪条线路出了故障，或安排计划检修，王海强都能提供详尽的情况，平时爱笑的他被所里的同事们称为"活电图"。

"乡村致富，电力先行。"2018 年开始大陈岛进行线路改造，这是王海强期盼已久的。他说，岛上的线路基本上都已经有二三十年了，线路老化、腐蚀严重，加上每年的台风，居民用电的安全问题是他一直牵挂在心头的事情。同时，线路改造还意味着村貌的改变，以及生态电能的实现。

为确保海岛居民在旅游大力开发的当下用电无忧，王海强开始在大陈供电所制定了"线上网络窗口＋线下流动窗口"双线并行，更好助推实现用户"一次都不用跑"的服务新思路。

20 年来，大陈岛从一个荒凉的海岛，到如今灯火通明、游人如织，走出了一条"渔业＋旅游业"的特色海岛发展之路。大陈供电所为海岛带去光明的故事，让当地海岛居民赞赏不已；王海强被当地海岛居民亲切地成为"光明使者"。

"扎根海岛燃岁月，屹立潮头抒年华。"守卫东海明珠早已成为王海强的使命，他传承大陈岛垦荒精神，为当地经济社会发展和民生提供优质电力保障，为大陈岛的光明贡献自己的一分力量。

50. "工匠精神"——每一秒都是人生刻度

"让学生带着创新成果去致富。"

——邱卫明

邱卫明，缝纫机高级技师，国务院政府特殊津贴获得者，浙江省万人计划专家，浙江"百名科技追梦人"，先后获 9 项国家发明专利，100 多项国家实用新型专利；荣获全国五一劳动奖章、钱江技能大奖、浙江省金锤

邱卫明（右）指导学生操作

奖、浙江省职业技能带头人称号；领办了全国示范邱卫明劳模创新工作室和浙江省邱卫明技能大师工作室。

缝纫机的精度

"每一秒，缝纫机的机针运转 100 次，一上一下算一次。缝纫机是 6 级精度，精度值比汽车还要高。"邱卫明用手指比了个上下动作，轻声概括了缝纫机的精度。

衣服穿在每个人身上，制造衣服的缝纫机却是以一种怀旧的形象留在人们记忆中。邱卫明所研发的缝纫机，与老百姓记忆中的早已天差地别。他干这一行 18 年了，工龄渐长，他觉察到时间的刻度却随着科技的进步变得越来越小，到了如今"一秒百次"的时代，他觉得自己的人生刻度也已经以秒为单位了。

邱卫明的本职是研发缝纫机，缝纫机的速度越快，越需要他为每一秒的律动付出巨大的努力。好在入行时还是个小学徒的他，就已经能沉下心来，18 年打造精密仪器的琐碎细节，他全都完成得滴水不漏。

1998 年，邱卫明从台州广播电视中等专业学校机电专业毕业，之后被保送到浙江机电学院。为了替家里省钱，他放弃保送，进入杰克缝纫机厂，一直工作到今天。

他从小酷爱动手调试机械零件，本质上他是好动的，但调试零件时他呈现的又是安静的状态。这种静动结合的状态，给了他不可言喻的满足感。当年在企业，不少学徒因为烦琐的杂活抱怨不断，只有他非常享受。他喜欢高

效地完成每一件细活,享受被他清理完毕后变得井然有序的工作环境。

半年后他被调往质检员岗位,他高效、高质的工作状态,很快又让他成为了机械工程部的技术员。因为企业初期人手不够,除了质检,他还参与了设计、装配、检验等工作。这些杂活累活,都是他日后的财富基石。

"如果不是对每一个环节都熟悉,怎么可能研发出缝纫机的每一个部件呢?"他微笑着说。

高科技就是"超能力"

多年多工种的工作之后,邱卫明成为了企业的研发人员。他最早参与设计的超高速缝纫机,速度是每分钟 6500 转,这个速度超越了当时日本缝纫机的水平,而厂里给他的研发期限只有 5 个月。

邱卫明面临的是这样的科研难度:机针上下走动的幅度是 32 毫米,他需要在这个幅度内,对数值进行调整。他能调整的数值只能限制在 0.01 毫米,1/6 头发丝那么细。

"从那个时候开始我大量阅读专业书籍,感受到科技的力量。以前在中专时学的知识不够用了,我必须进行系统的自学,才能跟上发展的需要,"邱卫明说道。每分钟 6500 转缝纫机的研发,成为了他研究之路的起点。因为这项研发的成功,他成为全国包缝机技术领域里的一位重要研发人员。

邱卫明调动自己超强的学习能力,于 2006 年获得大专学历,2009 年获得本科学历。随着眼界的开阔和学识的大幅度增长,他的研究也在不断开花结果,短短几年间就拿下了 5 项国家发明专利、30 多项国家实用专利。最重要的是,他研发出行业内首个"带电机的缝纫机头",实现了缝纫机的智能化。

科技的发展,常常会带有科幻感,务实的邱卫明觉得现实中确实有"超能力",而这个超能力就是高科技。

认真,每个人都可以是技能大师

邱卫明同时领办了全国示范邱卫明劳模创新工作室和浙江省邱卫明技能大师工作室。在台州开放大学和杰克缝纫机厂内,他经常为相关专业的学生以及员工授课。

"其实我就是起了带动的作用，所谓大师，就是激发大家研发、学习的劲头，和大家一起学习进步。"邱卫明认为，与一些特别需要天赋的行业不同，在缝纫机研发方面，只要认真，将工匠精神倾入工作的每一个细节，每个人都可以是技能大师。

为了让更多人对缝纫机的高精度、高科技感兴趣，邱卫明在编写培训教材时，用心以通俗笔法写高新知识。2006年，他编写了一部缝制机械行业职业技能培训教材，将市面上所有种类的缝纫机安装调试说明都进行了汇总。因为通俗易懂，每位员工拿到这份教材就能根据内容进行操作，深受业内欢迎。

电大执教，"让学生带着创新成果去致富"

2013年，邱卫明应邀成为台州电大的一名教师。教学中，邱卫明把十几年累积的工作经验带进课堂，他模拟工厂检测部门的工作流程，将缝纫机和机械制造的知识加入机电专业日常教学中，耐心对学生实施"一对一"辅导。

缝纫机零件的加工方法与工作流程、浙江省工业技能产品计划、主持三项电大系统课题与教改……近些年，邱卫明要做的工作有很多。

"从一名工厂工程师，转变成教师，转变跨度比较大。以前我重点是怎么去处理技术问题，现在是要把知识传授给学生，让他们懂得怎么去操作，这是我工作上最大的转变。"邱卫明说，"现在，我一般都是在工作室里把学生分组，按企业里'师傅带徒弟'模式进行教学。我觉得这样更有针对性，让学生边上课、边练习、边修改、边提升。"

他的工作室目前有5名老师和10多名学生参与科研。"每一届都会有10名左右的学生参与进来。我希望我的学生毕业时能带着创新成果去就业、去致富。"邱卫明说。

他的学生周剑说："邱老师是从企业过来的，他会告诉我们就业方向、就业前景。他也很注重实践，经常要求我们去实训楼看零件，有什么不懂的他都会很耐心地给我们讲解，无论是哪名学生，都一视同仁。"

第十一章　乡村建设奔富

健全村级集体经济收入增长长效机制，实施村级集体经济巩固提升三年行动计划，组建强村公司，完善抱团机制，投入集体经济发展项目的财政资金所形成的资产产权按相应比例划归村集体所有，实现集体经济年收入20万元以上且经营性收入10万元以上的行政村全覆盖，年经营性收入50万元以上的行政村占比达到50%以上。

——浙江高质量发展建设共同富裕示范区实施方案（2021～2025年）

乡村共富"十策"之"乡村旅游建设奔富"

乡村建设的范围很广，涵盖经济、村治、乡风、生态等，本章着眼于高质量建设发展乡村旅游业。当前，随着人们对美好生活的认知与品位的提升，在快节奏的生活间隙，越来越多的人选择到乡村，体验一洼池水、一片竹林、找寻刻有文字的石头和那丘有人收割的庄稼地。这种具有乡土味的原始淳朴气息的生活体验，就是以乡野农村风光和活动场景为吸引，以城镇居民为目标市场，以满足休闲和回归自然为目的的乡村旅游业。

可以预见的是，乡村旅游业是游客需求、村民收益、地方发展、前景广阔的朝阳产业和环保绿色产业，具有地域优势的乡村无不首先考虑建设发展乡村旅游业。乡村旅游能够拓展农业产业的内涵，实现了原来单一的农业种养殖业向休闲观光、农事体验、生态保护、文化传承等多功能拓展，体现了第一、第二、第三产业的融合发展，既转变了乡村建设观念，也极大地拓宽了增收致富的渠道，是奔赴乡村高质量发展的一条康庄大道。

建设乡村高质量旅游业奔富，要以差异化战略为主线。众所周知，乡村旅游业同质化普遍存在，只有扎根于泥土生活的特色化旅游产品深具生命力，要发挥本土民俗文化，挖掘资源优势，寻求差异化发展主题，才能高质量发展。定位主题元素的核心元素，围绕核心元素开展一系列的衍生，是乡村旅游产业价值延伸的关键，当然衍生形态还需要在市场竞争中不断更新换代，保持竞争力。作为旅游业，还要建立共享意识，实现共创共生，营造乡村旅游业氛围，让人们重拾被遗忘的记忆，向往乡村生活的美好，这是对乡村旅游特色主题的高度认可。

建设乡村高质量旅游业奔富，要以现代化市场体系为导向。要加强乡村旅游供给侧改革，对土地、资本、劳动力和技术四大要素，政府应简政放权，由市场进行优化配置。要建立统一的组织机构监督乡村旅游资源的利用，负责乡村居民的生态补偿及纠纷协调，保障乡村居民参与建设的积极性。要构建良好的合作平台，通过严格的契约制度，减少乡村旅游开发过程的摩擦，使多方利益形成有效的协商，从而建立长期的合作关系。

建设乡村高质量旅游业奔富，要以完善体制机制为保障。要建设资源权利保护制度，监督保护乡村旅游资源与生态环境，同时鼓励乡村旅游企业的自主创新，并对创新给予法律保护，这是优化乡村旅游产业升级的高效途径。乡村旅游业是一个关联性较强的产业，在制定有效的乡村旅游发展布局规划时，需要多个产业、多个部门加以融合与协调，共同助推"旅游＋"，实现集田园观光、农事体验、休闲度假、科普教育、健康养生、红色旅游、特色餐饮、民俗体验、乡村民宿、共享农庄、线上云游等为一体的新型乡村旅游建设体系的高质量发展。

51. "天空之城"的共富密码

> 要把一座"空心村"变成台州西部山区一颗璀璨的明珠，实现大山里的好茶梦、共富梦。
>
> ——黄国煌、黄瑜

高山之巅，偌大一片茶园遗世独立。游目骋怀，远处的长潭水库犹如碧玉般，镶嵌在群山之中……这就是被称为"天空之城"的黄岩黄毛山茶园农旅项目，也是不少游客口中的网红"打卡点"。

一手打造这个网红打卡地的，是来自黄岩的一对年轻夫妇。夫妻俩以前一直在杭州创业。1988 年出生的丈夫黄国煌从事的是网络游戏开发，事业风生水起，而 1994 年出生的妻子黄瑜学的是设计，在杭州经营一家民宿。

"我来自大山，大山在呼唤我，响应党中央习总书记的号召，回到家乡为村民实现共同富裕尽自己的一份绵薄之力。"黄国煌说，当知道家乡的西部山区还有亟需脱贫攻坚的贫困村，心里时时会萌发返乡再次创业的冲动。

夫妻俩为采茶的村民送茶水

2019 年 5 月，夫妻俩回老家探亲，顺便考察有无适合办民宿的地方，无意中，别人介绍了黄毛山茶园，他们就抱着试试看的态度去勘探一番。上山的路很崎岖，他们一路"披荆斩棘"，步行到了山顶。

"一到这里，瞬间心旷神怡，完全忘记了登山的疲惫！"黄瑜说，直觉告诉她，这是一个天生很治愈的地方。

更让黄瑜惊叹的是，黄毛山海拔近 700 米，是环长潭水库的最高峰，每年 5~10 月，库区蒸腾的水汽在半山腰之上，形成一片梦幻的云海，"天空之城"的名字呼之欲出。

在家乡的"呼唤"中，夫妻俩回来创业了。

他们打定主意，马上与当地的平田乡政府联系，表示愿意承包这片 300 亩的茶园，通过农旅结合的开发让茶园焕发青春。

黄岩区平田乡政府将复兴黄毛山茶园作为"美丽城镇"的重点工作，并为项目争取到了浙江省"两山资金"，黄国煌与黄瑜夫妻个人投入 1500 万元，到 2020 年底，"天空之城"的一期工程已经完工。

为了设计"天空之城"，黄瑜苦心孤诣地学习、借鉴了国内外许多成功的案例，"天空之城"深深地打上了"她"的烙印。

"天空之城"项目一经问世，广受好评。

依托黄毛山生态茶园的茶文化，"天空之城"以星空露营基地为特色，融合农业绿色观光游、茶叶采摘体验，打造集高山茶园观景欣赏、茶产品购销、户外拓展、农事体验、科普教育于一体的农旅基地，不仅解决了当地村民的就业问题，周边的农副产品也通过采摘游等方式得以盘活，走出了一条"农旅兴村"的村民共富之路。

目前，在天空之城入城口，正在建设的"共富基地"更是让人眼前一亮。其主要用作当地农副产品的展示中心，这将让周边农户直接受益。可以想见，当沉睡资源"活"起来、村民口袋"鼓"起来，他们脸上的笑容会更"甜"。

52. "治村名师"金永奇

> "当村干部，一是要为村里办实事办好事，二是老百姓遇到困难，要挺身而出给他们解决好。"
>
> ——金永奇

2020年11月19日下午，冬日的阳光照耀着仙居广播电视大学一间简陋的教室，横溪镇新罗村老支书金永奇大步走进来，接受采访。

时值仙居县村级领导班子换届，金永奇刚从村党支部书记的位置上退下来，县委组织部为金永奇等四位优秀的老支书颁发了"治村名师"荣誉证书。

时间往前追溯，金永奇已经在横溪镇新罗村担任了40多年的村党支部书记，连任13届，每一次换届，他都是满票当选。所以这一次因为年龄问题不再担任村支书，他也丝毫没有失落的感觉。

"今天早上6点多钟，我就带着村民们去山上修路了，一直到中午12点多，才从山上下来。但还是迟到了，让采访组的同志久等了，真对不起。"金永奇风尘仆仆，坐下来，还没喝一口水，开口就说对不起。

金永奇说："骑马坑山路塌方时间很久了，农闲时间，正好修路。如果不是县委组织部打电话让我来接受采访，我现在还在山上呢。镇里要派车送，我婉谢了，自己坐公交车赶来的，所以迟到了。"

金永奇接受记者采访

金永奇曾获得台州市首届乡贤、台州市十佳道德模范、浙江省优秀共产党员、浙江省革命老区创业创新优秀工作者、浙江省千名好支书等荣誉称号。新罗村被评为省级小康示范村，省级文明村，新罗村党支部被评为浙江省五好村党组织、浙江省先进基层党支部……每一个荣誉称号都是一份沉甸甸的付出，是一串串汗水的结晶。

面对采访组，金永奇满怀激情地谈起了他带领新罗村党员群众"三次创业"的故事。

"一条小道细又弯，日出下山日落还。满担洋芋几角钱，新罗汉子娶妻难。"新罗村原来地处海拔 500 多米的六都坑崇山峻岭之上，是红十三军第三团的诞生之地，典型的革命老区。1981 年金永奇当选村支书后，随即走上艰苦卓绝的第一次创业——通自来水，架电线，修公路。金永奇把它叫作"惊天动地创大业"，当年 11 名共产党员喊着号子抬水泥电线杆子，走在崎岖山道上的情景一直深深地镌刻在他的脑海里。

高山上的生活终究不方便，致富机会少。从 2002 年起，金永奇带领村民开始第二次创业——往山下移民。村里建起了 229 间崭新的住宅楼，全村迁移下山，过上了山下人的生活。金永奇把它称作"改天换地建新村"，高山移民工作量之大，任务之艰巨，金永奇至今回忆起来，依然感慨万千。

移得下，富得起。金永奇带领大伙开始了第三次创业，发展壮大村级集体经济，鼓励村民外出务工创业，全村 200 多人赴北京、上海等地经商，每年总计收入达 3000 多万元；村里把山林和土地流转出去，每年可获得近 100 万元的收入。看到村民们富裕了，生活蒸蒸日上，金永奇心里的一块石头才算落了地，他高兴地把这一次创业叫作"欢天喜地奔小康"。

金永奇已经 74 岁了，一张国字脸上两道浓浓的长寿眉，精神矍铄，讲话中气十足，看上去又慈祥，又威严。就是这样一位农村党支部书记，四十多年来，凭着他浑身的闯劲，三次创业，带领新罗村的党员群众奔向小康道路，把一个贫穷落后的山村，变成了远近闻名的富裕村、幸福村，可他自己却从来没有拿过村里一分报酬，没有报销过一次出差补贴，在村强民富之时，他自己家里却欠下了一笔债，甚至不得不外出打工还债。对此，金永奇无怨无悔。

金永奇说："当村干部，一是要为村里办实事办好事，二是老百姓遇到困难时，要挺身而出给他们解决好。"

谈到廉洁自律，金永奇语重心长地说："村里有一条不成文的纪律，集体经济村干部一碰都不能碰，凡是村里的项目，不管什么项目，搞绿化、修公路、造房子，村干部一律不准参加招投标。"

采访即将结束的时候，金永奇谈到了共同富裕，深有体会地说："共同富裕，村里一定要与上级精神保持高度一致，这样才能真正搞好，无论做什么工作，都是这样一个道理。"

53. 倒逼自己的人

> "只要你将心比心和老百姓打成一片，没有做不好的事情。"
>
> ——王海兵

王海兵，台州市路桥区路北街道锦泰村党支部书记。他是一个聪明人，尤其是为村民做实事方面，影响周围的村民是一辈子的。

单说拆迁这个事，他就能很快融入拆迁村民的生活。因本村整体拆迁，拆迁中存在各种拦路虎，深入拆迁户家中，与拆迁户促膝谈心交朋友，晓之以理动之以情，使群众的思想得到彻底转变，增强了群众自觉拆迁的积极性。

王海兵说起来，有些心酸，就像村民蔡观芳家对拆迁工作的不配合，不理解，闲言碎语，他仍本着换位思考的形式，并用政策引导被拆迁户，用事实说服拆迁户，以实际行动赢得了拆迁户的称赞，现在反而成了关系要好的朋友。

他说，有的村民到他家门口点蜡烛、泼汽油。自己的对象也说，这个书

王海兵

记就别当了。王海兵找到老书记时，老书记说，他也是这样过来的，如果这一点都承受不了，当什么书记，书记就要为老百姓办实事，办好事。

"在为征迁户做思想工作之前，首先自己要把政策读懂、吃透……"他说。为做好征迁工作，王海兵第一时间召开会议，研究制定征迁工作任务清单，布置该区块政策处理工作。由专班负责人认领责任清单，根据完成时间，倒逼自己，排出时间节点，细化责任落实，每日汇报、每日研究，实行挂图作战。同时成立下林区块攻坚小组，就该区块政策处理工作做了详细安排，确保责任到人、重点突破。街道相关工作人员与村两班子组团式深入拆迁一线，形成强大的工作合力。

他夜以继日地忘我工作，一心扑在工作上，向拆迁户讲政策、说形势、算经济账，做细做通群众思想工作，严格按照时间节点，扎实推进征迁各项工作。始终把群众的利益作为工作点和落脚点，处处以身作则，率先垂范，使未签协议村民的拆迁工作顺利进行。

锦泰雅苑安置小区工作顺利推进，从外墙悄然褪去，到现在一栋栋整洁大方的高楼，静静地排列着，基本配套设备都在建设中，目前小区内正在种植绿化。

村里的文化礼堂也是他值得骄傲的事。他说，这是农村"实现精神富有，打造精神家园"的重要载体，同时也是巩固家村思想文化阵地的重要保障。农村基层文化生活是传承民族文化的根基，农民是中华民族共同精神家园的主要成员，将原后范村部打造成锦泰社区文化礼堂，形成一道靓丽的风景线，丰富居民们的精神文化生活，构建健康良好的休闲娱乐场所，使他们过着快乐精彩的生活。

王海兵说，我只是做了推动锦泰雅苑、S1 轻轨、下林拍卖区域（千亩净地）土地出让的分内工作。2012 年度被评为"路北街道先进个人"，2013 年被路北街道评为优秀"三改一拆"先进工作者，2017 年度被路北街道评为先进工作者，2018 年度被路北街道评为"实干英雄"，2019 年度被路桥区里评为"两个高水平"标杆区建设先进个人，尽责好村官。

而这些在王海兵看来，只是做了一点点具体的小事情，他说："只要你将心比心和老百姓打成一片，没有做不好的事情。"

54. 不丢下任何一个人

> "我是一名党员，也是村书记，灾难面前，我要冲在前面，竭尽全力，去帮助村里需要帮助的人。"
>
> ——方军辉

说起 2019 年 8 月的台风"利奇马"，很多人都记忆犹新，特别是台州市宁溪镇上桧村的村民，现在回想起来还心有余悸。那一次的台风"利奇马"，导致上桧村近 30 间房子被毁坏，十几间房屋被夷为平地，水、电、网、路全部中断，这个偏远小山村一度成为一座孤岛。但没有一个村民伤亡，这不是奇迹，而是村党总支书记方军辉指挥得当的功劳……

上桧村位于台州西部，属浙东低丘陵区，区内山体主脉延伸的多条东西走向山脉构成了区域的骨架。

区域内山体连绵，又属于梯形地貌，使村里多个自然村属于中度地质灾害区，上桧村共有村民 1180 人，其

方军辉接受采访

中常住人口只有 110 人，又以高龄空巢老人为主，台风"利奇马"正面袭击过来，其后果可想而知。

因此，8 月 9 日上午 9 时许，方军辉便带队转移村民，虽然大部分村民转移到了避灾点，但也有不少人不愿意转移，其中郑九军就是当时不愿转移的村民之一，他的房子由木架和简易铁皮棚组成，强风一吹就倒，属于典型的"危房"。在方军辉劝说半小时后，郑九军口头答应撤离，但依旧我行我素住在家中。晚上 6 时，风雨逐渐增强，方军辉发现郑九军仍没有到达安置点，立即叫上两个党员，又一次赶往郑九军家中，令方军辉哭笑不得的是郑九军已经躺在床上进入了梦乡。方军辉立即把郑九军从床上拉了起来，与同行的两名党员，把郑九军转移到安置点住下。

8 月 10 日凌晨，台风"利奇马"在温岭城南镇附近登陆。城南镇距上桧村直线距离只有几十公里，凌晨 3 时，尽管黑夜中已是狂风暴雨，方军辉也已经累了一天，但他仍决定再次带人外出巡逻。3 点 10 分，方军辉巡逻时路过方何件老人独居的住房附近时，发现方何件家里房屋虽然位于地质灾害点外，但是上涨的水势已经淹没进出的道路，严重威胁到了房屋安全。

"雨势这么大，积水又深，必须马上转移方何件老人！"方军辉决定从老路趟水进去，以最快的速度把老人救出来。然而，方军辉没走两步就被湍急的洪水冲倒，同行的何斌鑫急忙拉住他才没被洪水冲走。

老路太危险，那就另辟蹊径。方军辉当机立断，从另一侧积水较少、水流较缓的小路进入，来到方何件家里，马上把方何件背出来，又让一名村干部将方何件送往安置点。方军辉则与王小红等人汇合，前往 74 岁的村民方志何家。方志何觉得自家房子地势高，又不是危房，觉得没必要转移。面对老人的固执己见，方军辉和王小红不由分说，一起将老夫妻带出房子，一人背着一个前往安置点。

就在最后 5 名村民撤离不到半小时的时间里，村里就发生了大面积的山体滑坡，洪水直冲村庄，26 间民房被毁坏，13 间房屋被夷为平地。由于转移及时，包括方何件、方志何老人在内的 36 名村民都躲过了一场屋毁人亡的悲剧。

"幸好村书记小辉他们来救我。"死里逃生的方何件激动地说道。

肆虐的台风"利奇马"慢慢远去，但村里的主干道、农田依然被淹，山洪仍在咆哮奔腾，远处的一片竹林已被拦腰折断……当大家从避灾安置点走出时，看到的是一个满目疮痍的村庄。许多村民看到房屋被淹，哭喊着想要回家清点损失，方军辉带领值班的同志们费了很大力气去安抚他们，阻止他们贸然走动。但储备的物资也不够，只够村民挨过早饭。

面对严峻的形势，方军辉和王小红等决定先饿着肚子，让村民先吃饱。同时，果断决定走出去，到附近村庄求救！

因为方军辉的主动作为，村里无一人伤亡，这是全力保障群众的生命和财产安全的生动写照。

"我是一名党员，也是村书记，灾难面前，我要冲在前面，竭尽全力，去帮助村里需要帮助的人。"方军辉用他的实际行动证明了一个共产党员的担当。

不久后，上桧村在方军辉的带领下开始灾后重建，台风肆虐后留下的痕迹也逐渐抹去……

55. 金廊村走出一条"黄金路"

> "我们是从金廊出来的，如今我们一家富起来了，但那不叫富，我想回村里带领大家富裕起来，这才叫真正的富。"
>
> ——赵卫兵

黄岩西部有一条南起台州最早的寺院之一"演教寺"，北至南宋古刹"太尉殿"，全长9.6公里的美丽廊道——"演太线金廊工程"，这"金廊"指的便是屿头乡的金廊村。金廊村位于黄岩西部山区，地处长潭水库腹地，依山傍水，文化深厚，是远近闻名的"台州市文明村"。

赵卫兵

挖掘金廊村地理优势，推动经济发展，带领金廊从文明走向富裕，村党支部书记赵卫兵在金廊的振兴之路上起到了排头兵的作用。

"我想回村里"

赵卫兵身材魁梧，说话干脆，穿一身精致衣服，乍一看像是一位精明能干的老板。确实如此，从 21 岁卖海鲜、开饭店到 45 岁经营房地产，赵卫兵早年在苏州吴中区大学城已经闯出了一片属于自己的天地。他敢闯敢拼的劲儿，让村里人佩服；他积攒的丰厚家底，让村里人羡慕；他把父母都接到大学城同住，更是让村里人都夸他孝顺。

2016 年，正当事业干得风生水起时，赵卫兵做了一个重要的决定——回到生他养他的金廊村，参加两委干部选举。

妻子不理解，说他离开金廊都已经十多年了，不如安安心心在吴中做个老板。更何况父母孩子都在苏州，难道他要一个人回金廊吗？

赵卫兵笑着对妻子说："我们是从金廊出来的，如今我们一家富起来了，但那不叫富，我想回村里带领大家富裕起来，这才叫真正的富。"

老父亲表示赞同："卫兵说得对，一个人富不算富，全村人富才叫富，我们还有那么多亲戚也在金廊呐……"

22 岁的儿子挺身而出，说："爸你安心回去！大学城的生意我来照看。"就这样，赵卫兵孤身一人回到了金廊。

虽然常年在外，但是赵卫兵头脑灵活、敢闯敢拼和孝顺谦逊的形象早已深入人心。他果然不负众望，成功当选为金廊村党委书记。当选的那一刻，他告诉自己一定要振兴金廊！

俗话说"火车跑得快，全靠车头带"，赵卫兵首先在抓班子、带队伍上下功夫，深化落实"三化十二制"，坚决照章办事，努力做到"村账笔笔清，村事件件议，村务人人明"。慢慢地，两委班子里信服他的人越来越多，在开展工作过程中，他一诺千金，在村里的威望也越来越高。

"3000 元，我来出"

抓班子、带队伍的同时，赵卫兵不忘优化金廊村的环境。

建设美丽乡村，金廊需要改造全村露天粪坑，建起崭新的生态化公共厕所。

这次村里改造露天粪坑，不仅帮助拆除还每个补贴 300 元，但有些村民还是不愿意拆，这当中发生了一件事。那天，赵卫兵出面调解，做了许多思想工作，对方就是不同意拆，还说"别说给 300 元，就是给 3000 元也不拆。"

赵卫兵道："真给你 3000 元，你拆还是不拆？"

对方说："如果有 3000 元，我可以在家里造个卫生间了，还用受这粪坑的臭气？"

"我就给你 3000 元，拆吧！"赵卫兵爽爽气气地转了 3000 元给对方，把这事给落实了。

其实，像这样自掏腰包为老百姓办事的情况，赵卫兵还有不少。村民建房，他赞助三千；村里用地，他出资过万。只要是村民有难处，村里有需要，他总是默默付出，无私帮助。

"帮我一把"

世上有些事可以用钱来解决，有的事就未必了。

当选不久，赵卫兵遇到了一个难题——村里要修路，但是一段不足 1.2 米的路阻塞，导致其他几条路都无法畅通，村民怨声载道，村里也无计可施，一拖就是三四年。

赵卫兵一打听，这段路的地基是自己老同学的兄弟家的，之前村里找他协商，他坚持要 10 万元赔偿款，双方没达成一致意见。

这个问题得解决。赵卫兵把同学约出来叙旧，实事求是地说明情况，态度诚恳地请老同学"帮我一把"。

"不精不诚，不能动人"，很快这位同学的兄弟接受 5 万元的赔付，出让了这 1.2 米的地基。道路畅通了，老百姓方便了，金廊与周边村子联结更加密切了，老百姓都说"赵书记有钱，但赵书记更讲诚意"。

　　近年来，赵卫兵有许多心思用在造田造地，缓解金廊村土地匮乏的现状上，村里投入 200 万元，新增耕地 45 亩，每每看到荒芜的土地被改造成错落的梯田，赵卫兵仿佛看到了金廊村村民收获的喜悦。未来，村里还计划在村集体原有 100 亩精品果园的基础上，再扩大种植面积 100 亩，让每一位村民在家都能有收入。

56. 高山顶上的农家乐

　　"对偏僻小山村来说，因地制宜的产业振兴是重中之重。"

　　　　　　　　　　　　　　　　　　　　——柯荣富

　　屋外，是一片美丽雪景。

　　屋内，是一桌可口饭菜。

　　眼前这位个头结实的田市镇公盂村党支部委员柯荣富，指着一张公盂雪景照片侃侃而谈："村支书吴海燕不善言语，由我来说……公盂在高山顶上，车上不去，要爬个把小时山才能到……现在呀，越是交通不便，上山进村看

在救援中的柯荣富

热闹的人越多……由前坑村、上平村、下平村、二十四弄村、油岭坑村、对坑村、苍山村等 8 个自然村组成的村，用了公盂自然村这个名字……"聪明的柯荣富说，他自己就是公盂自然村的人。

　　最让柯荣富自豪的是他当过 5 年兵，退伍后，回村开办了农家乐。现在，村里共开出了 18 家农家乐，其中有 12 家已成规模；有 400 张床位能接待 4 支 100 人左右的团队。经营得法的柯荣富说："公盂村靠的

是生态美景，赚的是诚信服务的钱。每张床位25元，每桌饭菜350元，主菜有土鸡煲和红烧肉。"而他自己经营的农家乐，菜主要在自家山地上收种。

憨厚的柯汉银和朱彩英，这对花甲之年的柯荣富父母，常年在公盂生活和劳作，也一天天看着儿子的农家乐红火起来。

柯荣富的绝招是，让农家乐"插上翅膀"。他通过网络开办了与实体店同步的网店——公盂驴友客栈、小柯农家乐。这样一来，自组团队来公盂旅游的国内外游客就多起来了。有一天晚上，一个来自湖州团队的游客突然肚子痛得大喊。柯荣富与父亲一商量，叫上两个帮工，将其抱上了用麻绳绑成的担架。他们打着手电筒，小心地向山下的卫生院抬。

哪知，到了半山腰，这名游客非要下担架回山上去。这是怎么回事？原来是因为游客的肚子不痛了。

事后，这位游客从柯荣富的小卖部里买了四包香烟，给抬担架的人一人一包，而柯荣富这一包，被谢绝了。

而2018年7月，当编者再次踏进与公盂相邻的景东村时，听到"依托公盂的乡村旅游名声，我们要做大景东的乡村旅游产业，因为景东村就在公盂村的山脚下，而山顶上的风光虽然是公盂的，同样也是我们可以分享的……"说这番话的人是柯茂连，他是田市镇景东村党支部书记。

柯荣富在山下人的眼里就是山上的一道别样的风景。

那天，与柯茂连坐在一起商议的是村委会主任吴相海，他们俩对景东村的明天充满向往——田市镇当时有个省里下派的指导员叫胡海滨，毕业于杭州电子科技大学，他是富阳人，平时住在景东村。有2年多，每周一至周五，他都会与村干部一起干活，做草坪、景观、学生暑期实践基地、老师疗休养方案。村里开了2家农家乐，同时在争创3A级景区村，规划已经做好。

今后，村里要建造文化活动中心，已有58万元政策性补助，村里要自筹70万元。另外，索桥文化长廊补贴了100万元、景观补贴了10万元。最后，37幢别墅由农户配套安排。说起这一笔笔账，书记、主任都感到在过紧日子。二十八九岁的柯雅刚是柯书记的儿子，党员转正后，他对村里的网格员工作做得很投入。因为喜欢研究电脑软件技术，所以他更擅长从事提高网上办事效率相关的工作。

"乡村共同富裕的路到底怎么走？"

"对偏僻小山村来说，因地制宜的产业振兴是重中之重，当然村里班子和合的'组织力'必须发挥独特作用。景东村的希望，更寄托在年轻人身上啊……"柯茂连与吴相海这对"左右手班子"就这样坐在溪流边，仰望着蓝天，你一问，我一答地说着。

57. 好心好意"做红娘"

只有安居才能乐业，只有一个个完整的家才能成就一个繁荣文明的村落。

——付青国

梁羽生的《七剑下天山》里有位儒冠老者，不但医术精妙，而且在无极剑法上造诣精深，堪称医剑双绝，他叫付青主。仅一字之差，本部分要讲的

付青国在工作

是台州市路桥区螺洋街道吞王村党总支书记付青国，他还自己经营一所航宇驾驶员培训学校，堪称农培双位一体，但他现在只想做红娘。

堂堂七尺男儿，为什么偏偏只想着要做红娘呢？"我们现在村里 25 ~ 40 岁的男村民，还有20 ~ 30 个打着光棍呢。"正因为作为一村之长深爱着村民，所以才有这样的想法。

吞王村坐北朝南像一张椅子，坐落在山坳里，又因王姓是村中大姓，所以叫作吞王村。吞王东临桐屿下岭村，西接黄岩东鉴村，南连螺洋

大公河，背靠路桥五峰山，甬台温高铁径直穿过整个村庄。目前，全村共有301户，共计1278人，其中60岁以上老人300人，党员57人，村民代表59人。全村总面积1710亩，其中耕地面积620多亩，山林面积1000多亩，主要种植水稻、杨梅、枇杷、桃树等适应亚热带丘陵地区的经济作物。

一心想做红娘的付青国，知道姑娘不愿嫁到夼王村的主要原因还是村里环境差，村民收入低。于是，他在心中盘算着从3个方面着手，来完成自己心目中对一个合格红娘的诠释。

第一个方面他要壮大村集体经济。这一点，早在几年前他就已经捕捉到土地资源会越来越珍贵的信息，利用项目进村之际为村集体留了数十亩宝贵的土地空间与指标。"这些指标就是买卖也值大笔钱了。"他笑着说。同时他还瞄准104国道复线经过的机会，打算建个加油站，在村班子里形成共识立即向镇政府打了工作报告。"这样一来，村集体每年有固定收入，还可以解决村劳动力。卫生清洁员、加油服务员、售货员，都是工作岗位。"他还根据殡仪馆就在邻近动起了它的脑筋，以村经济合作社的名义与路桥区社会发展集团合作开发公墓。

第二个方面就是不断加强农村基础设施建设，优化人居环境，发展生态农业，服务人民群众。"人要衣装，佛要金装。"想让姑娘愿意嫁进来总得有个好的村容村貌吧。付青国就在村中心建起了文化基础设施，篮球场、排舞场、图书室、乒乓球室以及老人健身器具等，还在村里修起了绿道，建起了新农村公园以及休闲长廊。

第三个方面也是最让红娘着急的是村民的富裕问题，说实话这也是做红娘成功与否的最关键之处。他就想方设法、千方百计提高村民的收入，带领村民致富。他大力倡导特色水果种植，充分发挥耕地和山地的经济价值，同时还鼓励村民就近到企事业单位上班，自己则扩大驾校的经营规模，满额招收本村村民，逐渐提高村民的收入。

就这样，在以想当红娘的村总支书记付青国为首的村班子的带领下，夼王村的各项工作都取得了优异的成绩，曾先后获得市、区先进集体等荣誉称号。

虽说夼王村如今已经改变了过去落后的面貌，可是付青国的红娘工作却才开了个头，只要遇到媒体记者采访，他就要把这个挂在嘴边，希望各界朋友为村里未婚男青年做免费的"征婚广告"，他始终觉得只有安居才能乐业，只有一个个完整的家才能成就一个繁荣文明的村落。

58. 张李村里的《村里有故事》

> "一是遇到机遇，敢于抓住机遇，没有机遇，敢于创造机遇；二是一个村的建设发展要依靠政府，但不能依赖政府。"
>
> ——李灵明

2020 年 11 月 14 日，台州电视台"乡村大擂台"节目组在路桥区路南街道张李村南浦湿地公园组织了一场演出，张李村党总支书记李灵明亲自登台，和村民们一起表演了节目《村里有故事》，将人们带到了全村干部群众开拓进取、集体经济快速增长、村子面貌日新月异的创业奋斗的那一段火热岁月里，现场不时传来阵阵掌声和欢呼声。

李灵明在张李村当村干部已经 20 多年了，说到"从政"的体会，他说："一是遇到机遇，敢于抓住机遇，没有机遇，敢于创造机遇；二是一个村的建设发展要依靠政府，但不能依赖政府。"言简意赅，精辟极了。

李灵明现场查看村里项目建设情况

作为一个常年在农村跌摸滚爬的村干部，李灵明富有工作经验，人又精明能干，责任心又强，不干出一番轰轰烈烈的事业来才怪呢。

那天的"乡村大擂台"演出，还有一个节目是"三句半"，讲述了张李村这些年来的发展变化。里面有一段台词说道："党员干部带好头，群众响应不落后，抢抓机遇促发展，大步走！"可谓说出了李灵明的真心话，道出了张李村发展的真情况。

李灵明和张李村有太多的故事可讲，但不管站在哪一个角度，开发建设南浦湿地公园的事是无论如何都绕不过去的。

"南浦湿地公园建设工程 2018 年上半年形成思路，下半年正式动工，2019 年第一期工程完工，2020 年第二期工程开始施工。占地面积 142 亩，投入资金 2500 多万元……"说起南浦湿地公园，李灵明依然言简意赅，短短几句话，就把一个项目介绍完了。对于一个只有 450 多户人家 1400 多人口的小小行政村来讲，那可是一个非常重大的建设项目。李灵明举重若轻，其工作能力和工作风格可窥一斑。

不仅如此，南浦湿地公园还是路桥区路南街道创建浙江省森林城镇的闪光点，也是路南街道加快实施新旧动能转换工程的重点项目。可以这么说，张李村这个项目代表着整个路南街道的形象，引人瞩目。

而张李村的乡村产业振兴工作正是从南浦湿地公园建设起步的。

这个地方原来一片荒芜，位置偏僻，除了几间老房子出租给外来民工外，平时垃圾满地，人迹罕至。"三改一拆""五水共治"时，对这片区域进行了整治，在水塘之间架起了木桥，面貌焕然一新，乡村特色、乡村气息就出来了。

李灵明敏锐地感觉到一个机遇正在到来。他开始寻求上级政府部门和社会各界的支持，争取并筹集到了大量的补助补贴和社会资金，备受社会关注的南浦湿地公园工程就这样启动了。

南浦湿地公园以湿地水域景观、多元文化交流与培育为特色，集湖泊景观、湿地生态、休闲运动、科普教育、旅游观光、主题活动于一体。短短两年多时间，南浦湿地公园工程已基本完成，初显气象。

既改善了村容村貌，市民多了一个休闲好去处，又改善了水环境系统，助推了乡村产业振兴工作。南浦湿地公园对外开放后，将以旅游文化带动旅游产业，搞民宿餐饮、休闲旅游，不断改善村民生活环境，提高村民生活水平，发展壮大村级集体经济。

一个宜居、宜业的新农村形象呼之欲出。

当然，张李村目前的产业特色主要还是变速箱设备市场，是华东地区最大的变速箱专业市场，村里约2/3的村民从事这一行业，收入挺不错的，目前也是村里集体经济的主要来源。当南浦湿地公园工程如火如荼进行时，李灵明并没有忘记这个产业。

两手抓，两手硬。现在，村里正在组织进行产业转型和提升。

李灵明是一个能干的村干部，但谈到功劳，他却淡然一笑，说："工作都是班子里的同事和村民们做的，如果说我有什么成绩的话，我主要就是出思路，做好协调。"

59. "大岙溪"的文化味

> "作为一个村里的带头人，能力可以有大小，但一定要脚踏实地，千万不要忽悠老百姓。"
>
> ——王林辉

天台县平桥镇岙溪村共有村民715户，人口2100多人，党员119人，是省级美丽乡村特色村、省级卫生村。村党支部书记王林辉拳拳服务心，助推康庄乡村产业振兴路。

王林辉（右一）现场查看

王林辉，1969年出生，1997年加入中国共产党，2013年11月~2018年9月担任天台县平桥镇溪头王村党支部书记，2018 年 9 月峇溪里、上溪、溪头王合并为峇溪村，担任峇溪村党总支书记。2019 年被推选为天台县优秀党代表，获评台州市担当作为好支书。2020年被评为第二批省级兴村（治社）名师。

峇溪村沿峇溪两岸分布，因溪得名。地处大盘山脉和天台盆地交界处，古时就是台婺越三州的交通要道，紧邻 323 省道，杭绍台高速公路穿村而过。自然风景优美，人文底蕴深厚，村内山涧有大小瀑布几十处，有被称为"天水飞渡"的峇溪渡槽、有"千年古桥"之称的仙人桥、有典故久远的"马到桥"。

"行政村调整对我们来讲是一个重大的机遇，我们以前是单打独斗，现在是一个整体共同发展。"平桥镇峇溪村党支部书记王林辉表示，调整前的 3 个村都是美丽乡村，以前没调整的时候因为规模不大，跟其他村竞争优势不明显。通过这次行政村调整，把 3 个村自有的资源和优势进行整合，以"大峇溪"的新面貌迎接发展的新挑战和机遇。

班子齐，泰山移。如今，峇溪村全体班子成员像石榴籽一样紧紧抱在一起，大事小事齐商量，急事难事互相帮，形成了"一根杆子插到底、一个声音喊到底、干活发展一盘棋"的共融局面。

峇溪里至上溪有一段路需要经过上王桥，该桥已有 40 余年历史，因桥面水泥老化、河床持续下沉，存在一定安全隐患，村民都绕道而行。"村调"前，因涉及两村交界，老桥修缮的事在一次次争议中被搁置。"村调"后，新村班子立即召开会议，定下"凝心聚力、共谋新篇"的发展基调，一致决定投资 140 万元修建长 40 米、宽 8 米的上溪大桥。

溪头王的文化艺术，峇溪里的图绘艺术，还有上溪的自然山水资源现在打包上线，以打造"峇溪艺术谷"为主线，着力打造国家 3A 级景区村这个招牌。目前，峇溪投资 200 万元打造了全长 3500 米的登山游步道，并组织党员在游步道两侧种植紫荆花树 1000 余株，总投资 10 万元。此外，还新建了2500 平方米的生态停车场，投资 10 万元对 1400 平方米的峇溪里人工湖进行绿化美化。

峇溪村不仅自然风光优美，人文元素同样突出。近年来，峇溪村依托王德惠书画馆、王德恒教育基地等基础设施，融合红色、涂鸦、攀岩、旅游等文化，推进村校合作，开展书法绘画教学、户外娱乐活动等，着力打造"峇溪村文化艺术公益夏令营"等品牌活动，使峇溪村文化艺术活动常态化，促进青少年综合素质提高。

原生态的自然风光、原汁原味的特色文化项目，不仅留住了游客，也开阔了视野。这些项目的开展不仅有利于峇溪村进一步的融合，更能增强原三村特色的联动效应，有力提升游客体验，真正将游客吸引过来，留下来，让老百姓的腰包鼓起来。

取得了这么多的成绩，为村里的发展打下了良好的基础。采访中，王林辉书记却自谦地认为，自己是村里的"新人"。

"2013 年之前，我一直在外地做生意。"王林辉书记说，自己是在村民和亲朋好友的极力劝说下回到村里的。

为家乡发展作贡献，一直是王林辉的梦想。2013 年，他放弃在外经营的产业，毅然回到溪头王村当起了村支书。以前瞻眼光谋发展，7 年时间，曾经脏乱差的小村庄成了远近闻名的省级 3A 级景区村，"峇溪艺术名片"声名远播。

"刚回村那时候，村民的一些观念还比较保守，对于文化振兴的理念还不是很理解。比如当时我们决定投资 200 多万元设立王德惠书画馆。这个书画馆占地 400 多平方米。2015 年，王德惠书画馆拔地而起，这是王林辉为村里带来的第一大变革。很多村民不理解，在农村投入这么多来建设这么一个书画馆有什么意义？"

"我的理解是，这是一个村的文化名片和文化底蕴。"王林辉书记解释说，为此我们邀请了省市县等各级书画专家出谋划策。文化馆的建成，极大地丰富了村民的文化生活，成了远近闻名的中小学生实习见习基地，从小接受艺术的熏陶。游客量，从第一年的每年五六千人，到现在的每年上万人。

王林辉还充分利用山林资源，修建了 2500 平方米的生态停车场和 3500 米的"凤凰山游步道"，在两侧种植了 1000 余株紫荆花树，吸引了大量游客前来观赏。

通过文化产业的带动，对村里的旅游、民宿、农家乐等产业起到了极大的推动作用。"以前村里商店的商品只卖给本村人，现在也可以卖给外面来的游客了，村民的收入增加了。老百姓得到了实惠。对整个村委班子的领导的工作也理解了，配合了。"

说起做村支书这么多年的感受，王林辉书记只说了一条，那就是：要脚踏实地！

"作为一个村里的带头人，能力可以有大小，但一定要脚踏实地，千万不要忽悠老百姓。"王林辉书记说："哪怕是把村里的地扫得干净一点，老百姓也能感受到幸福，百姓就会拥护你。"

面对荣誉，王林辉始终保持一颗谦虚的心。在他的心中有着更加美好的发展蓝图。峇溪漂流项目要做好进一步的开发，村里的农家乐要继续扩大规模，服务档次要持续提高；山上的游步道要扩建。目的是让村集体经济也要发展得更好，让村民得到更多实惠。

60. 头头是道话村经

"发展乡村旅游，提升乡村经济，我会极力推动的。"

——金计国

跟金计国交流十分顺畅，他思路清晰，对所在村的情况又十分了解，因此侧重点分明，部署计划行动都头头是道。

金计国是台州市椒江区章安街道道头金村刚退贤下来的村支部书记。道头金村以驻地道头金自然村得名（迁居此地的以金姓为先，村近椒江，江边有埠头，民众俗称道头）。这里依山傍水，空气清新，交通便利，因此金计国一上任就围绕怎么发挥村优势振兴村经济，有条不紊地开展了他的"金"计划。

金计国

他积极参与章安街道"多城同创"整治工作，改变村容村貌。"当时资金都是街道的，只要我们扎实做就是了。"金计国觉得这是一件很划算的事，他觉得先从入村的主干道路开始，把村里的大环境整改好，再对各家各户及河塘等整改。没曾想在涉及村民违建拆除中就遇到了麻烦，村部边有一户村民，你刚要开口说政策他就古今中外海阔天空跟你闲扯，一个上午下来，村干部还没说明来意，人家就说要去吃饭不奉陪了。驻村干部说我去试试吧，结果倒好，竟然一言不合就吵了起来。金计国想，我这是一步一步前进着，可不能在这基础上掉了一环。他进去跟村民聊了几句，谁知村民居然一口答应。

怎么回事？事后金计国才知道，原来这户村民的哥哥在前几年家里发生火灾，当时在外边的金计国闻讯后立即打的在第一时间赶到现场，一边指挥村民救火，一边把家人安置到村部办公室，让村老龄协会来照顾其父母，让家里的妻子拿床褥被子过来。尽管平时村民有什么困难都可以找金计国，他都会想办法解决。但是金计国救助自己父母和亲哥哥的这一幕给他留下了深刻印象。救命恩人上门来请求，读过书的弟弟怎么还会为难呢？就这样，在他带领下，村班子出色完成了"多城同创"整治工作，道头金村围绕美丽乡村建设，打造成了一个特色鲜明的美丽宜居示范村。

在农村还得姓"农"，金计国为了提高村民收入，再次带领村班子投入到街道"二改一还"项目推进工作。农地结构散乱破碎、质量等级低、土地抛荒等问题一直是农村农用地利用的难点。为此，因地制宜，摸索创新整治模式，启动"二改一还"项目，不但提高农民个人收益，还能开展科技农业、品牌农业、创意农业，让农村环境和基础设施得到极大提升。道头金村还耕项目为 195 亩，比要求的 90 亩多了将近 100 亩。原先的一片片荒地，被淤泥覆盖，杂草丛生，零星种点橘树，土地严重被浪费，如今都变成了白鹭留恋的良田，为美丽宜居示范村建成后的道头金村发展乡村旅游奠定了基础。

他积极配合区政府十大民生实事票选项目流转闲置土地，大力发展乡村旅游。"城乡公交候车亭就算上面不建，我们发展乡村旅游也是要建的，没想到上面送福利给我们，我们村干部当然要积极配合啊。"金计国希望有个公交站亭最好能往西移18米建造，公交站亭原定地址后面就是村里闲置的抽水机房，他想在这里建座公共厕所方便广大村民和乘车者，如果在原址建公交站亭的话，公共厕所的门就没法开了。但是最后还是服从大局，接受原址建造。工程竣工后，他和村主任还为解决公交终点站多车辆停车问题，特地将路北预制场部分场地收回供公交车停车之用，并表示全村村民自始至终都会大力支持。

"现在去我们村交通也方便，城里公交有直达，要不抽空去看看我们的乡村美景？"金计国自信地邀请编者。

编者表示下次有时间一定去看看道头金村。看着他笑嘻嘻的样子，编者问："看你三大五粗的，怎么做事情噶有条理呢？"

金计国笑着说："我毕竟也是一名电大的大学生嘛！"金计国没开玩笑，他还是台州广播电视大学2019级市委组织部村干部提升班的优秀学员呢。

第十二章　乡村文明润富

坚持以社会主义核心价值观为引领，加强爱国主义、集体主义、社会主义教育，厚植勤劳致富、共同富裕的文化氛围。扎实推进新时代文明实践中心建设，深入实施文明创建工程，打造精神文明高地。弘扬诚信文化，推进诚信建设，营造人与人之间互帮互助、和睦友好的社会风尚。加强家庭家教家风建设，健全志愿服务体系，广泛开展志愿服务关爱行动。

——中共中央 国务院《关于支持浙江高质量发展建设共同富裕示范区的意见》

乡村共富"十策"之"乡村文明润富"

唢呐一响，乡村必有大事，这是多少作家笔下的乡村印象。如今，当我们走在乡间的小路上，惊喜地看到乡村面貌已经发生了根本的改变，各种村落文化使人感到舒服惬意，尤其是通过接地气的乡村墙头文化传递出村民的获得感、满足感，让我们觉得乡风文明，润富无声。而这些要归功于政府多年来深化乡村文明建设，坚持以培育和践行社会主义核心价值观为根本，深耕乡村文化重塑，让美丽乡村入画，文明乡风拂面。

本章所指的乡村文明润富，是乡村精神文明建设工作深入推进后，乡风民风、人居环境、文化生活综合提升后展现的一种新时代乡村文化。而乡村文明是乡村精神文明建设的根本，也是新时代乡村文化建设的重点。乡风要文明，离不开优秀的家风、淳朴的民风，只有家庭成员和谐相处、村民之间互帮互助的整体乡风，才能让所有村民共同为打造美丽乡村奋斗，共享时代硕果，润泽共同富裕成色。

弘扬乡村文明润富，务必坚持乡村文化建设的正确方向。改革开放四十多年来的历史告诉我们，中国共产党高度重视社会主义先进文化的建设，我们也要继续继承和发扬中国特色、中国风格、中国气派的中华民族的优秀文化。另外，"一方水土，养一方人"，我们要善于挖掘地方特色，因地制宜地制订乡村文化建设的方向，不断满足村民的文化和发展需求。

弘扬乡村文明润富，务必搭建乡村文化人才的队伍建设。党的十九大报告中指出，要建立一支懂农业、爱农民、爱农村的"三农"工作队伍，相应的乡村文化人才也要由热爱乡村文化、心系当地民情的文化人士组成。同时鼓励培养本土文化人才，激励当地特色地域文化的进一步传承和发扬，提升村民的学历文化水平、法律和经营管理水平，提高乡村文化工作人员的文化自信心，促进当地的文化创造和文化传播。

弘扬乡村文明润富，务必创新新时代乡村文化发展载体。一方面要承续乡村优秀传统文化，挖掘乡村民俗文化、节日文化、手工艺文化等乡村优秀文化资源，利用好祠堂、古道、古树、古街等传统文化要素，保护好遗迹、遗产、曲艺等传承发展，发挥好新乡贤的作用，倡导文明乡风；另一方面要善于提升和转化乡村文化资源，在传统文化基础上，吸取城市文明和外来文化的精髓，不断赋予新的时代内涵，创新表现形式，结合互联网多媒体技术的运用，开辟乡村的未来文化。让未来乡村在绿色、低碳和环保的居住环境下，乡村文化更和谐、更包容、更有爱。

61. 最美志愿者

> "我们做志愿服务也一样，一点点，一件件小事，就像一滴滴水珠，最终会汇成大海。"
>
> ——胡卫明

胡卫明是仙居县官路镇萍溪村志愿者服务队队长，现年56岁，看上去好像比实际年龄要小许多，上嘴唇留着不长不短的胡子，显得既老成忠厚，又格外精神。

2019年2月初，台州市的新闻媒体、包括为数众多的自媒体都不约而同地报道了一则新闻：中宣部、中央文明办等部门组织开展的全国宣传推选学雷锋志愿服务"四个100"先进典型活动结果出炉，仙居的胡卫明作为台州市唯一的人选，上榜全国"100名最美志愿者"。

一时间，胡卫明成了台州的新闻人物，他和官路镇萍溪村志愿服务队的事迹也传遍了台州的大街小巷。

志愿服务队的主要服务项目是扶贫济困、抗洪抢险、应急救援和家电修理等。从1989年起，志愿队就开始投入志愿服务活动了，至今累计参加志愿服务已近2万小时。

胡卫明本人参加乡村志愿服务活动的时间则更早。

"我们这一代人是听着学习雷锋好榜样，忠于革命忠于党的歌曲长大的，学雷

胡卫明的办公室里面放满了荣誉证书

锋做好事的思想已经深入到了我们的内心深处。"胡卫明说。

那些年，萍溪村很穷，小学的课桌椅子坏了，房屋破了漏雨，胡卫明就把修理的活全部揽了下来，不收一分钱。20 多年来，学校硬是没有请过一次泥工木工。

当年，村民们卫生环境意识不强，村头村尾垃圾满地。胡卫明一有空，就开着自己的手扶拖拉机清理垃圾，拉到村外埋掉。

胡卫明开了一家玻璃店，全村孤寡老人困难户的玻璃窗维修安装他免费承包了。看到老人们手脚不便，还定期上门帮助他们洗衣做饭，打扫卫生。

萍溪村修马路，胡卫明自告奋勇，到工地上挑砂石、扛水泥，为村里义务做小工……

胡卫明说："老百姓身边没有大事，都是杂七杂八的小事，但许许多多小事杂事堆放在一起，就汇成了大事，就是老百姓的日常生活。"

"我们做志愿服务也一样，一点点，一件件小事，就像一滴滴水珠，最终会汇成大海。"这话说得真是诗情画意。

个人的力量毕竟是有限的，胡卫明想到了要成立一个团队，把身边的人组织起来。1996 年，胡卫明自筹资金成立了"青年服务队"，后来改名为"萍溪村志愿服务队"。根据队员的各自特长，胡卫明把志愿服务队分为文艺组、科技组、义工组、巡逻组等 8 个小组，根据需要为本村和周边村的村民们提供 30 多个项目的服务。

在他的精神感召下，志愿者的队伍不断发展壮大，队员从最初的 6 人，一直发展到现在的 70 余人。村民们遇到困难，首先想到的就是找胡卫明，找胡卫明的志愿服务队。

大年初一凌晨五点多钟，村里有人生小孩，家里人急急慌慌跑来，敲响了胡卫明的家门。

有人房子着火了，找到了胡卫明的志愿服务队。几年下来，仅是救火，就救了 30 多场。救人救火，争分夺秒，每一分钟都是宝贵的，为了应付这些突发事件，胡卫明家的大门永远是不上锁的。

2019 年，成立"官路乡贤打鼓队"，有 80 多名中老年妇女参加，但一时筹集不到资金，胡卫明得知消息后，出资了几万元。

胡卫明还是乡村产业振兴的带头人，带领大家走共同富裕道路。他和村民合伙承包村里 120 亩杨梅，自费邀请专家到村里讲课，传授杨梅修剪管理技术。他还自筹资金建立村级科技传播站，购买了电视机、VCD 和大批科学管理书籍。

胡卫明家里开了"一厂两店"（锯板厂、玻璃店和服装店），经营得一直很好，但因为胡卫明要花大量的时间和精力在志愿服务上，而且乐于助人，乐于做公益事业，家中一直没有什么积蓄。

"碰到资金紧张的时候，我甚至把孩子的零花钱拿出来，用于照顾孤寡老人，"胡卫明动情地说，"我自己家的老人不在了，全村的老人就都是我的父母长辈……"

村里的老人们自然不会忘记胡卫明的帮助，1997 年，萍溪村老年人协会给胡卫明送了一副对联："为人品行端正，做事慷慨大方"。时隔多年，又补送了"厚德载物"四个字横幅，还专门邀请仙居县的书法家写好，装到明晃晃的镜框里。

62. 好媳妇的笑容

> "老人的今天就是自己的明天，得给子女做个示范吧。"
>
> ——姚小仙

"天台好媳妇"姚小仙名气不小，见面之前我就已经被一大堆采访报道所包围。她确实不容易，从 1989 年 9 月开始照顾突然中风的公公姚胡川，一直到 2012 年 11 月公公含笑而去，整整 23 年如一日悉心照料，书写了一段"久病床前有孝媳"的佳话。

姚小仙是天台县平桥镇茅垟村人，见到她时还是儿子陪同一起来的。看

姚小仙

着儿子在一旁又是擦凳子让她坐，又去泡水，还时不时伸手搀扶着怕她磕碰，俗话说"父母是孩子的第一任教师"，姚小仙的孝顺和贤惠，在他的孩子身上不是正在延续着吗！

话题自然是从照顾她公公谈起。原来，姚小仙孝敬老人还不只媒体所报道的那些。公公姚胡川老人其实还有两个弟弟，都没有后代，他自己 30 岁出头，妻子也去世了。为了不使儿子受委屈，最终没有续弦，一个人当爹又当妈，屋里屋外，赶潮落水跟着大伙种田地争工分，辛辛苦苦抚养儿子长大成人。姚小仙深知公公一世的劳累和不易，从踏进丈夫家门的那一刻开始，就把这个孤单了大半辈子的公公当自己亲爹一样孝顺。1989 年公公瘫痪在床，不管家务多重，田里多忙，公公的病由她一人料理，每当她难以独立完成时，丈夫很自然很适时地就会出现在她左右，夫妻俩一起料理病人。

最难熬的是 2003 年，公公已瘫痪在床，二叔公不仅身患哮喘而且脾气差，两个病人常弄得她精疲力竭不算，还得听他们发牢骚，装笑脸，像哄小孩子一样喂他们吃饭、换衣服。二叔公哮喘一发，半夜还得去请医生来就诊。他一病七年，直到他百年之后以为可以卸下半副担子，谁知二叔公前脚刚走三叔公又病倒了。

这对姚家来说，是"三座大山"压顶的一年。因为公公的病情仍不容乐观，小叔公病体日益沉重，料理两个重危病人让姚小仙瘦了一大圈。这一年，二女儿高考录取通知书刚收到，家里卖了唯一的肉猪得了一千元，还想再借点给二女儿入学用。正当一家人为钱犯愁时，病了三年的三叔公突然因病故世。此时正当农忙时节，家家户户都忙着自家田里的农活，小仙只能挨家挨户去请人帮助料理后事，原本打算给女儿做学费的千元卖猪款也就做了丧祭费用。因为二位叔公都没有后代，像料理二叔公一样，她没有收受一份贺礼，把丧事料理完再为二女儿上大学筹借开学费用。

厚德载物，厚德也能扶持一个家，女人的德性，能承载一个家的兴隆发达。姚小仙不正是这样一位好妻子、好母亲吗？重重困难都没有压倒她，因为她心中有一种支撑的力量，而正是这种力量，激励着她顶着困难而上。"三个公公虽不是我小仙的亲生，但他们视我如亲生。尤其是公公为了丈夫不受伤害，他甘愿大半辈子孤单一人走到今天，单这一点就让我敬重有加。再说老人的今天就是自己的明天，得给子女做个示范吧。"这是她的原话，一个小学都没有毕业只读过扫盲班的农村妇女的内心告白。

其实，何止孝顺。家里孩子多，就怕养不活，姚小仙就起早摸黑，在家照顾一家人的衣食起居，还在家做重阳糕，贴补家用；她还去批发一些布匹走村串户去卖布，大女儿早早地学会了裁缝，她就跑银行给女儿贷款在镇上开了一家服装店，还为女儿进布匹……她的勤劳智慧、辛苦付出，终于让这个家慢慢地富裕了起来，成了村里第一批搬进新农村别墅的小康人家。

两个憨态可掬的童子，一人手捧礼盒，一人肩扛荷花。

他们就是传说中的"和合二仙"——寒山与拾得。"和合二仙"是中国传统象征形象，作为"家庭和合，婚姻美满"的意义早已深入人心。天台，是中华"和合文化"主要发祥地之一，"和合家风"历久弥新，姚小仙的故事让我切身感受到了"和合"的魅力，正是这种魅力，让天台处处是风景与人间温情。

63. 言必信行必果

"我们家穷，但不会赖账。"

——戴汉顺、朱冬娟夫妇

戴汉顺夫妇

当我从椒江赶到黄岩电大采访点时，戴汉顺、朱冬娟夫妇已经在教室里等候了。

现年69岁的戴汉顺和67岁的妻子朱冬娟，是黄岩区屿头乡白石村村民。2017年的一次意外事故，让他们走上了一条书写"诚实守信"的道路，也为当下火热开展的乡风文明行动备注了很重要的一条内容，那就是村民思想的振兴也必不可少。

2017年，丈夫戴汉顺在山下骑电动三轮车撞了人，清贫的夫妻俩靠起早贪黑采野粽叶、磨番薯粉售卖，坚持偿还法院判决的4万元赔偿款。

妻子朱冬娟每攒够一笔钱就下山一次，送到浙江省台州市黄岩区人民法院宁溪法庭，每张纸币都被压得平整。听说去之前，她会数很多遍，那些5元、10元、20元的零钱每加到100元，朱冬娟便横折着一张钞票裹一下。

整整两年，在他们偿还1.4万元后，了解了实情的对方主动免除了他们剩余的债务。

这些是采访之前从媒体上获知的，在同行本地人的翻译下，编者的采访克服了因为对方只会讲方言引起的隔阂——

戴汉顺、朱冬娟老两口的家在山里面，这是一个卫星地图没有定位的地方。从偏远的白石村到黄岩宁溪镇上，十八弯的山路，驾驶员车技再好也要开近一个小时，这次的采访是镇上派了专车去接来的。"像我从家里走到镇上吗，一趟路最起码要三四个小时。"朱冬娟回想前两年每凑满1000元，就要起早赶到镇上的法院。因为朱冬娟痛风，腿脚有些不灵活，走路缓慢，一瘸一拐地走，一个来回几乎就是一天。

但是一句极其朴素的"就算穷但不会赖账"，就让朱冬娟在坚守中传承和发扬了"言必信行必果"的传统美德。

其实，头发花白的戴汉顺，突出明显的手指关节说明他也患有痛风，精神有点蔫，朱冬娟告诉我们他老伴还有坐骨神经毛病和肾结石，所以只能靠着帮别人做点泥水活，一天赚个七八十块钱的劳务费。朱冬娟自己身体也不好，有风湿病和心脏病，吃了 10 多年的药了，手脚也不利索，平时蔬菜自己种，除了油盐米这些生活必需品买一点，靠自己帮承包了农田的老板拔野草、穿梭在山上成片的竹林里挥着镰刀收割箬竹竿和箬叶、手工制作的番薯粉豆面，还有养的几只土鸡下的蛋，去换来的钱几乎全部拿去还债。

当来自北京的媒体报道了朱冬娟家只有 3 盏 6 瓦的灯泡和一台旧冰箱的全部"家用电器"后，当地政府了解到戴汉顺、朱冬娟的实际情况，多次上门进行慰问，带来了液晶大彩电，还有慰问金，甚至要给他们申报低保户等。"我都不要。我和老伴自己有手有脚，还做得动，可以靠自己劳动吃饭。把大彩电、把钱、把低保户名额去给那些更需要的人家吧。"朱冬娟双手比划着，还连连摇手。

戴汉顺补充说，其实他们的故事被报道以后，社会上也有爱心人士辗转联系，要进行爱心捐款。特别是政府安排他们去台州市第一人民医院进行体检后，确实发现有很多毛病，有爱心人士要专门捐钱给他们做手术。"拿别人的钱去做手术，不好，我们也没去。"戴汉顺说话有点轻也有点含糊，幸亏有本地人翻译才明白。

听完他们的讲述，编者觉得"诚信""信用"都不足以完全说明他们夫妻俩身上的品质，必须还要加一个字，那就是"实"，讲述者更是亲历者竟这么实在，让每一位倾听者都听得那么踏实，突然觉得这更是当下乡风文明中的重要内容之一。

采访结束后，编者提出要和这对令人敬佩的夫妇合影，他们欣然同意。看着这张合影时，突然发现他们的衣服怎么这么眼熟？竟然就是这两年各类新闻报道图片中他们一直所穿着的：朱冬娟短发、中等身材，穿着一件粗布蓝大褂；戴汉顺头发花白、身形消瘦，穿着一件暗蓝色褶皱的中山装。

64. 留下嵊州"小九妹"

> "只要我答应了，祖兴舅舅就是我家的人，里里外外我都会管着他。"
>
> ——徐仙娟

"仁兄有所不知，我家有个小九妹，聪明伶俐人钦佩，描龙绣凤称能手，琴棋书画件件会"，越剧《梁祝》选段《我家有个小九妹》在天台山梁妃塔下的塔后村文化礼堂里咿咿呀呀地传来……那是嵊州来的"小九妹"徐仙娟唱的，她正在接受本书编写的采访。她那两弯柳叶眉下有一双会说话的大眼睛，饱满的耳垂，丰腴的身姿，看上去颇似慈眉善目的观音。与《梁祝》中的"小九妹"所不同的是，徐仙娟并没有被爹爹留在家里，而是遵从母亲之命嫁到天台，成为了一个天台媳妇。

天台是徐仙娟母亲的家乡，或许是出生在天台佛国的缘故，母亲有一颗菩萨心肠。一次回乡探亲，她相中了白鹤镇张家岙村的张家儿子。她告诉仙娟，张家妈妈心善，儿子踏实，还是个党员。"心善"这个词一下子打动了仙娟，她告别爹娘与张家儿子结为夫妻。

正如母亲所说，张家妈妈是个大善人。她除了料理自家老小的生活，还无条件照顾着瘫痪在床的干娘和两个干弟弟的生活。这一照顾就是 10 多年，仙娟先是帮衬婆婆，后来婆婆走了，照顾张家人的担子就落在了仙娟的肩上。

徐仙娟

　　张家有三兄弟，除了三弟祖亭外出当兵落户黑龙江，两个哥哥由于家贫和残疾都未能成家。当大哥祖才被查出患有癌症时，三弟祖亭才千里迢迢赶回离开已久的故乡，一个多月后祖才去世，祖亭找到了仙娟，眉头紧锁，结结巴巴地提出希望仙娟能够照顾二哥祖兴。这可让仙娟犯难了，当时她的小女儿还未断奶需要悉心照顾，再者照顾干舅舅多少有些不方便。最后在丈夫的劝说和鼓励下，她硬着头皮把事答应了下来，她说"只要我答应了，祖兴舅舅就是我家的人，里里外外我都会管着他"，这一管又是五六年。

　　那年，祖亭的女儿带着父亲的骨灰来到仙娟家，拉着仙娟的手说："嫂子，我刚参加工作家里经济差，这次只带了来回的路费，你能把办丧事的钱帮我垫了吗？嫂子心善，你就好人做到底，等我回了黑龙江再把钱给还上。"仙娟是真的心善，她不仅把钱给垫了，而且忙前忙后料理着祖亭的丧事。这已经是她送走的第二个汪家舅舅了。

　　剩下的祖兴舅舅患有小儿麻痹症，没法干重活，平日里最爱拎个篮子捡柴火，再加上智力不大健全，不认识钱更不会用钱，所以吃穿用度都是仙娟照管着。大哥祖才去世时，三弟为他申请了低保，费用从最初的150元涨到现在的400元，多少改善了他的生活，也减轻了仙娟一家的压力，要知道最初都是他们夫妻自掏腰包照顾干舅舅的。当年祖亭做主将银行卡交由仙娟保管，就是因为把她当亲人。而她呢，每一笔账都会清清楚楚记下来。尽管如此，还是惹来村里人的闲言闲语"平白无故照顾一个智力有问题的人那么多年，准是得了什么好处"，这话还传到了镇里，领导派人来调查，仙娟就把账本拿出来给他们看……村民们再也不说话了，仙娟却委屈地哭了。

　　一天早上，祖兴找到仙娟含含糊糊地说"我感冒了"，仙娟一摸他的额头，拿出常备的感冒药放到他手里，反反复复教他"红色的，一天三餐，每餐两颗；黄色的，一天只吃一颗"。傍晚，仙娟去给祖兴送饭，发现感冒药原封不动地放在桌上。没办法，她只得领着祖兴，带着感冒药回到家，凉好开水，一颗一颗喂给祖兴吃，还不忘嘱咐他"记得每天吃好饭就上我家来吃药"。

　　嫁到天台，一晃就是三十年。如今，仙娟的大女儿从日本留学归来在余姚落户，小女儿也上高三了，这一辈子的任务她算是完成了大半。现在，她最想看到的是大女儿把女婿领进门，小女儿能考上理想的大学。可是，仙娟还有些许顾虑，她说要是大女儿结婚生了孩子，祖兴舅舅可怎么办？她早已把祖兴舅舅当成自家人了。

被天台留下的嵊州"小九妹"徐仙娟，不正是你我身边的"最美浙江人"吗？

65. "水鬼"的海上民间救助故事

> "道德道德，先有道，后才有德。"
>
> ——郭文标

郭文标有许多金句，他经常说：

"人的一生要做点善事。"

"道德道德，先有道，后才有德。"

"我做善事以前是义务，出了名有了荣誉之后，就变成了任务！"

郭文标，温岭市石塘镇小沙头村渔民，今年 53 岁，身材魁梧壮实，紫褐色的脸膛，一看就是一位在大海里闯荡的汉子，说话的声音略有点沙哑，但中气很足，笑声爽朗。

"平安水鬼"郭文标

郭文标是一个名人，也是一个善人。自 15 岁那年从风浪里救起第一个人起，他的生活就和"救人"两个字连在了一起。在石塘镇方圆百里内，渔民都亲切地叫他"平安水鬼"。其实，郭文标的名声何止在石塘镇，在整个温岭市，乃至省内国内，他都享有盛名，这从他获得的一些荣誉里就能看出来。他曾先后获得台州市道德模范、浙江省道德模范、"浙江骄傲"人物、全国道德模范、全国劳动模范等荣誉，曾获得"中华慈善奖"之"最具爱心慈善楷模"、国际"海上特别勇敢"奖，中央电视台等众多媒体多次报道了他的感人事迹。

关于他救人的故事，在他的事迹材料中信手拈来，每一件都十分感人。

2000 年 12 月 28 日，几名妇女出海送渔网时发生事故，郭文标及时赶到救下 11 个人；2003 年 11 月 23 日，闽连渔运 3511 号在钓浜龙鼻头海域触礁，郭文标把 17 名船员全部救起，当船长拿出 3 万多元现金表示感谢时，被婉言谢绝；2005 年 8 月 6 日，几名网箱养殖户被台风困在石塘渔港里，郭文标顶风出航，九死一生，将他们全部救回；2009 年 6 月 22 日，一艘木船在花岙海域遇险，郭文标顶着 10 级大风 5 级巨浪，解救了被困在礁石上的 4 名渔民……

2018 年 5 月 1 日，大陈岛东北海域有一艘摩托艇失去动力，艇上 2 人失联，郭文标仅用 10 分钟时间就做好准备紧急出发，经过 3 个多小时航行，赶到事发海域，在一块岛礁上找到了失联的两个人；同年 11 月的一个深夜，一艘渔船在温岭市箬山附近触礁，郭文标在熟睡中接到电话后套上外衣就往外跑，一边让妻子赶紧通知团队里其他队员出海，短短半个小时后，郭文标就找到了求助渔船，在渔船沉没之前救出了全部船员。

郭文标团队里的队员们，在他的带领下也积累了丰富的救助经验。2019 年 1 月 2 日，在郭文标出海参与救援的同时，队员们驾驭着另一艘救助船，在波涛汹涌的海面上，历经 50 多个小时，将一艘长 75 米、宽 12 米的事故船只，安全拖回到石塘渔港。

说起郭文标的团队，自然得提到他的海上民间救助站。

随着郭文标救的人越来越多，他接到的求助电话也越来越多，渔民们遇到困难，第一个想到的就是打他的电话。郭文标觉得凭自己个人的力量已经不够了，他必须发动大家的力量，组织起一支团队来。就这样，2008 年，郭文标的"海上民间救助站"在温岭市正式成立，并被纳入"中国海上搜救中心水上遇险求救统一平台"。

郭文标为了筹建海上民间救助站，自己投入了300多万元资金，也得到了政府的大力支持，不但给了土地指标，用于建造救助站，还给了渔船指标，用来购置救助船只。目前，郭文标的救助站有16个队员，他的家人和亲属十分理解并支持郭文标的工作，纷纷加入他的救助团队。

自2008年海上民间救助站成立至2018年，10年时间，根据官方统计，郭文标带着救助站的队员们一共参与搜救行动397起，成功救助遇险船舶402艘、遇险船员1240人。其实，这是一个十分保守的数据，很多救援都是渔民们直接打电话给郭文标的，这样的救援往往不在官方统计数据里。对此，郭文标高声大气地笑着，毫不在意。

温岭市的领导们当然知道郭文标海上救助工作的意义，他们亲切地拍着郭文标结实的肩膀，笑呵呵地说："文标兄弟，你要帮我们把海上看牢啊……"

每当这时，郭文标就会爽快地说："我肯定拼了老命，也要帮你们看牢!"

66. 勇士的愿望

"我有一个愿望……我想入党!"

——杜礼清

久雨之后，冬日的阳光显得特别灿烂。

台州见义勇为勇士杜礼清，正在接受本书编者采访组的采访。突然，这位"70"后的壮实汉子犹豫起来，似乎有一个重大的决定要告诉记者。过了一会儿，他终于说道："我有一个愿望……这个愿望我从来没有说过，今天我要提出来，希望记者老师向组织上反映一下……"

阳光照在杜礼清的脸上，红彤彤的，他鼓足勇气说："我有一个愿望……我想入党！"

杜礼清是临海市大田街道横溪村人，经营沙石生意。每次遭遇台风，他都主动把自家的大型铲车开到交警中队，随时待命救援被困群众。近十年来，共救出100余名被困群众，被当地老百姓称为"见义勇为铲车哥"。荣获台州好人、台州市第二届见义勇为勇士等称号，浙江电视台、《浙江日报》等媒体报道了杜礼清的抢险救援事迹。

杜礼清

杜礼清的抢险救援是从2010年开始的。那次受台风影响，大雨如注，全村被淹，一楼灌满了浑浊的泥水。蛇鼠百虫都往二楼爬，一个老太太不小心被毒蛇咬伤，伤口发紫发黑，生命垂危。杜礼清闻讯，立即开着大铲车，从二楼窗口把老太太接了下来，送往医院抢救……就这样，杜礼清踏上了抢险救援之路。

台州地区濒临东海，常年受台风影响，台风往往带来强降雨，造成次生灾害，风势雨威，大功率铲车发挥了其他工具无可替代的作用。

然而，抢险救援工作并不是一条顺风顺水的平坦大道，其中充满艰辛坎坷。

"抢险救援并不是一般层面上的行善做好事，抢险救援既苦又累还危险，往往还要付出很多救援成本，自己往外掏腰包。"杜礼清深有感触地说。

2019年8月27日，沈海高速猫狸岭隧道内发生一起惨烈的交通事故，造成多人伤亡。杜礼清在事故发生后一个小时左右就进入了抢险现场，映入眼帘的是货物剧烈燃烧后刺鼻的黑烟、破损的汽车、受伤流血和吸入有毒气体奄奄一息的人群，杜礼清凭着多年积累下来的抢险救援经验，不顾个人安危，立即投入了救援。一直干到第二天下午两点多钟，杜礼清才和最后一批交警一起撤离隧道，整整二十多个小时，他只喝了几瓶矿泉水，吃了几口面包，全身上下沾满烟灰，一片焦黑。

2019 年夏天，台风"利奇马"袭击临海，洪水涌入街道，杜礼清在水深 1.7 米的环境下连续两日两夜开车巡逻，解救出 39 名被困群众。其中有一个小孩被救时紧紧地抱着电线杆，洪水已淹到了他的脖子，情势危急，杜礼清趟水过去抢救，无意中被人拍了下来。这一拍拍出了大影响，这一张洪水中奋不顾身救人的照片传播出去，一时反响热烈，后来在北京得了新闻摄影的大奖。

就在"利奇马"抗台救灾那一次，杜礼清的铲车不小心发动机进水，缸体被打碎，导致整车报废，他二话没说，当场打电话，买了一辆新铲车。从旧铲车报废到新铲车到达现场，前后不过 3 个多小时，杜礼清跳上新车，立即投入抢险，连眉头也没有皱一下。其实，杜礼清每一次出车参加抢险救援，铲车的油费、维护费用都是他自行承担，从来没有向政府和个人提出过报销和补偿。

"抢险救援都是公益的、义务的，我从不求回报，以前是这样，现在是这样，以后还是这样，永远不会改变！"杜礼清语气坚定地说。

"你不求回报，但被救援的人会一辈子记着你，感恩你，"杜礼清说，"记得有一个被救的年轻人结婚时，一定要我和新人的父母亲坐在一起，接受跪拜。这种时候，我更觉得自己的行为是值得的！"

讲到家庭的支持，杜礼清自豪地说："我老婆很支持我的工作，公司里有两台大型铲车，有时候，我和老婆两个人，一人开一辆，去参加抢险救援，很有一种夫唱妇随，共赴战场的感觉，这种感觉挺好的。"

一个多小时不知不觉地过去了，杜礼清沐浴在初冬的暖阳下，准备结束他的讲述。他显得犹豫起来，最后，终于鼓足勇气，说出了一直埋藏在他心底深处的一个愿望："我有一个愿望……我想入党！"

67. "长者公寓"里的歌声

"阵地虽然换了，但为人民服务的一颗红心始终没有变。"

——黄再青

2021年3月2日下午，我们在玉环市社会福利中心长者公寓，见到了被誉为"海岛老百花"的黄再青老人。

玉环市文明办张鑫主任给黄再青带去了刚刚领到的"浙江好人榜"荣誉证书，老人手捧大红证书，满脸是笑。

黄再青还是这一届中国好人榜入榜人物，只是荣誉证书还没有拿到。

黄再青喜欢唱歌，从唱抗日歌曲开始，唱了几十年，一直唱到了今天。

她当过小学校长、文化馆党支部书记等职务，退休之后，还担任了楚门镇居委会委员，一直活跃在基层文艺战线。

2013年，85岁的黄再青住进长者公寓。很快，她就出面组建了一支夕阳红合唱团，带领老人唱红歌。每个星期二下午，合唱团老人们都要进行排练，吹拉弹唱，自编自演。到了重阳节，合唱团就举行汇报演出，一改过去长者公寓暮气沉沉的气氛。

"早年我不知道什么叫文艺，只知道那是唱歌、演戏。"黄再青说，"小时候一个当老师的地下党员告诉过我，唱歌也是在为党工作，这句话我记了一辈子。"

"后来，我到一个地方工作，就搞一个宣传队，用文艺

黄再青

的手段把工作带动起来。"

"文艺对人民群众的教育作用真是太大了，唱歌就是为人民群众，唱歌就是为党工作……"

1951 年，黄再青带领师生到处宣传演出，后来成为浙江省作家协会主席的叶文玲就是她当年的学生。在一场演出中，黄再青演母亲，叶文玲扮演女儿。

在楚门镇居委会那段日子，她和几位老人一起买下几块荒地，又到企业募集资金进行扩建，开辟成唱歌演出的场地。现在，那里已经建设成为南山公园，成为楚门最重要的群众文化休闲场所。

得益于黄再青的言传身教，她的子女们都从事与文艺有关的工作，两位儿子担任过越剧团和文化馆的负责人，四位女儿先后活跃于文艺舞台，孙辈们也大多在玉环市的文化艺术部门工作，真是一个文艺世家。

黄再青说："我这辈子，都离不开舞台了……"

2019 年，为了庆祝新中国成立 70 周年，黄再青在长者公寓组织举办了一次别有意味的晚会，用文艺的形式为祖国献礼。晚会结束后，黄再青高兴地说："唱歌演出是我一生最幸福的事情。"

68. 公交公司的 1 路车驾驶员

"你用心对待乘客，对他们笑脸相迎，关心爱护他们；他们也会报以笑脸，关心你爱护你。"

——贾贺

温岭市浙江畅达运输股份有限公司巴士公司 1 路公交车驾驶员贾贺今年 47 岁，到浙江温岭已近 20 年，是一位名副其实的新温岭人。除了短暂的一段时间在粮站里上班，后来一直开公交车。

贾贺师傅

一开始，他并不喜欢这一工作，把公交车称为"移动的监狱"，慢慢地，他就爱上了这一行，觉得公交车上充满了人性的温暖，"你用心对待乘客，对他们笑脸相迎，关心爱护他们；他们也会报以笑脸，关心你爱护你。"贾贺笑着说。他长着一张笑脸，说话做事都带着善良的笑意，特别容易让人亲近。后来，贾贺就把公交车比喻成"移动的办公室"，最后变成了"移动的家"。

这一称呼的变化，体现的是贾贺职业精神的不断升华，反映的是公交驾驶员与乘客之间的日益和谐，这正是当下积极倡导的核心价值观的直观体现。

2021年3月1日，春回大地，温岭的山山水水沐浴在灿烂的阳光下，暖洋洋的。

上午10点多钟，编者来到东湖公交车站。刚下车，贾贺就从里面迎出来，笑吟吟地，指挥我们把车开到车站一侧的小车停放区。

这是贾贺给人的第一印象：办事认真，待人热情。

在东湖公交车站一间简易办公室里，贾贺接受了我们的采访。办公室里还有另外一位驾驶员，正在工间休息，也参与了交谈。

从事先掌握的材料中，编者知道有一对夫妻曾经送给贾贺一面锦旗，这当中有一段历时数年的动人故事，没想到还有另外两面锦旗。

贾贺的提议引起了编者浓厚的兴趣。

"大约是八九年前，我记不准是2012年还是2013年了，这样的事很多，我没有刻意去记录，"贾贺开始讲述，"我们公交车驾驶员经常会遇到这样的突发事件，帮人一把，做一点好事，很平常的。"

那一次，贾贺开着1路车，驶入火车站。火车站是1路车的始发站。在车站门口，贾贺发现一辆摩托车被前面的汽车撞了，骑车的人倒在血泊之中，已经不省人事。也许肇事司机并没有发现，车已经开走了。贾贺停好自己的1 路车，立即打 120，自己守在伤者身旁，寸步不离。救护车到来后，他又随车送伤者到医院，并且想方设法联系到伤者的家属。

一个多星期之后，伤者终于脱离生命危险，清醒过来。医生说，对方脑部严重受伤，如果不及时送到医院，就抢救不过来了。在某种意义上说，是贾贺救了他一条命。伤者和家属感恩戴德，一定要送一笔钱感谢贾贺，被贾贺婉言谢绝。一家人就给贾贺送来了一面精心制作的锦旗。

第二面锦旗是一位女运动员送的。

那是一位 30 多岁的女士，经常坐 1 路车。上车的时候，她总是双手用力握住车门扶手。贾贺平时注意观察每一位上下车的乘客，估计对方可能腿脚不便。所以每次她上车，他总是不动声色地招呼车上其他乘客让座。

后来，有一次车上乘客不多，她坐到驾驶员后面和贾贺攀谈起来。果然，她是一位划艇运动员，一只腿上装着假肢，平时不注意也看不出来。

女运动员被贾贺的细心和热情感动，她的丈夫也是一位残疾人运动员，夫妻俩给贾贺送来了一面锦旗。

贾贺收到的第三面锦旗，在温岭市可谓家喻户晓。

在一次演讲中，贾贺讲述了第三面锦旗的故事，深深地打动了听众，会场上响起一阵阵掌声，人们感动得热泪盈眶。

在记者的要求下，贾贺把演讲稿传到我们的手机上。

从中听到了贾贺发自内心的、最真实最朴素的心声。

大家认识我大概都是从背乘客上下车的报道开始的。总是有人问我，你是怎么想的，是什么样的力量让你坚持那么多年？其实我真的有点答不出来。

我是九年前认识樊大哥夫妻俩的，他们经常坐我车来回，樊大哥身体不好，经常去医院，后来医生查验是尿毒症，刚开始身体还挺好，上下车扶一下就可以了，脚还能抬。后来就不知道抬脚了，身体很僵硬，也走不了了，史大姐用轮椅推着去医院做透析，每个星期一、星期三、星期五都要去，很是艰难，我记得很清楚第一次背樊大哥的情景，他们从大池镇上车，坐到医疗中心下。

那天下大雨，到医疗中心站我车停稳，和平常一样扶起樊大哥走到后门口，刚好后门口有个大水坑，看到樊大哥也不知道抬脚，当时我就想，我可能要背一下，本来我想把车子往前开一点，但是已经来不及了，后面已经有车跟上来了，我就马上背起樊大哥往水坑里踩，把樊大哥背下车，史大姐已经把轮椅准备好了，我让史大姐把轮椅扶好，就慢慢把樊大哥放在轮椅上，这时，还下着雨，我给了他们一把大伞就赶紧发动车子离开，从后视镜中我看到史大姐一手扶着轮椅，一手撑着雨伞，在目送我的车子离去，还大声嘱咐：你慢点开。

那一刻，虽然我左脚的鞋子灌满了水，湿漉漉的，可心里却是暖暖的。从那以后，我都把樊大哥背上背下，后来我也知道了大姐也会用微信，就加了大姐微信，每到星期一、星期三、星期五的时候，提前给史大姐发个信息，告诉他们我大概几点到站。通过几年的相处，我也被他们的爱情感动，我也领悟了夫妻老来伴，人间真情在。大姐是一个很细心的人，有一次我背大哥时，感觉后背一阵凉凉，我也不知道怎么回事，大姐就拿出纸巾给我擦，原来是史大哥口水淌了我一后背，我和大姐说没事，可她还是一个劲给我擦。

还有两次我去背大哥，大姐不让我背，我说怎么回事，他就是不让我背，说大哥裤子尿湿了，我当时顿都没打一个，两只手抄起大哥的两大腿就把他背上了背，我一边和大姐说没事，一边稳稳地把大哥放到了轮椅上。真心地，我一点都没产生嫌弃的念头，咱们帮人，人需要咱帮咱就帮嘛……

贾贺这一背一送，就是整整6年，公司里没有一个人知情。直到2019年7月，史大姐用轮椅推着丈夫送锦旗上门，这件事才传了开来……

69. 敬老院院长如"亲闺女"

> "我记不得送走过多少人，但我知道我是他们'唯一'的女儿。照顾他们，就是我作为'女儿'最大的责任。"

——林凤英

2021 年 3 月 1 日上午，温岭市箬横镇政府 11 楼，阅览室。

年近 70 岁的镇敬老院负责人林凤英，用浓郁的温岭地方口音说："我不会讲，做事我会做，讲讲不来的，我也不会讲普通话……"

好在事先看过林凤英的事迹材料，箬横镇宣传干事小张在一旁时不时地"翻译"几句，采访才得以顺利进行。

相比城南镇义工服务队队长张金华的业余奉献，林凤英的孝老爱亲成了她的专职工作。前后算起来，林凤英在敬老院已经历了 21 个春夏秋冬。

"21 年了，敬老院前后走了 160 多个老人，基本上都是我送走的。他们住在这里的时候我照顾好他们，临终时我陪着他们，和他们说话，喂他们吃饭，给他们擦身子，让他们体体面面地走，一直把他们送到火葬场……"林凤英说道。

敬老院收住的是镇上的低保户、五保户，这些老人一般都没有直系亲属，所以敬老院等于他们自己的家，年老体弱时住进来，一住进来就回不去了，一切都交给了敬老院，交给了林凤英。

敬老院除了林凤英，一位护理

林凤英（右）搀扶老人下楼

员，一位厨师，就没有其他工作人员了。林凤英身兼数职，工作没有节假日，不分白天黑夜，老人、残疾人往往夜里发病，所以每天夜里，林凤英事情比白天还要多。

老人多，工作人员少，林凤英管了敬老院这个大家，就顾不了自己的小家，连儿媳妇生孩子、母亲生病住院，都抽不出时间去好好照顾。敬老院实在离不开她，家里人理解她，慢慢地也就习惯了。

目前，敬老院收住了 31 个老人。最多的时候，全院有 90 多号人。21 年来，林凤英一直把他们当成自己的父母亲，老人们也把林凤英当成自己的亲人，当成自己的女儿。

"凤英待我们，比自己的亲生女儿还要亲呐！"这是常常挂在老人们嘴边的话。

听到这话，林凤英觉得自己的辛苦付出，值了。

70. 义工服务队长的"义气"

> "做公益事业，绝对不能抱着让别人赞美，一路鲜花和掌声相伴的想法，那样是做不好公益，也做不长公益的。"
>
> ——张金华

"要我看来，公益就是细节加服务。"

"做公益事业，坚持很重要，方向很重要，定位更重要。你绝对不能抱着让别人赞美，一路鲜花和掌声相伴的想法，那样是做不好公益，也做不长公益的。做公益不是这样的，你要耐得起寂寞，经得起波折，受得了委屈。"

"有多少人问我，你那样做不辛苦吗？我说做这些事情我心里很快乐，光荣感、自豪感在各种各样的公益服务中油然而生，一点都没觉得苦……"

2021 年 2 月 28 日下午，温岭市公安局会议室，城南镇义工服务队队长

张金华（左）

张金华对记者说。

张金华是温岭市公安局一名协警，现年 48 岁，长得比实际年龄要年轻一些。有人说做善事的人长寿，会越活越年轻，这在心理学上讲，或许是有道理的。

从 2008 年开始，张金华就投身公益事业，开始做起了义工，十多年了，日行一善，一直坚持到现在，中间从未中断过。

张金华义工服务队服务的主要对象是城南镇全镇 76 个村的孤寡老人，那些老人们把张金华当成了自己的亲生儿子，都叫他"亲人阿华"。"阿华"成了他们每天最想见到的人，也是他们嘴里念叨得最多的人。

"阿华来了，阿华来了……"老人们咧开缺牙少齿的嘴喊着，满脸的皱纹上绽放出灿烂的笑容。

城南镇上的重度残疾人，也是张金华义工服务队的服务对象。

"做义工服务，没有什么轰轰烈烈的事，我们做的都是一些鸡毛蒜皮的小事情。正是这些小事情，感动了他们，感动了社会，也感动了我们自己。"张金华笑着说。

"我们去大山里看老人，发现老人的拐杖下端都快磨光了，这支拐杖不知道他已经用了多少年。我们就拿回来，重新修过，再送回去。"

"有一个老阿婆，手上都烂了，我用手机拍了照片，回到城里让医生看，医生说这个病的病因很简单，真菌感染，配一支药膏自己擦擦就会好的。我就从药店里买了药膏，当天送过去。没过几天，老阿婆的手指就好了。"

"刚开始做义工服务时，我们送米送油，也送一些其他生活用品。但后来我们觉得现在社会经济发展了，大家的生活条件都好起来了，米啊油啊这些东西并不是对方最需要的，我们就改变了方向，把服务和关怀当作义工服务队的主要任务。"

于是，为了消除孤寡残疾老人的孤独感，张金华的义工服务队组织了"敲敲门聊聊天""共吃一顿家常饭"等活动。还组织人上门给老人理发，老人们也许并不缺十几元的理发钱，但他们到镇上理个发来回得走大半天。义工服务队的人去了，一边给老人理发，一边和老人聊天，顺带还把老人干不动的一些家务活给干了，让老人们倍感亲情的温暖。

在采访中，张金华提到了一个沉重的话题：孤寡老人的临终关怀。

这也是张金华的义工团队最令人感动的一项服务内容，在温岭市城南镇一带为人们广为传颂。

张子满老人是城南镇堂前村的低保户，长年瘫痪在床，缺医少药，孤苦伶仃。在生命的最后一段日子里，张金华带领义工服务队义无反顾地走进了他的家。老人家里又脏又乱又臭，张金华和队员们没有一丝的嫌弃，细心照料老人，为他理发剪指甲，擦洗身子，换洗衣服被子。还给老人端饭端菜，和老人聊天谈心，许多连自己亲生子女都做不到的事情，张金华和他的义工服务团队的人硬是做到了，一直陪伴张子满老人安详地走完生命的最后时光。

呑环街村的许玉芳、东峰山村的黄小冬、沙头门村况兴丽……在城南镇，为数众多的老人都得到了张金华和他团队成员的临终关怀，短的几天，长的十几天，最长的那位身体时好时坏，一直拖了 4 个多月，张金华和义工队员们轮流来陪伴，让他们一个个都有尊严地安然离世。

城南镇上，有多少人亲眼目睹了张金华和他的义工服务队员们这一善举，无不感动得流下热泪。

……

采访结束时，已是下午 5 点多钟，我们采访组邀请张金华一起吃晚饭，他摇了摇手，说晚上还要赶去山里给老人们放电影呢，时间很紧张了，来不及吃晚饭了。

"今天是放越剧，老人们喜欢看越剧，"张金华笑笑说，"放电影之前，还加了开场白，是几个当地方言版的小品，老人们也挺喜欢看的。"

　　"几年前，我们城南义工服务队组织了一个电影放映队，很受老人欢迎。"张金华说，"去大山里放电影，走在山路上，山道两边一草一木都是我们熟悉的，十分亲切。满天的星光，比平时在城里看到的要大要亮。银幕挂起来，萤火虫在我们身边飞。这样的情景，真的很让人开心啊，哪里会让人觉得自己做公益辛苦呢……"

第十三章　乡村生态育富

全域推进乡村新社区建设，持续深化"千村示范、万村整治"工程，实施微改造，推进农村基础设施、公共服务核心功能配套标准化建设，所有行政村实现新时代美丽乡村达标创建，建设万个新时代美丽乡村精品村。开展未来乡村建设试点，迭代升级未来邻里、现代产业、公共服务、乡村文化、特色风貌、绿色低碳、乡村善治等场景，建成一批引领品质生活体验、呈现未来元素、彰显江南韵味的示范性乡村新社区。

——浙江高质量发展建设共同富裕示范区实施方案（2021~2025 年）

乡村共富"十策"之"乡村生态育富"

"绿水青山就是金山银山"，这句话指导我们发展乡村要走绿色发展之路。过去我们开展乡村建设普遍采取粗放型增长的路径，在取得一定的经济效益的同时污染了环境，给乡村生态造成了不可逆的伤害。随着乡村生态振兴的逐步推进，绿色农业发展模式日渐成熟，乡村产业链条日益生态化，乡村人居环境持续得以改善，乡村自然资源得以激发，乡村生态产业也迅速发展。

本章提到的乡村生态育富，是指乡村生态文明一体化的建设，包含了农业的可持续发展研究、乡村生态宜居条件的完善、村民获得绿色收入的机制，同时还有深化对人与自然和谐共生理念、生命共同体理念的认知等组成的体系，来共同孕育村民的收获感和幸福感。在乡村生态文明建设推进中也曾走过不少弯路，必须摒弃急功近利的思想，不涉虚假，不走捷径，稳扎稳打，科学致富，才能使乡村社会早日奏响"看得见的山，望得见的水，留得住的乡愁"的新乐章。

维护乡村生态育富，要形成多元主体的合力管理。乡村生态建设周期较长，大气、土地和水域的治理有其内在规律，要少则几年多则数十年以上的时间。如果不科学编制长期规划，形成绿色底线，蓝图恐难变现。因此既要统筹多部门整合整治力量，完善生态保护治理绩效考核机制，又要培育企业环境保护意识，严格管控环境保护违规行为。不仅如此，强化村民绿色生活行为，支持乡村的主人——村民自主探索符合乡村生态发展的道路，鼓励其积极主动向政府建言献策，从而激发乡村生态文明的内生动力。

维护乡村生态育富，要筑牢生态振兴的法制保障。2021 年 4 月，《乡村振兴促进法》正式颁布，在该法的第五章专门谈到乡村生态建设问题，对乡村生态建设做了专门指导。除此以外，还需完善涉农法律规范、完善生态环境司法保障、加大生态环境执法力度，引导乡村生态占用各主体规范自己的行为。另外，建立高效完善的生态监测机制、坚持合理的生态补偿制度、建立环境保护激励制度，激发乡村生态建设的积极性，助力建成乡村生态体系。只有实行最严格的制度、最严密的法治，才能早日实现碳达峰和碳中和，为乡村生态文明建设提供可靠保障。

维护乡村生态育富，要坚持农业产业的生态发展。要推进农业供给侧结构性改革，保障基础农业，真正形成结构合理、保障有力的农产品有效供给。要推广先进的科学技术，普及绿色农业，推动农业产业升级。要利用乡村生态资源，发展乡村旅游业，实现资源保护利用和乡村产业的同步发展。要坚持技术升级，攻克生态环境的难点，因地、因事、因时制宜，推进乡村生态环境建设。在打造未来乡村上，加入人本化、生态化、数字化的价值导向，在风貌上保留乡村独特韵味，在功能上媲美城市，引领未来乡村全方位创新，让人们入住高质量现代版的富春山居。

71. 现实版的"美丽乡村梦"

"只有心里想着村民才能当好村干部。"

——林宏华

"在21世纪初，我们水滨村被人称为又穷又破烂的村。虽然我们村地处沿海地区，村民却一点不富裕，环境也特别差，用'脏乱差'三个字来形容很贴切。村里的年轻男子娶不上老婆，很多五十多岁的男人还在打光棍，而年轻女子争先恐后往外嫁……如果这样的事发生在我国西部山区，还情有可原，可这事发生在沿海的开放地区，怎么也令人想不通。"水滨村村党总支书记林宏华回想起往事时，这个1967年2月出生的男子汉眼里竟有了泪水。

林宏华所说的水滨村就是如今的台州市路桥区螺洋街道水滨村。当年村里的点点滴滴，林宏华至今还历历在目，特别是村里的适龄男孩讨不上老婆，他是看在眼里，痛在心里。如果不改变这个现状，他又怎能对得起村里人？

林宏华上任的第一件事就是治理村里的脏乱差，首先是生态整治，清理河道，让河水变清，再治理排污，接着在河边做绿化，最后是治理村民屋前屋后乱七八糟的东西，墙面亮化……

"改变了村里的脏乱差，但村民也要有收入。"林宏华深知这个道理，如果没有收入，村民仍然很穷。于是，林宏华

林宏华正接受记者采访

四处取经，结合村里的实际，又征求村民的意见后，决定在村里开发乡村旅游景点。

说干就干，林宏华请来设计师，根据村庄的特点，设计出了浙东特有的水乡旅游线路图。光有图纸还不行，重要的是实现图纸上的景点。要实现图纸上的景点，就需要钱。于是，林宏华想尽了办法，四处筹钱和经过多次流转土地，终于实现了图纸上的乡村旅游线路，又经过多年的完善，一个 3A 级乡村旅游景区诞生了。

如今的水滨村，干净整洁的道路、鳞次栉比的房屋、依水而建的小桥，处处是美景，让人流连忘返。在景区入口处的慈园，作为村老年公寓配套休憩小园，园中展示村民捐赠的传统生活物品及老照片，记住乡愁，品味家的味道，弘扬孝文化。

在景区勤园里，可以看到水滨村传统生产农具，再配以田间小亭，再现田间劳作的人们交流农事和小憩场景。让许多曾经是农村的人，不但回忆起往事，还倍感亲切，让城里人感到新鲜。和园里紧邻边上五水交汇的宽广湖面，湖边修建的亭子，可供游人走累后休息。再过去就是用废弃水田改造而成的荷塘，一到夏天，满塘的荷叶荷花，让人驻步停留。唐代岑参《白雪歌送武判官归京》中的"忽如一夜春风来，千树万树梨花开"，林宏华觉得村里合适栽种梨花，于是，一条梨树景观绿化带贯穿整个水滨村。

水是村庄的生命，也是一道靓丽的风景。如景区的水心草堂（书院和文化礼堂），引用南宋事功学派代表人物叶适的字号。螺洋与叶适颇有渊源，当地尊称叶适为叶大侯王，建有专门供奉叶适的毓英庙和叶大侯王衣冠冢。水心草堂旨在研究和发扬叶适思想，弘扬商德。

水滨村的景点还有勤园、萱园和耕读园。这些景点不是取材于村里的农村传统，就是村里最常见的萱草，同时表现我国优良传统的主题，精彩地展示水滨村的地域特色……

十多年过去了，现在的水滨村成了台州市的样板村，也成了吃住玩一体的新农村，更是 2016 年和 2017 年台州市党建现场会召开地。

"其实，我有自己的企业，每年纯收入在 60 万元以上。为什么我要丢下企业来当村党总支书记，是因我有一个村庄梦。只有心里想着村民，想着为村民办事，带领村民致富的干部才是好的村干部。"如今，林宏华的村庄梦实现了，并一步步地走向繁华，但他仍没停下脚步歇歇，而是趁势而上，他打算明年将景区申请成4A级的旅游景区。

"只有心里想着村民才能当好村干部。"这也是林宏华的心里话，他是这么说的，也是这么做的，这也是实现他村庄梦的动力。

如今，林宏华的村庄梦实现了，可他的路还很长，还要继续走下去。

72. 与自己较劲的人

> "把村里发展好，意义远大于个人致富"。
>
> ——王海滨

见到王海滨的时候，他正行色匆匆向我走来，手拿汇报材料，一脸庄重的神情。他是有种带着绿色深渊里的敏感和孤独往前走的人。年轻时候王海滨活成了一个爱跟自己较劲的人，犹如一块投入部队熔炉中的钢铁，火花四溅，照亮他人生路上的一条条疤痕，这几乎是每一个人行走的胎记。

更早的时候，王海滨是为了让村民看见自己，如何用行伍之风改变村容村貌。他喜欢青山绿水，也喜欢和谐优美的村容村貌，妈妈不在家的时候，可以独自完成做家务的重任。他清楚地意识到自己的优势——妈妈做起来是烦躁不悦的，而自己

王海滨

是轻松简单的，边做还能边哼哼小曲儿。他显然更有天分，也希望被母亲发现。然而有时母亲心情不好，对他说的反而是一些狠话——你为什么在这里表演？

25 年前，现任村党支部书记的王海滨从部队退伍回来时，重新踏上了生他养他的这一块盐碱地，他的心中波涛汹涌，就一心想在这片土地上好好"表演"一下。

但对王海滨来说，现实的困扰、叨扰源于内心。浅层地说是与人更频繁的接触中，各种应对、伪善、假面让他不适；更深层的原因来自自己，他说是内心深处的匮乏感——不光是与村民们聊起来发现自己在表达和知识结构上的匮乏，更多是在曝光与喧嚣之下，你根本不知道自己是谁，你应该怎么做。敏感的特质此时变成了他耳边警醒的声音，像另一个人在凝望和审视着自己。他清醒，也因此而举步维艰。

而日子一天天过去，鳞次栉比的小康型住宅，绿意盎然的园林植被，成片的标准化农田、蜿蜒的小河，一点点展现在自己的眼前，向他打开了照亮前方大道的灯盏。灯，正成为照亮他内心的主要工具。

带领全部干部群众投身"环境革命"的他，为拆迁之事挨家挨户登门走访，把政策讲透，动之以情、晓之以理，并挂图作战，建立一户一档，使工作公开透明。对于一些思想认识不到位的村民，他都会耐着性子走访十几次反复沟通。从最初对方的冷眼相向，到后来客客气气迎进门，都是他的诚心和公心起到了作用。

在漫长的个人成长中，父亲当年竖起的那根大拇指已经被王海滨内化成了一种持续的对"强"的追求，他需要搞定所有事，他需要带领所有人共同致富，只有这样，他似乎才能被认可。他似乎永远做不到轻盈，这一段他放下了这些，下一段他又会背起那些，就像一只始终在前行的骆驼。

然而，在村庄日新月异的发展变化背后，却是王海滨个人利益的牺牲。繁忙的村务使他难以顾及自己的业务，他把配件业务全权交给了妻子代管，自己则全身心投入村庄建设。几年间，亲人朋友常劝王海滨辞掉村干部职务，毕竟村干部的工资，远远无法与经商收入相比。作为 1974 年 1 月出生，1995

年 10 月入党，2018 年被评为浙江省新时代"万名好党员"，现任松门镇松建村党支部书记，王海滨却对此不为所动。他心里一直想"把村里发展好，意义远大于个人致富"。

73. 他苏醒后的第一句问话

> "我们的家园，必须我们自己来守。"
>
> ——蔡灵明

2021 年 3 月 2 日下午，我们见到玉环市人大代表、龙溪镇凤凰村党支部书记蔡灵明时，他正在参加两会，刚刚作了小组发言。

我们在会场旁边找了一个地方，开始采访。

"我是 2005 年开始当村干部的，"蔡灵明脸带微笑，说道，"当时，我还在外地做生意，听到被村民们选为村主任的消息后，连忙动身，赶回村里。"

这一回来，蔡灵明就一心扑在工作上，再也没有离开过凤凰村。当选为村党支部书记之后，他的工作就更忙了。

蔡灵明任凤凰村主职干部十几年，带领大伙儿造饭店、办工厂、建菜市场，在发展村级集体经济、带领村民致富路上一路飞奔。最近，他正在规划实施一个发展乡村文化旅游的大项目，"无尘山庄"文旅工程村里投入 1000多万元，这是一个美丽乡村和美丽经济协同发展的美丽项目，2021 年 5 月 1 日将正式对外营业。

2020 年 8 月初，蔡灵明带领村干部和村民们防台抗台事迹，在蔡灵明的人生道路中留下了重彩浓墨的一笔，也让玉环市干部群众永远

蔡灵明康复后（右）

记住了他们身边有这样一位优秀的农村基层干部。

当时，超强台风"黑格比"袭击玉环，蔡灵明挨家挨户耐心劝说村民们转移到安全地带安置；面对溪水倒灌、村庄被淹的险情，他沉着指挥，冲在了最前面；台风过后，他及时报损、组织村民们进行灾后重建……蔡灵明连续奋战 40 多个小时，没有好好吃饭，也没有好好休息，终因疲劳过度，突发脑溢血倒下了。在医院抢救过程中，蔡灵明三次出现痉挛，最后进行了紧急开颅手术。

手术成功后，蔡灵明在重症室里整整昏迷了 5 天 4 夜。

当蔡灵明苏醒过来，睁开眼睛，第一句话问的就是凤凰村灾后修复、灾后重建的情况。此情此景，让周围的人不禁热泪盈眶，激动得说不出话来。

74. 世界很精彩

"我在这个岗位一天，就一定会实干一天。接下来，我们将带动全体党员干部和群众，大力发展乡村旅游，将船帮里村打造成集民宿、餐饮、观光、休闲于一体的现代乡村。"

——周德溪

周德溪正接受记者采访

走进台州三门县沙柳街道船帮里村，感觉到"跨越"和"上升"的故事越来越多。在阶层难以流动的当下，船帮里村一个个普通人如何超越自己的环境，走进更大的世界？是船帮里村支部书记周德溪常常思考的问题。

村庄整洁优美，安静祥和。周德溪回想起几年前，通往村里的路还是一条崎岖山路，村内还是一片"脏、乱、差"景象。他心中渐渐有了一丝欣慰。

世界在加速，人人都感到被内卷，似乎只能被时代推着向前、向上，船帮里村在谋求自己发展的一席之地：发展乡村旅游，完善基础设施，同时将山、村、海结合起来，深挖海防、船帮等文化，游客过来后可以体验渔家文化等。这是唯一的路吗？在一个加速时代，我们是否还能不疾不徐，做一件长久的事？

作为担任党支部书记已有4届的周德溪，心中也不免疑惑。但生于1975年的他，之所以在书记位置上走过了12个年头，就是因为老百姓对他最大的信任。

在全面启动庭院革命、垃圾革命、厕所革命等"三大革命"、百村万院海上大花园建设行动中，他一心扑在工作上，带领群众修路建楼、美化环境、发展旅游、改进村风。他感觉世界都被打开了一样，有很多事情可以做了，每天都被填得很满。

周德溪说，老旧违建房拆除是美丽庭院建设的"拦路虎"之一，当我那么努力要拆村民房子，可谁都不愿意，我是书记，肯定从我开始拆。我不但要带头拆，还要劝说亲戚一起拆，再发动村两委、党员干部，以此类推，把这件事情做得完美，做得更好。

现在终于能够登上工作先进的领奖台，把自己的工作经验传得更远，得到了一大片掌声。周德溪说，虽然来自外界的荣耀不是人生中最重要的，但当你真正得到它的时候，还是会获得一种非常奇妙的成就感，非常开心。这不仅需要领导者的公心、责任心，也需要领导的带头作用。

周德溪乘着新农村建设的东风，大刀阔斧进行旧房改造，共拆除全村120余个点，村里基本无老旧违建房屋，没有一起因拆除老旧违建房引发的矛盾纠纷，并打造了150户美丽庭院。

周德溪出身农村，受到传统的诸多约束，但是，拆迁为周德溪搭建了一条走向外界的通道，他甩开偏见与质疑，打破了人们对村书记单一的评价体系。周德溪说，为给村民做好表率，他首先拆除了自己父亲的老房子，因此他还被父亲埋怨了好久，但他觉得这都是应该的。

周德溪对于自己村子美丽乡村建设的想法，来自一次广播电视大学的培训。

他通过阅读思考，第一次亲眼见到什么是互联网：一个快递网点，就能把一麻袋一麻袋的核桃往外运；一根网线，就能使乡村发展，改变乡村的命运，把偏僻的小村子和外面的世界连接了起来。当时，船帮里村主要通过道路连接外部，但现在，从互联网的故事里，他受到了启发，也意识到机遇。

因工作突出，周德溪先后获得首批省级农村社区工作领军人才、浙江省千名好支书、县级优秀共产党员等荣誉。在收获荣誉之余，周德溪倍感责任重大。"我在这个岗位一天，就一定会实干一天。接下来，我们将带动全体党员干部和群众，大力发展乡村旅游，将船帮里村打造成集民宿、餐饮、观光、休闲于一体的现代乡村。"

75. 担当作为换民富

> "横溪村党支部以三化十二制为基本方针，坚持听民心、解民忧、惠民生，用干部队伍'尽心'换人民群众'放心'。"
>
> ——徐从宰

在横溪村，可以看到村貌整洁、风光旖旎，让不少游客流连忘返。谁曾想到，就在几年前，横溪村还是一个经济落后的村庄，村庄面貌相当落后。除此以外村子受制于佛岭水库生态红线以内，村子经济发展严重受限，直至2016年，横溪村还属于"经济薄弱村"的队伍，年年都要靠政府补助。

横溪村党支部书记、村委会主任徐从宰带领村两委班子科学谋划，主动求变，就是为了打破制约经济发展的"紧箍咒"，从中看到了新的希望：横溪村背靠太湖山，面向佛岭水库，拥有较好的生态资源，不能发展企业，那就从乡村旅游入手，营造环佛岭水库生态圈，让水库变成带领村民致富的宝库。

2005 年 4 月，徐从宰同志当选横溪村村委会委员，开始协助村内各项村务工作，在他的带领下，横溪村容整洁了、村路干

徐从宰（左二）与村委一起规划

净了、空气变好了，村庄面貌大幅改观。自 2013 年接下横溪村党支部书记的重任后，徐从宰提出"筑巢引凤促发展"的思路。7 年下来，横溪村从一个山区小村庄发展成远近闻名的省级美丽乡村精品村和 3A 级旅游区。

徐从宰从上任伊始就开展整顿村务，规范村级治理"三化十二制"，五议两公开、村两委联席会议、党员联席会议等制度落实有力，重塑了一支服务群众冲在前、推动发展当先锋的党员干部队伍，村党支部从"后进"一直冲到"五星"，都是徐从宰带来的巨大转变。

在徐从宰的率队带领下，横溪村紧紧抓住第三次院岙线大修的机遇，拓宽入村道路，整治村庄环境，沿佛岭水库建设了近 400 米的景观木栈道和 4 个观景平台，在三个月内建成五星级党群服务中心，先后获评国家级森林村庄、浙江省五星级文化礼堂，省级民主法治村等，为横溪村进一步发展栽下梧桐树、筑起引凤巢。

近两年来，徐从宰与村两班子成员充分践行两山理论，利用佛岭水库的生态优势，大力建设"慢生活"休闲村庄，筹资建设绿道、廊桥和环库公路，积极引进自行车、长跑等运动协会。连续 4 年配合承办柴古唐斯越野赛，成功打造环佛岭水库运动营基地。他还积极引入乡贤投资发展民宿产业——省级金宿级民宿花语堂，盘活村集体闲置资源，也顺利完成了经济薄弱村的脱贫摘帽，将库区生态红线对经济发展的限制转化为实现乡村振兴的优势。2020 年底，他和村班子成员通过入户走访和多方沟通协调，实现饮用水提质

工程项目落地，解决了横溪村几十年来饮用天然水源的安全隐患。

如果现在来预订"花语堂"民宿，可是一票难求，它是横溪村党支部主动联系乡贤投资的，通过出租旧村部的方式，盘活村集体闲置资源，打造了集书吧、咖啡厅、户外草坪为一体的高端民宿。

在新冠肺炎疫情防控期间，徐从宰始终坚持冲锋在一线、战斗在一线，带领村内党员群众，做好人员管控和卡点值守工作，为村民的安全保驾护航。当有人问起为何总是那么拼命，他总会说："共产党员，就要时时刻刻发挥作用。"

在他的影响下，横溪大力发展精神文明建设，经常性开展唱红歌、做香囊、赠图书、诵经典等文体活动，横溪村文化礼堂被评为浙江省"五星级文化礼堂"之一。

截至目前，横溪村先后被评为省级民主法制村、市级美丽乡村精品村、AAA 级旅游区、区级清廉村庄等荣誉，徐从宰个人被评为"黄岩区抢险救灾先进个人""台州市担当好支书""台州市兴村（治社）名师"。

76. 为大家舍小家

> "只有把村容、村貌搞上去，才能整合资源大力发展农家乐、民宿，才有机会打造集度假休闲于一体的生态旅游带。"
>
> ——童卫林

台州市路桥区桐屿街道上山童村党委书记童卫林，自 2004 年起长期奋斗在基层一线，拥有丰富的农村工作经验。2018 年在民主村和梁家村合并为上山童村时，他以高票当选村党委书记。在他的带领下，上山童村先后荣获市级文明村、市美丽乡村精品村、区村级"和合好班子"等称号，他自己也被评为区级兴村（治社）名师。

上山童村毗邻内环线，自然景观资源丰厚，有十八龙潭、黄绾摩崖石刻等。"只有把村容、村貌搞上去，才能整合资源大力发展农家乐、民宿，才有机会打造集度假休闲于一体的生态旅游带。"

童卫林（左三）组织志愿服务

童卫林说。于是，他全身心投入，村班子干事的热情空前高涨。一周一次例会，村子怎么发展，资源怎么整合，规划怎么做……他们积极参与，抱团前进。

但是有些村民因为涉及自己眼前的利益就不同意了，同样的问题在涉及重点项目征地过程中，也会发生，少数村民有抵触情绪，这让班子成员都犯了难。

"怎么办？总不能因为这个项目就不推进了，美丽乡村就不建了。我童卫林为的是整片树林，不是自家这棵独木。"童卫林不气馁、不退缩，二话没说，自己带头拆掉自己家里2000多平方米的未批自建房，这些因为历史原因落下的房子，说实话不是自己主动拆政府也还真没法处理掉。这一拆，就直接给童卫林家少了20万～30万元的年租金收入，童卫林妻子可不同意啊，她一把鼻涕一把眼泪，梨花带雨。童卫林倒好，带领村班子成员到村民家逐户走访、一一解释，还说都乡里乡亲的，你总不能让我白拆了房子，眼睁睁看着我被我妻子数落无动于衷吧？事实摆在面前，看看村里的变化和童卫林的一片真心，村民们的心怎么不为之动容？就这样，逐一化解群众心中的抵触情绪，最终为项目开工建设奠定了基础，也为美丽乡村的进一步深化推开了路障。

内环路、栅岭汪引水河、天打岩山塘固修、菜市场等一系列重点工作建设进展顺利，特别是村内投资200多万元兴建了村文化礼堂和党建公园，添置多项运动设施，开展各类文化活动，让广大群众真正享受到发展的实惠。

听着童书记的描述，我的眼前呈现出这样的一幕乡村美景：质朴古色的村居，绿化树整齐排列，石板路穿村而过。小桥流水、鸟语花香、瓜菜成畦……这就是我想象中上山童村的新面貌，这些区别于城市的田园景致，因为一条路让更多的人驻足欣赏。在振兴乡村前进的道路上，童卫林书记一直未曾止步，他开始积极响应桐屿街道"五村连片"开发项目，整合村内资源，以打造"内环沿线最美村落"为目标，带领村班子共同发力，全速推进美丽乡村建设。

2019 年建成的枇杷文化广场，就是新征程的号角。在新建的广场上举办了桐屿首届枇杷文化节，美丽的上山童村开展包括吃、玩、游、赏等 20 余个内容丰富的活动，通过台州乱弹表演团综艺节目表演、网红路抖音大赛、非遗文化展演等带领游客体验枇杷文化节的无限魅力，进一步助推乡村产业振兴在上山童落地生根。

"童书记，你平时要干这么多活，累不累？"

"累啥，可是当村干部不就是这样吗？"

"冒昧地问一句，童书记今年多大啦？"

"54 啦。"

"五十知天命啊，有没想过……"

"哈哈，这是我老婆想的。"童书记打断了编者的话，"我村里还有好多事情没有做好，村里老百姓更富一点我才罢休。"

编者突然就想到了童卫林村里那成片的枇杷树林，那点缀在茂密的枇杷叶间的小小枇杷花，经过一个冬天的风霜雨雪的磨炼和日月精华的滋润，终会迎来春末夏初的满树金黄。而眼前的童卫林书记不正是盛开着的枇杷花吗？无论生活会带给他怎样的磨砺，他都不忘初心，坚持辛勤耕耘、默默积淀，相信他一定会迎来属于大家的枇杷花季，心想事成，幸福自然来。

77. "环境革命"好处多

> "我生于这村长于这村，也恋这村，乡村共同富裕永远在路上，将带领全村干部群众继续努力，为实现美丽乡村梦而不懈奋斗。"
>
> ——杨军民

鳞次栉比的小康型住宅，绿意盎然的园林植被，假山、池沼、亭台、小桥；住宅区外围，是成片的树木、蜿蜒的小河……漫步在椒江区章安街道杨司村，可以感受到"绿色小镇"的舒适。在这个村除了鸟语花香外，几乎没有嘈杂之声，显得生机勃勃。

杨军民说，"多年前，这里到处都是破旧的屋子，道路泥泞难行。由于我生于这村长于这村，也恋这村，加入村党支部，作为普通党员参与村务议事、村庄建设等工作。我村通过土地整理和环境改造，村容村貌发生了翻天覆地的变化。这时，我突然接到镇组织办打来的电话，告知我，经村党组织推荐、镇党委研究决定，由我担任书记并主持村委会工作，希望服从组织安排。"

那时，杨军民陷入两难：一方面，担任村两委主职干部，大部分精力要投入村里的建设发展，势必会影响家庭；另一方面，作为一名共产党员，他应该无条件服从上级党委的决定。经与家里人反复沟通并取得理解和支持后，毅然回到村里主持村委会工作。

杨军民

杨军民说，"新农村建设不断取得新成果，后续几期小康型住宅建设顺利推进，村庄环境综合整治持续深入开展。随着新农村建设成为热点，村庄频频进入媒体视线。然而，在村庄日新月异的发展变化背后，却是个人利益的牺牲：繁忙的村务，使我的家庭生意止步不前。鱼和熊掌不可兼得。"为了不辜负组织的信任，他决定全身心投入村庄建设。

如今，他的发小甚至带出来的徒弟，有不少人已经在新区落户办企业，有的正准备在"新三板"上市。几年间，亲朋好友常劝他辞掉村干部职务，毕竟村主职干部一年 5 万多元的工资，远远无法与经商收入相比。但不为所动，我认为，把村里发展好，意义远大于个人致富。

而在村级换届后，他接过村党支部书记、村主任的接力棒，带领全村干部群众投身"环境革命"。建设用地复垦、村庄环境综合整治，台州市精品村建设，各类事务千头万绪。几个月下来，村务运行进入正轨，老屋拆除、土地整理建设用地复垦前期准备工作全面完成，村庄整治顺利开展，而他的体重也在锐减。他说，他最对不起和最感激的就是妻子，是她撑起了家里的一片天，使自己能够心无旁骛地投入村里的工作，但在她最需要自己的时候，又没能给予更多的陪伴照料。

经过十几年建设，大部分村民都已住进小康型住宅，而老屋拆除要动村民的"奶酪"，可不是件容易的事。他带领村两委党员干部，挨家挨户登门走访，把政策讲透，动之以情、晓之以理，并挂图作战，建立一户一档，使工作公开透明。对于一些思想认识不到位的村民，通常要走十几次。从最初对方的冷眼相向，到后来客客气气迎进门，都是用心和公允起到了作用。村里环境变美了，不少早已外迁的村民都准备搬回来住，同时考虑到人口自然增长因素，村两委决定调整原先扩建的规划。

在解决农民建房的同时，环境美化也在如火如荼进行着。

建起了文化礼堂、文化长廊、健身路径、儿童乐园，整治了河道，开展了绿化、亮化等工程建设，村容村貌和村民的文化生活得到了很大提升。

杨军民说，乡村共同富裕永远在路上，他将带领全村干部群众继续努力，为实现美丽乡村梦而不懈奋斗。

78. 趁势而为的"景中村"升级版

"没有什么比习惯的力量更强大。我们都知道，村子环境要想日新月异，长期保持整洁优美的环境，是离不开良好的生活习惯的。"

——王洲

虽然王洲耽误了自己个人的公司收益，但已经是他第无数次放弃个人利益而站在村集体利益舞台上干事创业了，小时候困扰他的"自己和其他人到底有什么不同"，如今也慢慢解开了，因为王洲发现，他可以用自己的天赋和努力，走出和其他村书记一样的旋律，甚至比他们做得更好。

王洲说，依托周边的大琼台景区、天台山大瀑布、九龙湖及水上乐园等旅游大项目，走上一条以项目带动改造、带动整治、带动开发、带动建设的仙都村"景中村"改造的特色之路。他很享受村书记这个舞台。他说，刚开始做的时候，脑子里就会变得一片空白，但是一旦开始动工，便完全沉浸在如何去做的意境中了。

在村书记的舞台上，因为自己视野不够开阔，他有时无法大展手脚，只能站在台阶前，敲敲边鼓。不过，和舞台上的其他人一样，他把自己轻轻浅浅的声音留了下来，融在蓝天和云朵背景里。

王洲在主持会议

最早的时候，王洲带领党员包干负责制，接着，村民加入队伍中去，启动了"环境革命""庭院革命""雷霆行动"和拆违建，他们走几十里路，一个档口一个档口的清沟渠，建花坛，圈篱笆，就是这样一点一点做好"死角复绿、见缝插绿、户户见绿"，使村庄面貌焕然一新。王洲的能量超出了这些村民的预期。

越来越多的人，把天台山大瀑布景区旅游当成打卡点，王洲看好这个机遇，着力打造这个名片，他和村两委、村民之间，开始形成某种默契与互相体谅。村民开始信任他的决定，理解他对土地的情感。在他的身上，村民看见许多中国农民身上没有的特质和精神能量。王洲笃信他做的事是一项有价值的事业，他所做的一切，又反过来滋养他，让他获得价值感，持续保有热情和激情。

作为村书记，王洲谈起以前感慨万千，早年眼看着别的村不断抓住发展机遇，而仙都村零落在角落里，就像一个人孤立无助，只能抚膺长叹，说什么话也无用、做什么事也无功。他感言，那时的自己也急切地在繁华中寻找自己村的身影，但总是蓦然无措、茫然无力，这让他很沮丧，眼中常含泪水。但他从未放弃，默默体会着这个村子对发展的失落与渴望。用他的话讲，他真切地意识到自己成熟登上舞台了，终于可以好好为仙都村做一点力所能及的事情了。

王洲在村内有序组织召开了党员大会、村民代表会议等，明确加快推进桐柏岭脚自然村农房改造项目复工、启动"一事一议"、财政奖补项目、景观墙建设和启动通村公路，"琼台上入口与琼台村连接线"这样和村民结下了不解之缘。村民每当遇到关键事情，第一时间找王洲咨询。更多的人碰到问题随时会打电话咨询，经常把他从睡梦中叫醒。

我依然记着王洲一直在说，"没有什么比习惯的力量更强大。我们都知道，村子环境要想日新月异，长期保持整洁优美的环境，是离不开良好的生活习惯的。"让每一位村民都能"吃上旅游饭，享上旅游福"，助力天台实现高水平建设小康社会和高质量创建"名县美城"的目标。

79. 26 载风雨，4.5 公里路

> "很感谢那些信任我、肯定我和帮助我的人，组织认可和村民信任就是我最大的动力。"
>
> ——梁妙云

台州市路桥区蓬街镇镇东村党支部书记梁妙云，可是一位风云人物。他是 2011 年台州市表彰的百位"优秀共产党员"之一，是路桥区的人大代表，也是蓬街镇里一位有着 26 年经验的老村支书。

带着敬佩之心，我们在台州电大的采访室见到了梁妙云书记。慈眉善目的面容，干净利落的发型，如果不是那一身笔挺的西装，会误以为是"弥勒佛"来到了眼前。

老书记一开始就不好意思地问："我的普通话不大好，您能听得懂吗？"

我回答道："您讲得慢一点，我基本能听懂。"

"我们镇东村是省级换届选举试点村，由镇西、镇东和镇海三个村合并而成，我原来是镇西村的党支部书记。现在，我们村有常住人口 2831 人，其中外来人口在 1500 人左右，不过最多的时候总人口有 4000 多人。"老书记慢慢地介绍着。

"哦……"我很诧异一个有着 4000 多外来人口的村子该如何管理。

"自从淘汰'低小散'，清理'散乱污'，三改一拆

梁妙云

之后，村里的打工人员渐渐少了。"梁书记补充道，"三村合并，小村融合成大村，工作难度大，但有多少压力，就有多少动力。首先要齐人心，人心决定着工作的好坏，只有在团结和谐的氛围下，狠抓班子建设，加强自身战斗力，工作才能出成绩；其次是通道路，合并后的大村占地 1256 亩，东西走向有 4.5 公里，南北走向大概 750 米，因此贯通道路，联结桥梁，将三个村连成一个村，是很实际的。主要是方便群众，也方便我们开展工作嘛……其实，我们不仅要把三个小村拼在一起，更要把三个村的村民'拼'在一起。"

"拼在一起，才能干出好成绩。"编者表示认同。

"是的，三年前我们蓬街镇投入 3000 万元，深化五水共治，开展小流域水生态治理，贯通了镇东村所有的断头河，开发了小湿地公园，一改村子里'垃圾地'旧形象。那时，我不仅是村书记，还是一名河长，每天行走在村子的 4.5 公里路上，沿着河道，来来回回地巡河，白天巡，晚上巡，平时巡，周末巡，上班巡，下班还巡……每天少说得走 10 公里，没过多久我的肚子就小了一大圈。老婆说我减肥了，挺好的。"梁书记笑着摸了摸肚子，"习总书记提出的'两山'理念深入人心，巡河治水换来了'绿水青山'，怎样才能在这 4.5 公里路上见到'金山银山'呢？2019 年，我们集农业风情、种植文化、科普教育和休闲娱乐于一体，形成了'一产促二产带三产'的发展格局，尝试'农业＋文旅＋居住'的发展模式，决心大力打造镇东村美丽田园综合体，已初具成效。"

"梁书记能具体说说吗？"编者很感兴趣。

"今年五一，我们村的田园综合体正式营业，推出了首届漫花庄园纳凉节，还有 90 亩网红花海、25 幅巨型'沧海桑田'主题画……十一，我们又迎来了国庆灯光秀，到村子旅游观光的客人络绎不绝，家家户户的农家乐都派上用场……村民的就业解决了，大家的收入增加了，我们村建设旅游村庄的步伐也越走越带劲了！同时，我们还建成了一座 1500 平方米的农副产品展示厅，接下来就要发挥好它的作用，把村里零散的大棚归拢，建品牌生产示范基地，种植无公害绿色蔬菜、水果，把我们蓬街镇的特色农产品推销出去……"

"梁书记，您做了 26 年的书记，为村里做了那么多事。那您有什么遗憾吗？"

"风风雨雨一路走来，时间过得真快。如今，村民居住环境改善了，村里农业发展提升了，美丽乡村正在振兴中。很感谢那些信任我、肯定我和帮助我的人，组织认可和村民信任就是我最大的动力。现在，村长书记'一肩挑'，我更要坚守'一心为公'的信仰，多为大家服务。所以，我没什么遗憾，只是觉得时间不够用，我还想多干点。"梁妙云书记感慨万分，顿了顿，他补充道，"真要说遗憾，就是我总把家里的事放一边，对家人的关心太少。"

"一心为公，不容易啊！"编者由衷地佩服前面的这位老书记。

80. 绿色，如今走进了家家户户

> "我要让绿色走进每家每户，让村民时刻感受到绿色带来的欢乐。"
>
> ——陈英顺

在台州椒江区三甲街道楼里村，你经常会看到一个胖胖的男子出入村民家里，他一边走一边"指手画脚"，嘴里也不停地说话。很多村民都会笑呵呵地向他递上一支香烟，然后亲切地与他打招呼："陈主任，又来啦。"

村民里嘴里说的陈主任，就是现在楼里村村党总支书记陈英顺。这个在 1972

陈英顺主持会议

年 11 月出生于椒江的汉子，曾在台州园林绿化管理处工作，对于绿色有着特别的感情。

楼里村是典型的浙东水乡，村里小河星罗棋布。陈英顺清楚地记得，每年台风一来，河里的水位上涨，村里的田地都会被淹，导致农作物受损。2014 年，陈英顺当选为村主任。自从当选村主任后，陈英顺就一直治理楼里村。他最大的愿望，就是让"绿色"走进每家每户，让村民出门就见绿，闭上眼睛脑海里全是绿的理念。

2016 年，椒江区政府按照"山水林田湖生命共同体"的理念，在洪家场浦建立一个由强排闸站、河道综合整治和月湖水系连通等组成的强排工程。虽然工程以强排泵站为龙头，但侧重于河道拓浚整治，兼顾河滩河湾、沿河景观和生态保护。这个工程需要征用楼里村 126 亩土地，100 多间房子要拆迁。

这个消息传出后，楼里村村民像炸了锅似的。祖辈留下的房屋，说拆就要拆，他们住哪里？再说祖上世世代代都生活在这里，乡里乡亲的，大家都认识，闲时说说话，串串门的，如今要去一个陌生的地方住，又哪里舍得呢？

陈英顺很理解村民们的心情，便挨家挨户地上门做工作，并承诺村民拆迁房子只是暂时去别的地方住，他一定让他们搬回来村里来住，前提是村民一定要按时完成上面的拆迁任务。陈英顺说到做到，经过他四处奔波，并请来区领导现场办公，又将村里规划的设计图纸带到现场，让村民们看。有房屋被列入拆迁的村民看到这个情况后，像吃了定心丸一样，纷纷在拆迁书上签上了名字。

陈英顺也清楚地记得的，以前村里树少，杂草多，一到夏天，太阳照射下来，连个避阴的地方都没有，而杂草像疯了一样，四处蔓延，哪里有一点农村的样子？

要改变这个面貌，首先得从自己做起。于是陈英顺带头干，亲自清除杂草，那一天，天正下着大雨，陈英顺在清理杂草时，手指被草割破了，他顾不上包扎，继续清理杂草，一个村民看到这个情况，自动加入了清理杂草的行列。尔后，陈英顺又号召村民种树，并说种树的好处。

如今的楼里村树木成荫，一到秋天，还没走进村里，就能闻到桂花的香味。那醉人的花香，使人流连忘返。

"如今，我们村里的房屋都临河而建，河道也清澈见底，还能看到鱼儿游来游去。"陈英顺面对这点成绩，并不满足，他说，"我要让绿色走进每家每户，让村民时刻感受到绿色带来的欢乐。"

陈英顺所说的"绿"和清澈见底的河水，不就是习近平主席提出的"绿水青山就是金山银山"的真实写照吗？

正是因为陈英顺的苦干，带领村民走上绿色发展的道路，2020 年 10 月，他以高票当选为楼里村村党总支书记。

我们相信，楼里村村民在陈英顺带领下，深入实践"两山"理念，楼里村也会建设得越来越漂亮，越来越适宜居住。

第十四章　乡村治理安富

推进市域社会治理现代化，全面建设人人有责、人人尽责、人人享有的社会治理共同体，完善基层民主协商制度，创新社区与群团组织、社会组织、社会工作者、社区志愿者、社会慈善资源的联动机制，推广村民说事、民情恳谈、"民生议事堂""契约化"共建等多元参与机制，实现政府治理与社会调节、村（居）民自治良性互动。持续深化党群服务中心（村级组织活动场所）建设提升行动，着力打造政治引领、服务群众、凝聚人心的基层执政阵地。深入实施万村善治工程，全省50%以上的社区（村）达到"善治社区（村）"目标。

——浙江高质量发展建设共同富裕示范区实施方案（2021~2025年）

乡村共富"十策"之"乡村治理安富"

党的十九大报告首次在中央重大报告中系统地提出新时代中国乡村自治、法治、德治"三治"融合的治理体系，这是党加强新时代乡村治理体系和治理能力现代化建设的重大举措。在过去漫长的政治历史演进过程中，乡村治理模式主要分为四个阶段，在传统社会时期称为乡绅自治模式，在近代社会时期称为政权下乡模式，在新中国成立及改革开放时期称为村民自治模式，直到中国特色社会主义建设新时期提出的"三治"融合模式，可以说开启了乡村治理的新时代。

本章所述的乡村治理安富，以讨论"三治"融合模式为主。从乡村自治、乡村法治和乡村德治分开单独来看，乡村法治过硬，乡村德治过软，乡村自治又过于任性，都不能单独支撑乡村治理的现代化体系，只有在治理内容、表现形式和运行机制之间加以融合运用，才会有效推动法制服务功能的强化，统筹社会力量的协同机制，激发村民主体的作用，从而实现乡村治理的现代化，为乡村共同富裕保驾护航。

融合乡村治理安富，要注重分类融合治理。分类融合治理首先要体现以民为本，不同的村（社）治理问题不同，有些村需要突出法治，有的需强化自治，也有些需要发展德治，无论哪一种，乡村治理要坚持问需、问计、问效于民，把服务村民、家庭、乡村作为根本宗旨。其次要体现精细管理，要以逐步建立立体化、多层次、多功能布局的乡村治理体系为目标。最后要体现因地制宜，要聚焦村民最真实的需求，找到最迫切的问题，真正做到资源配置有导向，乡村治理有依据，让治理惠及长远，让治理提升安全感。

融合乡村治理安富，要注重深度有机融合。"三治"融合乡村治理模式，以村党组织为领导核心、村委会为主导，村务监督委员会、村集体经济组织、群众团体、社会组织等共同参与，广大村民为主体，共同形成融合治理架构，形成"一核多元"的格局，促进法治、德治、自治的深度有机融合。其中村党组织的核心为"三治"融合提供了共同的价值引领和组织保障，是深度融合的主心骨，同时还要发挥村群众性自治组织融合基础作用和社会力量融合协同作用，才能最终达成深度有机融合。

融合乡村治理安富，要注重融合治理协调统一。"三治"融合乡村治理要统筹好三对关系，促进融合治理协调统一。一是城镇和乡村的关系，对比城镇而言，乡村治理中特别要保障老年人、未成年人、残疾人、优抚对象、困难群体等群体的服务需求，城镇公共服务项目则应向乡村拓展延伸，城乡治理机制要趋于均衡。二是硬件和软件的关系，近几年来，村建配套用房等硬件设施越来越完善，而乡村治理机构、组织、队伍、机制和能力建设等软件则相对滞后，如果没有核心软件的带动，治理谈何容易。三是网上和网下的关系，乡村信息化建设是乡村治理的重要应用，将逐步实现公共服务、便民服务、志愿服务等信息资源的集成，智慧乡村呼之欲出，将其融入"三治"融合乡村治理，可真正实现富裕乡村的长治久安。

81. "廉"字当头

"作为一名党员，要时时记住自己的入党誓言。"

—— 余昌登

2015年，天台县平桥镇风廉村余昌登以村委会副主任的身份，自告奋勇，挑起了全村工作的重担。

当时的风廉村基本处于瘫痪状态，还负了债。余昌登主持村里全面工作后，行事果断，大刀阔斧，村里的工作很快步入正轨。当年6月，经过组织选举，余昌登正式担任村党支部书记，可谓临危受命。余昌登说："我当村支书后，一直十分注重对党员的教育和管理。"

风廉村在风景优美的河道边建起了党建主题公园，占地4000多平方米，把党纪党规和有关党建方面的格言警句放在公园里，并经常在党建公园举行各种党员活动。"作为一名党员，要时时记住自己的入党誓言，不要入党时喊得响亮，以后就忘到了脑后。"余昌登严肃地说。

不久，风廉村又修建了廉政文化公园。乡村致富，发展经济，必须廉字当头，警钟长鸣。自余昌登担任村支书之后，风廉村所有的经济项目都经过集体讨论，走正规程序。而且一个支委分管一个项目，工作到人，责任到人，廉政包干到人。

经过多年努力，风廉村经济发展了，各项工作上去了，党员群众的精神面貌改变了，各种荣誉也

余昌登（左）慰问村民

纷至沓来。风廉村先后被评为天台县美丽乡村精品村、台州市农房改造示范村、浙江省民主法制示范村、浙江省宜居示范村，余昌登被评为天台县农房改造先进个人、浙江省千名好支书。

说起风廉村的农房改造，余昌登可是深深地尝到了"其中甘苦"。

曾经发生了这样一件事。有一个余姓农户，家里只有父子俩，余昌登上门做工作，对方威胁道："你敢拆我的房子，我就用刀子捅了你！"余昌登并没有没吓倒，一次又一次地耐心上门与对方商量沟通，并且拍着胸脯保证一定在拆房前先给对方安置好，对方终于签了字。

安置房住了一年多时间，那家农户开始建新房，盖第二层时缺口了一些钱，好在缺口不是太大，余昌登闻讯，立即给他拿过去 5000 元，说："这钱算是借给你的，什么时候有钱了，还给我，没钱就不要还了。"现在，他的儿子在读大学，自己在工厂看大门，收入也不是太高，但生活很稳定，余昌登也就放心了，至于钱还不还已经不重要了。

其实，在风廉村拆除空心村，进行农房改造那阵子，村民们拆房盖房，不少人向余昌登借过钱，从几千到几万都有，现在有的还了，有的没还，余昌登都记不太清了。有些贫困户，一开始他就没打算让对方还钱，只要他们能够配合农房改造工作就好了。这是从工作层面上说的，如果从为人处事方面去解读，余昌登的个人微信名似乎可以印证一点什么。他的微信名字叫"一颗仁慈的心"。

余昌登家里在苏州开了一家雅梦思纤维科技有限公司，经营得非常好。自从他当了村支书后，工作千头万绪，再也没有时间和精力去管理公司。余昌登一咬牙，就把整个公司承包给了别人，自己一心一意扑在村里。后来，风廉村设立党总支，他成了党总支书记。天台县村级班子换届时，当选书记和主任后，工作自然就更繁忙了。虽然纯粹从金钱上讲，余昌登损失了不少，但他似乎从来没有往这方面考虑过。

"权力有多大，服务就有多大！"这是他经常说的一句话。其实，还有半句话他没有说，那就是："经济损失就有多大"。

余昌登组织村民种植生姜，每亩收了 4000 多斤，新鲜生姜收购价每斤 6

元，一亩合计 2.4 万元，扣去成本，每亩净收入在 2 万元左右。凤廉村乡村产业致富的又一台重头戏，开始登场了。

"最大的一棵生姜，重 5.8 斤，拎在手里沉甸甸的，真叫人开心啊……"余昌登说这话时，满脸都是笑，看得出来，他是真的开心。

82. 一个人与一个村

> "权力有多大，服务就有多大！"
>
> ——王明奇

"班子清廉，干部清正，村务清爽，民风清朗，特别是感德村的这个王明奇书记就是清廉治村的行家……"清明过后，翻开一张张熟悉又亲切的年前现场采访图片，仙居县纪委常务副书记杨华芬在采访前给记者说的一番话，时时在耳边回响。

扬清廉之风，铺振兴之路。现在，书记主任"一肩挑"的王明奇 35 年如一日，带着村两委干部，执民主之笔，着清廉之墨，使文明乡风、良好家风、淳朴民风内化于心，寓德于行蔚然成风，实现了家庭和睦、邻里和谐、干群融洽，谱写出一篇篇振兴文章。

"2005 年村里开始搞农家乐，大家都举手同意了，现在村里有五六家农家乐呢。"王明奇介绍。

35 年过去了，原来的圳口自然村已被合并为感德村，当年的 8 元 2 角 3 分也已成了

王明奇（左）

如今的 676 万 630 元 8 角 9 分。

村庄环境越来越美，村民腰包越来越鼓，村里的账簿也越叠越高了。

"每笔钱都公开，每笔钱都入账，我们财务透明了，村子发展才更健康。"账簿里有这样一条记录，最好诠释了王明奇对村里财务入账的坚持。

1987 年，圳口自然村获评省级文明村，王明奇骑着自行车赶到县城，搭车去黄岩拿了 3000 元奖金。回到村里时，已经是晚上，王明奇一到家就立即骑着自行车，赶着将钱交给村财务。"这个钱不能放我这里，一晚上也不行，集体的一分都不能动，就是要入账。"

2013 年，前韶村与鱼山村合并为韶山村，2018 年，韶山村与圳口村合并为感德村。村子经历两次调整，由三个自然村合并而来，村两委班子多次重组，如何做好融合文章？

"并村前有些事情很难解决，村子小，有各种关系，并村后自己村做不下的可以找其他村的村干部去做。"王文达，曾先后担任前韶村监会主任、韶山村干部及感德村支委，对如今的感德村大家长王明奇，他有话要说。

"这么多村干部，王明奇私心最小，所以他事情办得好。"王文达说，每周二两委联席会议，大家有意见都会提出来，少数服从多数，同时村账目清晰，村干部办事说话有底气。

组织上团结了，群众工作也好做了，发挥党员带头作用，关心低保户、改善村风民风，35 年来，王明奇该做的，能做的，一件没落下。

"明奇哥，我这头牛在河边病死了，要怎么处理啊？"早上六点多，王人平焦急的声音通过电话传到王明奇的耳中。"牛生病了怎么不早说，你家两头小牛怎么样了？"了解情况后，王明奇立即联系了防疫战，忙往河边赶。

将病牛运走的时候已经九点多了，王明奇站在溪边草地上，眉头紧锁。

王人平是村里的低保边缘户，家里养了三头牛作为收入主要来源，如今，大牛死了，小牛也都染病了。

见到王人平的时候，是在他的自建屋。穿着迷彩服，脚着黑胶雨鞋，笑起来露出仅剩的几颗牙齿，皮肤黑黄，脸上布满皱纹。在他的家中，厨具杂乱地摆放在房屋中间，楼上的房间堆着许多杂物，十个箩筐，八九顶草席，两个杀猪桶，"总能用到，不扔。"他说。

王人平养了牛，承包了五亩地，同时还与村里另一位低保户吴森海在机缘巧合下结成了"兄弟"。"森海烧饭的米是我给他的。"相互照顾，彼此扶持，两个头脑并不怎么灵光的人，搭伙过日子，已经有数年。

而在低保户吴汝荣家门口，几块红色的牌子已经悬挂多年，"遵纪守法户""十星级文明户""十星级文明新农户"……在感德村，像他这样家门口都贴着红色牌子的，不在少数。

"有的县里发的，有的是镇里发的，有的是村子里发的。"王明奇介绍，圳口自然村从1992年便开始评选五好家庭，2002年开始评选十星家庭，全由民主推选，对改善乡风民风起到了很大的作用。

十条文明标准，村民们看着漠不关心，其实在评选的时候，少一颗星都不行，渐渐地，村风民风发生了不小的变化。

在接力传承上，换届换出了感德新气象。王明奇告诉记者，在干部培养方面，考虑到自己年纪大起来了，精力不如从前，总受一定局限了。只想着培养年轻干部是件要紧的事，要让有能力、有公信力的人，加入到干部队伍中来。上级组织对感德村党员干部工作很重视，每年都发展新党员。与白塔镇的其他村比较，感德村入党人数是最多的。

感德村的事例说明，清廉村居建设将对乡村共同富裕产生正向的推动力。全镇将继续坚持融廉入村入景、融廉入家入户、融廉入规入约、融廉入脑入心，推动队伍建设规范化、监督检查协作化、权力运行清单化、基层治理源头化、阵地建设特色化，以"四融五化"为抓手，丰富美丽乡村建设内涵，涵养良好的村风民风、党风政风，全力助推乡村共同富裕。白塔镇党委书记王策如此认为。

83. 横街贤人

> "我为大家守一夜，大家为我守一年"。
>
> ——王洪通

今天，路桥区横街镇份水村党支部书记王洪通又一次将横街镇"党建引领村村比"之"'平安堡垒'先锋村"的流动红旗，高高悬挂在村部大厅。尽管王书记是个内敛之人，但是当他看着这面鲜艳的旗帜时，嘴角不禁轻轻扬起，露出一丝微笑。

其实，再次荣获"平安堡垒"之称，份水村是实至名归的。

份水村不大，但是连接着金清和蓬街两个镇，地理位置特殊，道路交通便利，外来人口众多，治安状况复杂。早在 2011 年之前，村里盗窃事件时有发生，村民为此十分苦恼。

直到有一天，村里集思广益，终于想到一个办法——"我为大家守一夜，大家为我守一年"。份水村总共有 306 户村民，村里协调安排每晚要有一户人家派一个人出来参与巡逻，每月村里都要对每家每户的义务巡逻情况进行统计。这样的话，每年每一户人家都能为村里的安全尽一份自己的力量。

王洪通（左）

遇到村民有事不能参与的，可以请人代替，但是无故缺席，是万万不行的。每天晚上十点到凌晨四点，采取"3＋1"的形式，即三位固定巡逻员加一位村民，四人戴着红袖套，集齐手电筒、橡皮棍，坐上巡逻车，从村部出发，对村子家家户户进行巡查，角角落落都不曾遗漏。巡查一圈至少要 40 分钟，因此，村民们称其为"40 分钟安全圈"。

新冠肺炎疫情期间，党支部书记王洪通更是带头奋战在一线，组织村里全体党员、村民代表和联防队员等在村里轮班加强巡逻，为村民们加固"安全圈"，同时坚守村子桥头的"排查点"，日夜不休。但他却笑着说自己是党员，少休息几天没有关系，又不是年年如此。

寒来暑往，"我为大家守一夜，大家为我守一年"这个办法自出台那日起，已经实行了十个年头。现在的份水村再没有出过一次盗窃事件，天长日久，村里还形成了"路不拾遗"的好风气，这让王书记颇为自豪。

王洪通书记还说，虽然份水村村子不大，但是村里的贤人却很多。村里还出了两位北大学子，其中一位是"江苏特聘教授"，原南京财经大学教授，公共管理学院院长林挺进，他硕士毕业于北大，在哈佛大学做的博士论文研究。还有一位叫王融擎，是北京大学民商法学硕士，高中时就立志要上北大，没想到他成功了；大一时他决心要在大学四年里翻译《日本民法：条文与判例》，果然又出版了。王书记说，林博士是真正的年轻有为，是村里人的骄傲，王融擎这小子也还可以！

谁又能想到这位年少志高的北大才子王融擎，正是王洪通书记的儿子。在我们看来儿子如此优秀，父亲的自豪之心肯定溢于言表，王书记有足够的资本夸赞儿子，但是他对如此能干的儿子只是简单评价了四个字——"也还可以"。

看来，真正的贤人往往都是不显山不露水的，恰如横街镇份水村的王洪通书记。

84. 网格治理有新招

> "真诚是人生最美丽的外套。"
>
> ——郑仁华

"真诚是人生最美丽的外套。"这是郑仁华微信朋友圈的个性签名。

1995 年加入中国共产党，1999 年担任村主任，2005 年担任村党总支书记……2020 年，具有 25 年党龄的郑仁华在组织、村委会和村民的鼓励支持下，连任台州市温岭新河镇郑阳新村党总支书记，直面新村合并的挑战，履行党员使命，用真诚的心带领郑阳新村开展新农村的建设。

初见郑仁华，一身干练的打扮，配上方框形状的眼镜，浑身透出精干劲儿和迎面挑战的勇气与底气。他一开口，便知其底气从何而来。

当谈到村里建设时，郑仁华意气风发地开启了网格化治理的话题，脸上露出的是骄傲的笑容。郑阳新村常住人口大约 1800 人左右，全村实行区域治理，共设有 5 个网格，与其他网格化管理不一样的是，郑仁华创新改革，将网格长改设网格书记，通过党员带头作用进行网格治理。"网格治理是需要靠党员带头的。"郑仁华笑着说道。

郑仁华

在郑仁华的想法中，网格书记要有率先垂范的作用，起好带头作用，通过建设网格微信群来下达通知以及会议主题，以此村委会的工作公开透明。"目前为止，我们郑阳新村都没有上访户！"谈到网格治理的效益时，郑仁华尤为兴奋和骄傲。

除此之外，网格书记更是要在做工作时仔细，全心全意为人民服务，为人民的幸福着想。基于这样的初衷，郑仁华组织开村民代表大会，讨论五个网格书记的人选，"这是一个公平公正的选择，网格书记就是要有担当、有责任心的人来胜任。"

为了推动网格书记的积极性，郑仁华主张建设一个爱心基金，以此来奖励网格书记及班子的工作。将每位党员自愿捐款组成爱心基金，而后郑仁华把钱给到网格书记及其班子，以此促使其更好地服务村里百姓，同时也将此作为工作资金，协助网格书记及其班子开展网格治理的工作。

作为一名村民干部，要心胸宽广，带着信心管理好村庄。公平合理地安排村里任务，做到公私分明，公平公正。郑仁华表示，未来还会继续做网格化管理，完善网格治理体系，通过这一特殊的手段来促进郑阳新村的新农村建设。

说罢，郑仁华打开手机，展示了一张郑阳新村的规划图——居民区与工业园区界限分明，居住楼房风格形态各异，绿化遍布全村……

"为了郑阳新村的发展，我必须要作出这条路。"

未来，郑仁华将坚持规划先行，旧村改造复垦，让村民搬迁集中至统一规划好的居民区。居民区与工业园区两相发展，在提高村民生活幸福指数的同时，增加村集体经济及村民收入，为未来的乡村共同富裕之路和新农村建设之路奠定基础。

郑仁华相信网格化的旗杆竖下来就不会倒下去。把网格化旗帜做好，把事情干好，发挥共产党员先锋模范作用，率先垂范，团结带领全村群众，紧紧围绕经济建设这个中心，勇于创新，扎实工作，促使全村经济快速发展。

85. 日山份村有个"谢愚公"

> "村民的事情无大小，只要是村里的事情都可以摊开来商议，有矛盾，有问题，就在会议上好好沟通"。
>
> ——谢仙国

"谢愚公"是谢仙国的微信名。他正在用愚公精神，治理着自己的日山份村。

日山份村是台州湾新区下陈街道的一个行政村，一共有 8 个自然村，98% 以上的村民姓徐，小部分姓解，还有 0.1% 的人姓谢，那就是谢仙国和他的哥哥两家人。徐姓一脉作为村里的大户，自然也承担着治理村子的重任。早年的村干部清一色姓徐，直到 2013 年谢仙国当选村书记，才改变这一格局，但是今天村里 7 个干部，依然有 6 个是姓徐的。那么，如何做好日山份村的大当家？谢仙国说，他要用自己的行动感染日山份人。

谢仙国了解民情

谢仙国是这么说的，也是这么做的。

谢仙国早年是村里的电工，平日里乡亲们只要遇到用电的问题，他都会随叫随到。每天晚饭后，他还爱在村里转转，和老人们聊聊天。老百姓都认可这个热心肠的小伙子，这也是后来大家推选他做书记的原因之一。自从谢仙国当上村支书，他推行村支"两委"会议事的工作方法，他说"村民的事情无大小，只要是村里的事情都可以摊开来商议，有矛盾，有问题，就在会议上好好沟通"。

自 2016 年日山份村启动棚户区改造，到

2017 年 5 月村里正式丈量评估，期间村民的情绪浮动大，每天找谢仙国反映情况的也多。首当其冲的就是周边两个村子在改造过程中的政策和日山份村不同，对村民的赔偿和待遇有差异，甚至还不小，日山份村的村民难以理解接受，有当面骂娘的，也有委屈说情的，谢仙国就一遍又一遍，挨家挨户地向村民解释红头文件上的政策法规。因此，他对政策法规的了解比一般的村干部更透彻，也更全面，有时听着颇像教授"乡村振兴"课程的讲师。他认为，法规没有告诉他如何落实细节，但是为了日山份村民他要做得面面俱到。

久而久之，村民们发现谢仙国依旧是当年那个热心肠的小伙子，唯一不同的是他用"正直公平"为日山份村树立起了新风气。

谢仙国心里清楚要在日山份村做到"一碗水端平"确实不易，但是再难他也要坚持。正如他自己所说，北山愚公 90 岁了还要移山，我这个日山份村的愚公年富力强，有什么理由放弃？

就说村里房屋丈量评估一事，那可是村里的大事。尽管村里通过多方协调，对"60 岁以上"和"60 岁以下"的村民都已经做出妥善安排，同时还推出一系列惠民政策，比如在村里已有 20 多年没有审批宅基地的前提下，腾出空房，安置村民。可是，村民们依旧观望，不肯签字。谢仙国觉得既然如此，他这个书记要起到榜样作用，于是带头第一个签。尽管如此，部分村民还是心有疑惑，迟迟不肯签；也有村民起哄说"才赔偿了 16.7 万元，那么少谁信，八成是虚报"；更有甚者将反对进行到底……谢仙国思前想后，找到自己的大哥，鼓动他也签下了字。

可是，仍有村民不买账，其中一个声称谢仙国不是本村人，凭什么本事做徐家人的主。这件事，让谢仙国一时难以释怀。作为"0.1%"的存在，谢仙国常常如履薄冰。他委屈地说，我没有办法选择自己的父亲姓什么，但是我有权利选择为村民们做什么。

思前想后，谢仙国决定主动化解与这位村民的误会。

俗话说"曲成万物而不遗"，谢仙国决定拿出愚公移山的劲头，用上人类最受欢迎的品格——真诚，带一瓶自己浸的杨梅酒，前往这位村民家……酒过三巡，他真诚地告诉对方，虽然自己姓"谢"，但是他从来都是日山份人，希望大家别把他当外人。

当晚，谢仙国在朋友圈发布了一条消息《拐弯的力量》，他又赢得了一个支持者。凭着谢仙国这股干劲，他的支持者肯定会越来越多。

86. 圆桌会议

> "这完山头呀，山多，除了有情趣：最多的是新鲜空气，别的呀，一个字，就是：穷。真是穷得呀，什么都没有。"
>
> ——张美娅

细雨。云雾。山色。梯田。

农家……驱车从仙居城区的安洲街道办事处出发，转眼到了一条盘山公路上——这是去完山头村的路！

只见——在大山深处的万绿丛中，一面五星红旗高高飘扬，与旗杆基座的稳固形成一道别样的风景。

一个崭新的健身场映入眼帘：跑步器、转盘、滚轮……这时一个满脸笑容的女同志迎上前来，街道组织委员王远作向编者介绍："这是村支书张美娅！"

张美娅（左二）召集村两委班子圆桌会议

"欢迎，欢迎！我是张美娅，弓长张，美丽的美，亚洲的亚，左边加个女字旁。"

大大咧咧又风风火火的张美娅是个直心肠，她接过话茬：好！这山下整个仙居县城可尽收眼底！她还说，这完山头呀，山多，除了有情趣：最多的是新鲜空气，别的呀，一个字，就是：穷。真是穷得呀，什么都没有。

"这怎么理解呢?"编者问。

"反正穷了吗，也就穷习惯了，穷得什么都不怕!"这话引得大家一阵大笑。但笑过之后，我却被张美娅的话引入了深思！这其实叫"穷则思变"。

一张圆桌，几个方凳围在周边。编者与张美娅和村委主任韩小平等几个村干部一起，开起了圆桌会议。他们的主题是，讨论修改完山头的"村庄建设发展规划"。

翻开首页，村情概要里，我看到了 13 个党员的风采。

张美娅是 9 岁下山的。她一直凭着自己吃苦打拼在创业。成家立业后，她经营着一家工艺品厂。她与丈夫一起在金华义乌小商品市场设窗口找商机。

自从当了村支书后，她平时的主要精力也就放在了村里。现在是她的丈夫挑起了企业经营的担子。

村委会主任配合默契，让美娅感到非常欣慰。被编为行政二组的横将村，有 48 户人家，为了村庄规划的需要，横将把 180 亩水田和竹园都无偿地提供出来了。

会开到一半，张美娅说，要领着我们去几个自然村的村前屋后转转，以便有个完整的印象——横将、完山头、路口、和睦寨、蝴蝶岩。这是去下坑村的路，现已连上了 3 公里。

当时，就是为了脚下这条路，村里自筹资金，也就是村里的书记、主任带头。结果是，韩小平筹集了 15 万元，张美娅她自己拿出了 10 万元。

修路的同时，村里对破旧危房改造也启动了。以前，老人住在危房里，有 216 户农家，常常是台风一来，外面下大雨，屋里下小雨。

墙壁四面透风，村里希望有解决危房问题的相关政策。上面终于给了政策。张美娅回到村里一说，村民还是不相信。

完山头村共有人口 726 人，由于上一届村两委没有形成合力，导致村内各项工作开展不顺：村新办公楼工程搁置，村民危旧房问题未解决，2016年，村集体经济收入基本为零……如今新班子，应该有新作为。

为了根治危房问题，张美娅叫任行政组长的表哥张会东带头，自己也同时将地基先拆出来，第一次平整出 24 间地基。

上面为村里义务做了"平面结构图"。就这样，从 2015 年 3 月到 12 月，村里忙着拆除做基础，到 2016 年 7 月开始施工，12 月就完工了。

张美娅通过"和合茶聊"，同时带上村班子成员走走看看，要求每个人要谈想法，出点子。

靠山吃山。在土地整理中，张美娅报了 1080 亩的高标准农田道路提升项目，每亩有 3000 元的配套资金；毛竹林基地的道路有 2.4 公里，属于扶贫项目，有 37 万元的配套资金，缺口需要村里自筹……当时，5 个自然村的道路，也全线贯通。

路路联通，在张美娅心里是头等大事。她要将联村的公路变成绿道，路两边的田地变成"田园综合体＋民宿＋农家乐"！

完山头村是仙杭古道的必经之路。

2020 年元旦前夕，作者从杭州驱车仙居，张美娅再次为编者当起了向导。只见一条长 7.6 公里的环村公路已经通车；山脚下的移民安置点，一幢幢新房已经封顶！

当抗击疫情并推进复工复产的战鼓响起，完山头村的党员干部坐不住了。大家似乎在催促张美娅去找合作项目。那些天，张美娅带着村干部连夜长途赶路，从县外的浙江多地，再到江苏、山东菏泽等地。现在，牡丹花和乌饭树项目已有了合作意向。

87. 幸福在我们心里

"幸福不在别人眼里，而在我们心里。"

——卢永军

远远看到卢永军时，谁都不会想到这个瘦瘦的男人就是台州市三门县亭旁镇芹溪村的村党总支书记，更让人想不到的是他身上的故事三天三夜都讲不完，每一个故事都会让人眼前一亮，或让你思虑，或让你感叹，或让你心动……

卢永军发言中

芹溪村属于沿海山区，又是革命老区，可村民的日子却没有红火起来，卢永军看在眼里，急在心里，很想为村里做点事，却一直没有机会。2014 年 2 月，芹溪村村委会要换届选举，一直在宁波发展的卢永军意识到机会终于来了，放弃了近百万元的年收入，回村竞选，以高票当选为村委会主任。虽然被选为村主任，可村民们仍然不太相信卢永军会带领他们走上致富的道路。

卢永军想，要让村民相信自己的能力，就要以实际行动带动他们富起来。2015 年春节前夕，村里的公共厕所下水管堵住了，粪尿从地面溢流出来，臭气熏天，却无人问津，卢永军看到后，查找到厕所下水道堵塞的原因，但使用工具又不行，于是，他脱去衣服，挽起袖子，用手把堵在下水道的粪便挖出来。管道疏通后，堵积在管道里的粪水一下子倾泻下来，溅了卢永军一脸一身……在场的村民看到卢永军的"狼狈样"，投去了敬佩的目光。在他们心里，这座公厕堵了很长时间了，都没有人去解决，卢永军刚上任，就解决了这个难题，而且是用手掏的。一个敢用手去掏堵塞厕所下水道的村主任，正是他们需要的村主任。

有了村民们的信任，卢永军觉得浑身都有了力气，觉得正是他带领村民致富的好机会。其实在当村主任之前，卢永军就已经想好了，村里是革命老区，再加上天门水电站，父辈们用绳子绑在腰上在半山腰开掘出来的天门水渠（"江南红旗渠"）……如果把村里的红色文化挖掘出来，然后把这一切串联起来，不就是一条非常好的乡村旅游线路吗？

卢永军这一想法，很快得到村民的响应和大力支持。红色旅游线的建成，很快就吸引了各地游客。如今，每个周末来村里度假的游客达到 1000 多人，不但给村里带来了人气，也给村里带来了经济收入。

渐渐地村民富了，脸上的笑容多了，卢永军的脸上也有了笑容。但卢永军还是不满足，因为村里的留守儿童、留守老人比较多。如何让留守儿童和老人每天都在幸福中度过，成了卢永军的一块心病。思前想后，卢永军决定联系村里的乡贤们。在乡贤们的帮助下，村里的各种设施不断完善，村子也变得越来越漂亮，越来越让人心爱。他又趁势在村文化礼堂办起了三门县第一个村史馆，成立三门县首家村级乡贤会，办起了居家养老服务中心，成立了留守儿童关爱中心。

为了给村民营造出一个干净、舒适、整洁的环境。卢永军当机立断，联合村两委班子成员，一同商讨河道整治问题，解决百姓后顾之忧。通过公开招标的形式对村内河道进行大规模的整治，加固堤坝、疏浚河道、美化沟渠，极大地改变从前脏、乱、污的情况，改善村民的生活、农业用水，提升村民的生活品质，打造出为百姓津津乐道的美丽新乡村。之后，他将工作重心放到河道日常保洁维护中，亲身参与治水活动、带头下河捞垃圾……

卢永军也非常关心留守儿童的学习。每个周末，他都要请很多志愿者来村里辅导留守儿童的学习，他的这一做法，得到了村民的欢迎，连临村的留守儿童周末都来村里参加学习。

"幸福不在别人眼里，而在我们心里。"这是卢永军常挂在嘴边的一句话，别看这一句简单的话语，其背后的寓意深刻，还有一个令人想不到的故事。2002 年的一天，他看到街头有辆采血车，便上去献血，当他得知自己是RH 阴性血（俗称"熊猫血"），随即加入稀有血型无偿献血志愿者队伍。2006 年自发带头创建以"血缘"为名的 RH 阴性血型志愿者 QQ 群，从最初的几个人发展到现在 1000 余人。十多年间，卢永军带领的"血缘"团队累计献血 100 余万毫升，先后奔赴上海、杭州、宁波、台州等地，参与 100 多次紧急任务，在危急时刻用热血挽救了无数鲜活的生命。

88. "两个文明"一起抓就是好

> "和睦与合作是一个村稳定和发展的首要条件。"
>
> ——蔡赋祥

蔡赋祥，玉环市楚门镇蒲田村党支部书记。2005 年起担任村委会主任，之后担任村党支部书记。蔡赋祥始终一腔热血为村求发展、为民谋福利，用青春和热血为村民发展谱新篇、谋发展。

多年来，蔡赋祥坚持"经济搭台，文化唱戏"。致力于蒲田村的精神文明、物质文明和基层党组织建设，使蒲田村经济社会得到了跨越式的发展。

"经济搭台，文化唱戏"谱写农村发展新篇章

投资 5000 多万元，蒲田村建造起"小微企业工业园"，工程建筑面积达 4.3 万平方米，还铺设了 2000 多米长的排污管道，建起 4 个大型沼气池。

有了"小微企业工业园"，蒲田村就有了每年 700 多万元的经济收入。蔡赋祥还要求，每个党员干部都要与企业结对，不定期地开展文化活动，如"戴礼研讨会""诗歌朗诵会"等。

蒲田村村民只有 1900 多人，外来人口却有 3000 多人。2016 年，该村成立了全国首个村级房东俱乐部，还有了 126 户"旅馆式出租房"，绿树掩映，文化气息越来越浓厚。

7 年前，蔡赋祥在村民大会上提出，要建造一

蔡赋祥阅读《礼记通释》

座文化礼堂。于是，企业赞助、村民捐款，他自己也捐了 1.9 万元，最后共筹得资金近千万元。

造好的文化礼堂雕梁画栋，古风盎然。先是由一块块青石砌起的一道栏栅，打眼细看，上面是一部《弟子规》，"弟子规，圣人训，首孝悌，次谨信……" 一段话一幅图，就像一套石刻本连环画。

入门，上二楼，是正在筹建的戴礼纪念馆。墙壁上是戴礼的生平介绍，玻璃柜里存放着二十多册《戴礼全集》，均为线装本，包括《子遗吟草》《礼记通释》《大礼记集注》等。

《礼记通释》一书收藏于国家图书馆，属于国家一级保密图书。为了得到该书的资料卷，蔡赋祥亲自多次跑北京，才得到该书的影印胶卷。

文化礼堂的四楼是五兽戏龙队排演厅。据玉环县志记载，清康熙年间，澎湖总兵戴宪宗曾经上奏朝廷 "吾乡之'五兽戏龙'实为天下之奇观也"。

多年来，蔡赋祥获得过数十本省级以上的个人荣誉证书，均与文化建设有关。在他的带领下，蒲田村先后被评为浙江省文化示范村、浙江省文明村。

2005 年，蔡赋祥上任之后他就表态，"要拆除两边的围墙、台门，将道路拓宽，让大货车载进来一个图书馆。"

被牵涉到的 100 多户村民不满，集体提出条件，就是让村干部先拆掉自家的围墙。

"好，我们带头拆除！" 蔡赋祥从容地说道。

但还是有村民不配合拆除工作。比如，有一位村民站在自家围墙前，手里拿着《蔡氏家训》，不停地抱怨蔡赋祥的不是。

说了许久，她说累了，有点喘不过气来。蔡赋祥给她端来竹椅，送上一瓶矿泉水，说："您润润喉，再继续……"张大娘心软了，说了声"拆吧"。

就这样，蔡赋祥凭着耐心，拆除了 100 多处围墙。

在蔡赋祥和其他村领导班子成员的带领下，蒲田村大力开展环境整治，整顿村容村貌；成立文化俱乐部，丰富村民业余文化生活；在各主要路口设置治安岗亭，村里治安环境得到改善；同时村委会还积极关注弱势群体，保障他们的合法权益，真正让广大村民得实惠。

目前，蒲田村成为楚门镇 28 个行政村中发展最快、面貌改变最明显的村之一。

团结班子让发展有保障

"和睦与合作是一个村稳定和发展的首要条件。"蔡赋祥说，2007 年 5 月，他和村党支部书记成为搭档后，深刻认识到，要发展蒲田村，首先要搞好村"两委"班子关系，但村"两委"班子关系再好，工作也一定要以制度为依据，明确分工，才能保证工作有序开展。

蔡赋祥表示，融洽"两委"关系主要是靠健全制度，如规范"两委"职责，推行民主议事制度，对涉及全村的大事、重大工作部署，以及事关群众切身利益的热点、焦点问题，都必须根据议事规则由村"两委"班子经过集体研究决定，每位班子成员都发表意见，而不是"一言堂"，不搞个人说了算。

决策上的透明，使得"两委"班子考虑问题心情舒畅，讨论问题直抒己见，处理问题得心应手，两委班子的凝聚力与战斗力也大大增强了。

多年来，蔡赋祥获得过数十本省级以上的个人荣誉证书，均与文化建设有关。在他的带领下，蒲田村先后被评为浙江省文化示范村、浙江省文明村。

89. 15 年始终如一日的温暖传递

"正是因为我们每个人心里都觉得这事有意义，所以我们能走到一起。我们就像兄弟姐妹一样，都已经有了默契，也都明白需要做什么。慈善不分大小，有心就够了。"

——任典舜

QQ 群，原本是提供多人聊天交流服务的网络社交工具，而在 2005 年便有一个 QQ 群让爱无处不在，这个 QQ 群也有一个十分温暖的群名，叫作

任典舜在组织活动

"三门爱心联盟"。正如群名一样，群里每位成员都是通过爱心聚集在一起，想为国家为人民做一点事情，于是便自发组织一次又一次的爱心活动。

浙江省台州市三门县的任典舜，便是 QQ 群里的一员。从 QQ 群成员，到 2008 年担任台州市三门县慈善总会义工分会会长，任典舜的青春岁月都与"义工"有关。如今，他已经成为了台州市三门县慈善总会义工分会的名誉会长。

当时，群里只有为数不多的 5 个人，随着时间的推移，队伍逐渐庞大，进而形成了如今的三门县慈善总会义工分会。"我们都在朝着一个共同的目标努力奋斗着！"任典舜突然语调升高，如此说道。

2005 年 10 月，为了让更多的人了解义工并参与其中，任典舜策划了一场"走进三门义工"的晚会。初始，晚会的策划并不如意，团队成员面临着场地、费用、节目表演等问题。"我们每个人从零基础开始，三天开一次会，想办法借场地、拉赞助、筹备节目，当时真的是很困难的。"回忆起 15 年前的场景，任典舜说。

2005 年 12 月 24 日，晚会在任典舜及其团队的精心筹备下如期举行。一场名为"丁香花"的节目收获了台下观众的阵阵掌声，而《丁香花》的剧本正是任典舜创作的。从剧本的创作到确定演员，再到节目排练，整个过程耗时半个多月，也就是这长时间的努力，才使得《丁香花》在舞台上"绽放"，才使得更多的人了解、走进三门义工。

2008 年，中国四川发生了里氏 8.0 级特大地震，这是新中国成立以来破坏性最强、波及范围最广、救灾难度最大的地震。在这场灾难中，数万同胞失去生命，数百万群众失去家园……灾难发生之后，三门爱心联盟便通过网络发动募捐，号召更多人贡献自己的一份力量，于是 50 多个人聚集在一起负责这场传递爱心的募捐活动。最终，三门爱心联盟共募捐到 8 万多元，为汶川前线送上一份温暖。

在看到爱心联盟的力量后，任典舜便萌生了组建义工分会的想法，希望通过这个自发的组织传递更多的温暖。于是，2008 年 7 月，台州市三门县慈善总会义工分会自此成立。而后的每个月，任典舜及义工分会的成员都会去敬老院看望那些老人，陪着他们聊聊天，下下棋，一起包饺子，一起吃饭……"至少他们觉得心里有所慰藉。"任典舜说道。

三门义工分会的发展是靠社会各界的支持，世界上充满爱心的人很多，做一件献爱心的事也很简单，要持之以恒却很难。对于三门义工分会的团队建设，任典舜说："正是因为我们每个人心里都觉得这事有意义，所以我们能走到一起。我们就像兄弟姐妹一样，都已经有了默契，也都明白需要做什么。慈善不分大小，有心就够了。"

2008～2012 年，4 年的领头人时光，让任典舜对三门义工分会充满了感情。尽管现在退而隐之，变成了分会的名誉会长，但他的心里依然希望三门义工分会能够发展得更好。"我觉得授人以鱼不如授人以渔，希望今后分会能够开展一些免费培训，帮助更多的人学习技能。"谈及未来的发展，任典舜抬了抬头，思考一番后说，"也希望能够有更多的人加入我们！"

90.　村建女将

> "我既是城中村的女儿，也是城中村的媳妇，我觉得是'和为贵'。"
> ——章萍

海游街道位于三门县西北部，有 40 个行政村，百来位村支书。说起村支书，我们的第一印象就像提及梁山一百零八将那样，个个身怀绝技且以男性

获先进表彰的章萍

居多，而英姿飒爽的章萍是那为数不多却异常耀眼的铿锵女将。

自 2008 年参加三门县海游街道城中村村务工作以来，章萍先后担任过村委、文书、报账员、妇女代表会主任、党建联络员，还担任过短期网格员。她本是个柔情似水的小女子，久而久之，被每日繁杂的公务锻炼成一个能挑千斤重担的女将。在新一届村级选举中，她众望所归，被选为城中村的副书记。

她，是一个通人情的女书记

这位新上任的章书记，总是洋溢着奕奕神采，让人一见便觉亲切。做了12 年的基层干部，大家问她有什么秘诀？"我觉得是'和为贵'。"她眨了眨水汪汪的大眼睛说。

"哦，那能镇得住村民？"

"其实，我既是城中村的女儿，也是城中村的媳妇。从第 2 小队嫁到第 6 小队也有 25 年了，我和公婆从没红过脸，都是和和气气的。和丈夫也一样，我们约定有什么事就在自己房间偷偷地说，不能大声，不然让老人知道了要伤心的。"章萍莞尔一笑，继续说，"我 2008 年是村里的专职妇女委员，到了 2014 年是妇女主任，现在也叫妇联主席。我把自己家的事处理好了，村民自然也相信我能把村管好。不过，我也很庆幸自己嫁对了人。"

嫁对人，是一个女性对自己伴侣和婚姻最大的肯定。章萍是幸运的。遇到她的姐妹也是幸运的。

那年夏天，章萍和几位姐妹在城中村拉起横幅，宣传《中华人民共和国反家庭暴力法》，同村的一位外来媳妇正好骑自行车经过。谁知外来媳妇骑出老远又重新折回，远远地站在一旁看，踌躇良久之后，她推着自行车朝章萍走了过来……看到她撸起的长袖，解开的纽扣之后满是累累伤痕，章萍很震惊。

原来丈夫长期酗酒，半年前又有了外遇，她一次次含泪劝说换来的不是浪子回头，而是满目疮痍。章萍当即决定要帮助这位姐妹，她想男方下手这么狠，这已经不是家务事了。

最后，在章萍等人的劝说下，双方和平分手，开始自己新的生活。如今，男的有酒有烟不再打老婆了，女方虽然一个人生活，但是一展愁眉，起码不用再害怕皮肉之苦。

提及这件事，章萍觉得，虽然老话说"宁拆十座庙，不毁一段婚"，但是如此暴力，她尊重双方的选择，哪怕是离婚。

她，是一个高素质的女书记

章萍说这次换届选举中间有个小插曲，为此她还找自己的竞争对手老张好好沟通了一番。

选举前的一天，急匆匆准备出门的章萍正好遇到回家的丈夫，她拍拍老公的肩头，为难地说："老公，我又顾不上你的饭喽。"

"没事，我做好等你"，老公看着章萍的背影，轻轻摇头。

当天晚上，丈夫对章萍说："老婆啊，和你商量个事。我每个月要给公司出纳发 3800 元，要不我给你发 4800 元，你来给我当出纳吧。"

"哈哈……"章萍知道老公这是心疼她，想让她回家享清闲。

想了很久，章萍决定退出。她找到自己的老搭档，也是这次的候选人老张，笑称自己要回家给老公当出纳，鼓励他好好准备。没想到，老张却说，他有两个女儿，是时候到外面给她们挣嫁妆了，让章萍好好干。

章萍沉默了一会儿，说："老张可是个能人啊！"

记者评价道："你们俩都是高素质的村干部……"

她，还是一个善学习的女书记

"多亏电大帮我们提高素质啊！"章萍说。

"是呀，你通人情，懂人性，会说话，能干事，再加上电大的学习，相信你是最优秀的女书记。"

"哪里，哪里……我还想多学点。"

章萍告诉编者，她报考了"社会工作者"，还想学点心理学，那就可以更好地服务村民了。就是记不住那么多知识，还问有没有好的方法？

　　会议结束时，记者说，章萍不简单呐，她是三门广播电视大学村干部班的女班长，也是历年唯一的一个女班长。

　　是的，三门女将千里挑一，远比梁山女将要铿锵善战……

第十五章　乡村头雁领富

坚持把党的政治建设摆在首位，切实增强"四个意识"、坚定"四个自信"、做到"两个维护"。建立健全党总揽全局、协调各方的全面领导制度体系，落实"七张问题清单"亮晒整改机制，把党的领导贯穿推动共同富裕的全过程、各领域、各环节。深化领导班子政治建设。加强党的组织建设，深入实施"百县争创、千乡晋位、万村过硬"工程，常态化实行县级领导班子成员包乡走村。探索省域层面抓城市基层党建新机制，推进两新党建"三年创优、整体跃升"，统筹推进各领域基层党组织建设，充分发挥基层党组织战斗堡垒作用和党员先锋模范作用。

——浙江高质量发展建设共同富裕示范区实施方案（2021～2025年）

乡村共富"十策"之"乡村头雁领富"

都说村民富不富，关键看支部；村子强不强，要看"领头雁"，可以看出头雁带领下的党支部是乡村建设的最重要的依靠，党建引领是乡村致富坚强的组织保障。在基层党组织中，除了头雁引领，更离不开基层党组织成员的团结一心，大家共同激发广大村民的积极性、主动性、创造性，把广大村民对美好生活的向往需求转化为动力，实现全体村民致富增富。

本章说的乡村头雁领富，不仅关注头雁个人，更注重乡村建设中基层党组织的整体作用发挥，也就是把基层党组织整体作为头雁的概念。乡村头雁，担负着共同致富的使命，要把握契机、落实政策、创新理念、找准路子，来驾驭全局；要敢于坚持原则、敢于较真碰硬、敢于直面困难，去展翅高飞；要统筹推进产业发展、生态治理、乡风文明、集体经济发展，引领村美景美、村富民富的蝶变。

乡村党建引领头雁领富，需增强乡村党组织的领导力。在头雁带领下的乡村党组织，坚决贯彻落实党的强农惠农方针政策，要体现突击队和先锋队的作用；在村环境整治、平安建设、乡风文明等方面，要发挥模范带头作用。此外，在听民声、知民意、聚民心等工作上，要强化担当责任意识；在为民事、解民忧上，要强化实干服务意识。以上种种，都要求乡村头雁巩固好战斗堡垒，凝心聚力，随时准备攻坚克难，带领乡村党员和群众一起建设新时代富裕乡村。

乡村党建引领头雁领富，需培育乡村建设的人才队伍。乡村建设是靠着"一任接着一任干"的精神，将一张蓝图坚持画下去，因此需要培养大量人才后备梯队才能完成。乡村的这几支人才队伍不可或缺。比如村支部书记后备梯队，可以由党性强、创新意识强、改革意识强的产业致富专家、乡贤、返乡优秀大学生组成，比如村级后备干部，可以由群众满意、责任心强、学习能力强的优秀创业青年、优秀党员、农村致富能手组成。还有愿意带领乡村发展的企业家、高校、顾问团、产业专家等，只要积极为乡村经济发展找对策提建议的热心友人，都应纳入村级人才智库，共同为乡村建设谋幸福。

乡村党建引领头雁领富，需提高引领经济发展的能力。其一，要主动学习，开阔眼界。往往"他山之石"的成功经验并不能照搬照办，但可以举一反三，学习典型、模仿范例、不陷误区，更好地总结和改进历任头雁的乡村经济发展规划。其二，要方法得当。发展乡村经济应充分探寻和提高本地特色、历史文化等的价值，盘活土地和村级资产，学习借鸡生蛋、筑巢引凤等方法，发挥优势资源调整产业结构，研究优势项目并争取专项资金，引领村民走上致富道路。其三，要转变观念。时代在发展，互联网催生全新农业，电商加盟产业链，大数据和人工智能成为新引擎，相信只要观念领先，乡村头雁定会领富未来。

91～99. 九任书记话初心

城西村位于台州三门县海游街道，共有 795 户 2160 人、党员 2255 人，村集体主要从事服务业，2018 年实现村集体经济收入 1000 余万元，村集体固定资产达到 1.3 亿元，村民人均收入 8 万多元。该村自 1957 年建立党组织至今 60 多年，经历的九任书记不忘富民强村的初心，带领村民接续奋斗，先后获浙江省农业经济强村、浙江省小康示范村、台州市亿元村等荣誉称号。在九任书记身上，体现了赤胆忠诚、一心为民、实干担当、创业创新的可贵品质和时代特征。

坚持忠诚于党，身先士卒带领干。群众富不富，关键看支部；支部强不强，关键看"头羊"。城西村的九任书记始终坚持对党忠诚、对党负责的定力，以身作则，率先垂范。首任书记章正合从 1957 年到 1981 年干了 24 年，他带领党员群众深耕细作，发展农业，"日耕作、夜议事"，破解了一个又一个生产难题。

因种粮增产成绩显著，城西村于 1962 年被评为台州地区"农业生产标兵"，到临海领奖，牵回一头大黄牛，轰动了全县。在他的影响下，村里要求上进的积极分子很多，先后发展了 30 多名党员，其中两名还成为第四任、第五任村支书。后面的 8 个接任者也都以章正合为榜样，勤勉履职。

时代在变，九任书记强村富民的初心始终没有变，个个都是"致富先锋""带富能手"。首任书记章正合在改革开放初期，就创办了五金厂，带头去三十多里路外的亭旁镇挑矿石，闯出了村办企业的新路。

接任的第二任村支部书记金积贵创办罐头厂、变压器配件厂，还与县工商局联营建设了全县第一家农贸市场。

第三任村支部书记章以齐建起村办烧砖厂，以制砖销售的收益，让全体村民第一次拿到了年终分红。

第四任村支部书记叶加法，在村办变压器配件厂搞技改、扩厂房、增设备，年产值超过 500 万元，成为三门县重点骨干企业。在他任内还兴办了食品罐头厂、菜市场，开办了全县首家"村办加油站"。

进入 21 世纪后，第五任村支部书记章宏将建造了 16 套集体产权临街商铺。

第六任村支部书记章宏军完成了 108 套房屋的"立改套"。

第七任村支部书记章平完成了全村资产股份制改革、建成建筑面积 6000 多平方米的综合市场。2018 年，城西村抓住台州市行政村规模调整机遇，将原"城西、山陈、谢家"3 个村合并组建新的城西村，党组织升格为城西村党委，整个调整非常平稳有序。

第八任村党委书记章以家带领新班子抓融合促发展，实现了班子融合、规划融合、"三资"融合、产业融合、人心融合，50 间公路沿线商铺、300 张床位的商务宾馆、2 万平方米的商贸中心等建设项目如火如荼推进，村集体经济年收入预计可超过 2500 万元。

第九任村党委书记章国进翻新城西综合市场，使闲置厂房成了共富工坊，还打算建一个 9100 多平方米的商贸中心。

尊重首创精神，注重文明统筹。九任书记敢闯敢试、敢为人先，接续念好"稳、富、活"三字经，在多种经营上实践探索，让城西村始终保持蓬勃朝气。发展初期，在种桑养蚕、粮食创收解决村民温饱问题后，推行"5＋X"农业生产队模式，变纯种粮食为经济作物互补栽种。

20 世纪八九十年代，几任书记乘着改革开放的春风，抓住机遇兴办村属企业，走出了发展工业经济的新路子，建成全县第一家农贸市场、全县第一家村办加油站，全村各类工商企业从一家猛增到 25 家，全村半数以上劳动力在企业就业，还成为了全县第一个电话村，户均电话超过 1 部。进入 21 世纪，几任书记又兴建临街商铺创收，完成集体资产股份制改革，解决了村民住房问题，对村办企业、各类市场进行了改造升级。

历任书记逢山开路、遇水架桥，啃掉了一个又一个阻碍发展的"硬骨头"，取得了一个又一个强村富民的新胜利。

既要富口袋更要富脑袋。在把村民的腰包变得越来越鼓的同时，几任书记更是不忘同步加强乡村治理、培育村庄文化、塑造文明乡风。"建设幸福城西、乐享幸福生活"成为全村人的"金句",村民男的满55岁、女的满50岁就能每年领到"退休金",60岁以上老人每年有一次免费旅游、一次健康体检、一顿团圆饭,党组织出面对接村域内中小学和幼儿园的扩建,让下一代在家门口享受优质的教育资源。

深入挖掘村内名士文化,修建著名史学家、教育家、书法家章一山纪念馆,成为村民了解发展历史、传承乡土文化的重要场所,纪念馆还被列为台州市爱国主义教育基地,涵养了城西人崇学向善的美德。在"9711台风"肆虐三门县的时候,村里主动为受灾严重的乡镇送去温暖,共捐献14500千克大米。他们从贫穷走向富裕,再从当地首富走向首善。

恪守廉洁底线,一任接着一任干。60多年来,历任书记始终不贪不占、干净干事,没有一位书记在廉洁上出问题。当了16年书记的叶加法在任期间为村集体经济发展立下汗马功劳,至今仍住在1981年盖的两层老房子里,1996年已经出嫁转居民户口的小女儿想在村里买宅基地盖房子,也被他拒绝。第六任书记章宏军为了落实108套房子分配问题日夜奔波不息,自己明明有资格分得一套,却坚持不列入分配计划,让那些认为跑得勤快肯定自己优先留了房的人出乎意料。面对公与私关系考验时,九任书记总是先群众后自己,他们用廉洁自律赢得了村民的信任和支持。

九任书记带领城西村,坚持一张蓝图绘到底,在继承中不断创新发展,充分体现了"功成不必在我"的境界和"功成必定有我"的担当。从解决温饱到兴办村企再到由工转商,历任书记一以贯之谋发展、抓项目,不变频道、不换跑道。比如,通过三任书记的努力把小康楼从设计图纸转变为村民手中的钥匙,他们用时3年把村办加油站从出租土地改为合作经营,村集体收益五年累计增收1500多万元,经济发展、村庄建设等各项事业得到了持续快速发展。

城西村的发展,靠的是九任书记"听党话、跟党走"的初心坚守,靠的是"一任接着一任干、一张蓝图绘到底"的传承接力,充分展现了"党建引领、强村富民"的生动实践。人心变齐了——营造了"党群一条心、上下无闲人、左右无难事"的良好氛围。通过九任书记的接续奋斗，党组织的组织力、战斗力、号召力、凝聚力明显增强，以优良的党风醇化了民风、汇聚了民心，全村上下心齐气顺劲足，思发展、谋发展、促发展的合力更强了。

村子变强了——实现了从"一穷二白"到"村强民富"的美丽蜕变。城西村党组织始终以发展为己任，在壮大集体经济上因势而谋、敢闯敢拼，在项目建设上主动作为、攻坚克难，在惠民利民上精准供给、做细做实，有力地推进了乡村共同富裕。治理变优了——构建了"微事不出格、小事不出村、矛盾不上交"的善治格局。经过九任书记的不断完善，形成了"村规民约22条"和村民婚丧嫁娶、环境卫生、文明礼仪等"20个行为规范"，组建了"老支书工作室""党员夜巡队""文明劝解队""治安巡逻队"等组织，在基层治理中发挥了重要作用。

机制变顺了——形成了"围绕中心抓党建，抓好党建促发展"的工作常态。各届党组织始终注重用制度管人、管事、管发展，探索建立了"每周两委联席会议""每月党员互评互比""党支部带好头，遇事商量着办"等好做法，其中村党组织自行探索建立并固定执行下来的制度就有8条，目前保存完整的会议记录多达35本。围绕项目建设等召开村级各类会议多次，实现了党建与发展的互促共融。

100. 如一位熟悉的陌生人

> "为了村里的治理，就要从自己'硬'起。"
>
> ——王永波

有武功的"不孝之子"

如一位熟悉的陌生人——曙滩乡万竹王村村委会主任王永波便是！

说熟悉的，是因为他是一个地地道道的仙居人。

说陌生人，是因为他是一个走南闯北的超市人。

走近王永波，最早，可从 2018 年 8 月 3 日这天上午说，地点，就在当时的村文化礼堂。

貌不惊人的王永波，个子不高也不大，且一眼看去上身壮壮实实，村支书与王永波倒很默契，很像一对父子。

"新班子上来，村里最关心的是饮用水。水源在松坑，上游是横溪新罗村，他们把山林承包出去了，在养鸡鸭鹅，导致水源污染。群众意见不能不顾呀！"王焕兴说，昨天他就和村委会主任一起去找新罗村了，还带去了现场拍的照片。同时，向乡镇和县环保部门反映，要求搬掉这样的养殖场。

等村支书说完，一直坐在旁边听的王永波接上了话——自己与老婆在江苏常熟开超市 10 年了，年营业额超 2000 多万元，主业是搞配送，做小家电。现在，超市只好交给家属在打理。

王永波有个哥哥，也是他超市的合伙人。

自从当选上了村委会主任，他挣的是

王永波

村干部报酬了。这年，他拿了 15862 元。用他的话说，这钱啊不一样，每一分都是要付出心血的，否则，对不起组织和村民的信任。这钱如与他做生意挣得的钱那真是少得无法比，还有平时为了村里的工作，他还要让哥哥帮助支持，既出力，也出钱。另外，他常常私车公用，所拿的报酬还抵不过汽油费。

让村庄变"脏乱差"为"洁亮美"，王永波费尽了脑子。他说，自己是个要面子的人，况且村支书很信任他，都如亲人一般地喊他为叔叔了。

永波求上进，作为入党积极分子，在 2019 年 11 月转正成为一名中共正式党员。与他第一次见面时，他还是名发展对象。在和我见面的前两天，他刚参加了县里的三基培训考试并顺利结业。

结业当天回村后，他没进家门就到了村级公路施工现场。

那天下午，天气热得像个蒸笼。永波提着一扎矿泉水，一到现场就去工友中间分水后，又马上对施工质量进行了抽查。

本来，按常理一般人都会在家里午休后，到太阳偏西凉爽时再到工地看看。他不同，不及时去现场心里就是不踏实。

可能，这是练功者的个性使然。

事后，我听永波说，他 16 岁那年，初中一毕业就去了河南嵩山少林寺武术研究院。师父是少林寺武僧总教头释延孝，管教之严。摸爬滚打，起早贪黑，转眼就是 4 个春夏秋冬。让他学了拳脚套路，练出了一身功夫。

满师之日，他望着"少林寺"三个大字，一下悟出四字：一是感恩，二是正义。

不管在商道上，还是在村级治理中，在永波心里"感恩与正义"是相通的。他与我在溪边聊过关于武术中的奥秘，他打了个比方，说如拳脚套路中的散打，练的就是灵活性，不机智就会被动吃亏。那么，在商道上，也要把握市场机遇，一定要学会应变能力；在村级治理中，也要学会做群众工作，特别是面对处理矛盾和调节利益关系时，一定要做到原则性与灵活性结合。

"习武之人，一天不练，真是全身不舒服啊！"永波这话，作为业余时间和每天早上起床后打惯了太极拳的我来说，深有体会。

武功，成就了永波的助人为乐。在常熟经商时，他为了帮一个陌生人锯树，结果锯刀反弹，他的右小腿受了重伤，肌肉被外拉成麻花状，在医院缝了 150 多针。好多年了，与陌生人反而成了好亲戚。

在永波心中，有两组数据：350 户，1058 人；10000 亩山林，500 亩水田。

记住他们——万竹王村的乡亲，他说就是记住自己。

端午节到了，他想到了困难户、残疾人和敬老院，还有 60 岁以上的 200 多个老年人。这天，他送出 20 个红包与成车的月饼，还有 2000 多个粽子。

快过年了，他又从江苏运来 4 大卡车慰问品，与幡滩、溪港、湫山、安岭、田市联动，陆续到货后，为及时将台灯、溜冰鞋、电饭煲、蓝球等一一分装，他叫上自己的舅舅、哥哥作帮手，给全县结对的"乡贤同心、振兴同行"活动出力。

相识相爱走到一起的傅慧芳，是他在义乌创业时收获的喜悦。

现在，王永波的开支要靠带着孩子并管理常熟超市的妻子，每个月他都能收到妻子打给的生活费，从 2000 元到 7000 元。

每次打完钱，妻子总要叮嘱永波：决不能拿村民一针一线一包烟，村民的一包烟要用掉多少稻米啊。

吃住在村里的永波听妻子的话，他做到了，因为他深爱着村里的一草一木一滴水。

天暗下来，他喜欢侧耳倾听，哗哗溪水这时奏出了万竹乐章；天亮起来，他激动得欢呼雀跃，开始在村前屋后伸胳膊蹬腿当拳师。

一天，一封举报信乱了他练功的阵脚。说他是村主任，父亲的坟墓不能在绿色公益林中，不符合规定……当夜，他失眠了。这事怎么办？事后，他主动找到乡里，也找到县里，说明情况。原来，这不是新建的坟。最后，为了给反映问题的同志一个明确答复，更向上级党委、政府表明一个态度，永波召开了家庭会议，表明了自己果断的决定——拆！让九泉之下的父亲迁进公墓。

这不成了"不孝之子"吗？对，如按传统，一般是逝者为大，入土为安。但，为了村里的治理，王永波说就要从自己"硬"起。全家人理解了，相信他父亲也会在天堂表示理解。

如今，永波心无杂念，全力投入万竹王村的美丽乡村建设中——为了一事一议的村文化礼堂升级改造，92 万元的经费，除了政策性配套，村里要贴补 40 多万元，可村里没钱，他只好采取自筹的办法，为图吉利，首先带头自掏腰包捐了 88888 元，再让自己哥哥也捐了……这其中，永波似乎就是在尽孝。

为什么？因他父亲的父亲也当过村干部，礼堂里还有他父亲的心血，作为一个早年的师范生，他父亲还有一手木雕的手艺。当时，建礼堂时的材料就是他父亲管的。现在，这事落到了自己身上，那是没有理由不做好的。然后，两委干部都出力想办法，成立了乡贤会，捐到了 100 多万元。用这笔资金，村里设计了村口的景观，做了与古村落风貌相吻合的牌坊。

看看倒贴本钱的王永波，好戏连台吧！

101. "不能愧对这一声声娄书记"

"我是支部书记，大家看到我出现会更安心，不能躲在后方，我要站在村民前面，让大家有安全感，不能愧对这一声声娄书记。"

——娄德胜

坐在面前魁梧高大经验丰富接受采访的娄德胜，1971 年出生，1993 年入党，历任东辉村村民委副主任，党支部副书记、书记等职务，2020 年 10 月离任。

娄德胜（左二）正在为客人讲解文化长廊

娄德胜说，东辉村位于椒江区海门街道东部、228 国道，枫南东路经过东辉村，全村土地面积 1850 亩，目前基本被征用，全村人口 2480 人，党员 56 名。人员比较复杂。

自新冠肺炎疫情暴发以来，娄德胜带领村两委、村监会等志愿者们在辖区内开展全方位抗击新型冠状肺炎病毒疫情工作。他说，一定要充分发挥党员先锋作用，主动舍小家、顾大家，全身心投入防控疫情工作中来。他带领全体社区工作人员和在职党员、志愿者，24 小时待命，张贴公告、发放《告市民书》等。

在疫情发生第一时间，他在辖区居家隔离人员门口张贴温馨提示、拉好警戒线，给隔离人员带去口罩以及水果、蔬菜等生活用品，并告知隔离人员如有发热等不适症状，立即告知社区。

娄德胜每天带领社区人员、在职党员不间断巡查，做好人员劝退、劝阻工作。他同在职党员群众挨家挨户上门排查登记，并嘱咐居民对周围出现咳嗽、发烧等疫情疑似症状的人员，要提高防护警惕，必要时向社区反映；并发动全体支部党员、村监会、老人协会成员投身抗疫一线，24 小时不间断守卡，确保本村村民和返椒人员安全，做到了哪里有需要，哪里就有他的身影。

尽管连日的奋战让他双眼通红，可是疫情就是命令，防控就是责任。他并没有休息，而是依然选择坚守，为消除群众恐惧心理，提高自我防控能力。村委会的其他同志关心他，要他多休息，他却挥挥手说道"我是支部书记，大家看到我出现会更安心，不能躲在后方，我要站在村民前面，让大家有安全感，不能愧对这一声声娄书记。"

谈及 2010 年省重点工程 228 国道、枫南东路时，娄德胜不禁有些激动。"公路经过我村，当时需拆迁大量民房，村两委积极争取建房用地指标，解决整村拆迁，在全村广大干部群众的齐心努力下，从丈量评估、配套设施建设、到个人立地房安置建设，仅仅用了 4 年的时间，完成 734 间立地房建设，把一个脏乱差的村庄建成了整齐漂亮的新小区，解决了村民 15 年没有建新房的困难；同时积极争取立改套项目安排 400 多户 530 间套房，让村民免费入住。"

2012 年，他向区里争取社保政策，出资 4000 多万元让全村 16 周岁以上村民全部进入社保，2018 年，他们意识到富裕起来的村民希望有一处文化娱乐阵地，于是筹集 300 多万元资金，开始建设村文化礼堂，通过 8 个多月的时间努力，兴建一座 2000 多平方米、集学习、娱乐、健身于一体的多功能文化礼堂，丰富了村民的精神文化生活；2020 年积极向上级争取资金，计划投入 600 多万元建设东辉老人活动中心工程；同时积极争取商业用地指标，建设村综合楼及商铺，增加集体经济收入。

娄德胜说："作为东辉村党支部书记，面对突然暴发的疫情，守护一村平安和乡亲们的健康，是我当前义不容辞的使命。"

102. "希望在云端"

> "在新兴村，村民们都不打棋牌、不搓麻将，连年逾古稀、本该颐养天年的老人也劳作不息，勤劳吃苦这一品质深深根植在新兴村村民的血脉里。"
>
> ——郑希云

他是临海市沿江镇新兴村的党总支书记。2018 年，上金村和下洋水村合并成新兴村，郑希云全票当选村党总支书记。他抓基层党建工作，以党建促发展，创新"党建＋"新模式，激活服务末梢，以"红色微网格"连起了村党委与村民的心。

郑希云

"我们所有党员，都是'四个平台'网格员。"郑希云介绍说村里打破了原先按片区划分党员联系户的传统模式，按照"就亲、就近、就便"原则，由党员自主认领联系户、构筑"红色微网格"，让党员真正进得了门、说得上话、办得了事，让"党建＋"治理模式发挥实效。同时，村里还成立了"红色代办"志愿服务队，以村党群服务中心为红色驿站，为群众提供"点单式"服务，助力"最多跑一次"和"四个平台"向基层一线延伸。这让郑希云引以为傲：

"以前村民们在路上是避开我，现在走在路上，村民老远就要招呼一声，主动热情问我最近要做什么。"

现在走进新兴村，映入眼帘的是道路旁整齐气派的乡村洋楼，曲径通幽的花园景观，绵延的乡村道路宛如青山绿水间一条舞动的绸带。村里脏乱差现象已一去不复返了，取而代之的是干净整洁、文明新风。而决定这一转变的最根本原因就是："基层党组织的战斗堡垒作用发挥了，带领村民们致富了。"心中有信仰，把理想与希望刻在云端的郑希云，凭借近 20 年基层村干部经验所总结出来的。他是这么想的，更是这么做的。

他让村民变"股民"，征地补偿款入股企业。2005 年，郑希云当选上金村党支部书记，面对土地征地历史遗留问题，郑希云带领村两委与企业沟通协商，最终找到解决方案：原定每亩 2.4 万元的土地赔偿金，交给村民 1.4 万元，剩余 1 万元投入企业，村民每年拿分红。"不用种地也有收入，村民们自然乐意。"这一困扰原上金村多年的难题，终于迎刃而解。

他把村集体的合作变一次性买卖为长期合作关系。仅仅靠卖地来实现村子振兴，显然是不够的。

"2009 年，原上金村将 22 亩建设用地租给有投资意向的企业，合约期为 20 年。期满后，不选择继续租赁的企业，所有地面建筑连同土地将归还村集体。"按照目前厂房收入来计算，这 22 亩土地每年将为村集体带来至少 500 万元的收入。此后，他又选了一些地段不好、无人认领的老屋基，于 2012 年投资 110 万元在上面建起了标准厂房。

优越的区位条件引来了双马塑业、华盛塑胶、永峰塑业等 5 家企业相继入驻。每年为村集体带来 50 多万元的收入，更为近百位村民创造了就近就业的机会，新兴村自此走上了一条加速发展的康庄大道。

他把"云端"的希望一个个插进脚下的土地，乡村越来越美也越来越富有，形成了发展的良性循环。短短几年，村集体经济破了"零"，壮了"筋"，村民"钱袋子"也鼓起来了。如何整治好村庄环境，成了迫在眉睫的事。2016 年，通过竞标盖新房的方式为村集体带来 800 万元的收入，村里就盖起了一幢集便民服务中心、党建展厅、文化礼堂、放心厨房为一体的多功能办公大楼。办公大楼前占地面积 6000 余平方米的文化广场也是个好去处。

广场上，凉亭、清廉长廊、篮球场、健身器材区、沿河健步道应有尽有，还配设了乒乓桌、篮球架等文体设施。午间饭后，村民们都爱来广场边的长廊上小憩，放任自家小孩在草坪上无忧无虑地打滚。村委会大楼上悬挂着一面巨大的电子屏幕，除去日常的政务宣传，这块造价不菲的"巨幕"还可用来放映电影、戏曲。每到夏夜，村里的老人都爱在此聚集乘凉，听听戏曲，话话家常。

郑希云书记很肯定地说，在新兴村，村民们都不打棋牌、不搓麻将，连年逾古稀、本该颐养天年的老人也劳作不息，勤劳吃苦这一品质深深根植在新兴村村民的血脉里，因为他们都相信郑书记"写在云端的希望"，坚信村"两委"班子有"脑子"，他们有双手，新兴人的小日子一定会越过越滋润。

103. 为村里的好日子而奔波

> "老吾老以及人之老。"
>
> ——陶永进

一说"行者"，我们便会想到孙悟空，想到武松。其实，行者是一个佛教用语，指那些行脚乞食的苦修僧人，也指方丈的侍者。严格意义上讲，孙悟空和武松都不是僧人，但他们的身上有着行者的气度。而椒江区下陈街道南野份村村民陶永进，也是如此。

2016 年的 8 月 8 日是个好日子，南野份村的"立改套"工作正式启动，全村统一丈量评估。

在 2016 年之前，担任副村委主任的陶永进在村里做得最多的工作就是维

稳。作为下陈街道最大的村，南野份有常住人口
2100多人，外来人口最多时超过5000人。20多年
前，下陈街道包括南野份村在内的四个村子的土地
已经被预征，20年后，南野份村依旧是老旧的房
屋，再加上复杂的人员，安全隐患极大，陶永进心
里比谁都想立改套。

陶永进寻访村民

可土地的使用迟迟没有被提上日程，村庄拆迁
改造陷入尴尬局面，陶永进感到对不起南野份村的
村民，但是也无可奈何。特别是邻近村子同样进行
立改套，2004年卖田2010年就能搬进立地房时，
陶永进不知该如何向老百姓解释，他的心理承受着巨大的压力，常常望着南
野份村破败的景象发呆。

南野份城中村开发拆除房屋的序幕终于被缓缓拉开，陶永进喜上眉梢。
他每日行走在南野份村，坚定地推进着立改套工作。他一遍遍地向村民解
释拆迁政策发生变化，落实到每个村都有差异，大家要理解，要更新观念，
城中村的改造就是为了腾出城市空间，如果道路建设好了，城市的血脉就
打通了；倘若合理利用土地，就能增加集聚能力。到月底，土地丈量顺利
结束。

说时容易，做时难呐。历时两年，在2018年7月底，南野份村顺利完成
立改套工程所需的地质勘探、小区规划设计、土地出让挂牌等一系列手续，
启动了90间立地房工程的建设，立改套棚户区改造工程终于可以进入项目施
工建设阶段。陶永进长长地舒了一口气。

与此同时，2018年6月南野份村的新村部、文化礼堂和居家照料中心正
式落成。陶永进更忙了。他不是在文化礼堂，就是在去文化礼堂的路上。

这年8月，区税务局到南野份进行税（费）普法教育基地授牌仪式；9
月，台州学院暑期实践队到南野份开设"春泥"班；紧接着，区社会组织综
合党委、椒江义家和96345爱心团队共同携手到南野份村举办公益活动，这
些活动都选在新落成的文化礼堂进行，活动的现场都能找到陶永进忙碌的

身影。

如果说南野份村文化礼堂的乡村舞台传颂着今古佳话，那么南野份村的居家养老服务中心更传承着世代文明。这里岂能少了陶永进？

南野份村居家养老服务中心是示范型社区居家养老服务照料中心，占地有 1000 多平方米，可以为村里 60 岁以上的老人提供免费住宿，目前居住在服务中心的 60 岁以上的老人有近 200 人。

照料中心不仅为村里老人提供免费住宿，而且为老人准备可口饭菜，76 岁以上的老人每顿只花 1 元钱。这两天，陶永进正张罗着为陶仙凤老人过百岁生日的事。临近 11 点，一股香味从餐厅飘来，陶永进满面笑容，扯开嗓子，朝老人们喊"爷爷，奶奶开饭啦！有清炖跳跳鱼、豆面碎、麦虾……"

老人们吃得香甜，陶永进见着心里高兴。临走，他不忘提醒大家："礼拜一，驻村医生来免费体检，测血压、量血糖。爷爷奶奶记牢哦！"

"老吾老以及人之老"，陶永进，正用他的行动在南野份村实践着一个基层村干部的行者之路。

104. 花甲六十始出征

> "当村干部，一是要为村里办实事办好事，二是老百姓遇到困难，要挺身而出给他们解决好。"
>
> ——郑士谦

两宋理学奠基人之一邵雍，在诗《六十岁吟》开句写道："六十残躯鬓已斑"，而今六十岁开始可以领取退休金，"人生六十便宜闲。"可对三门县珠岙镇高枧村党委书记郑士谦来说，却是"花甲六十始出征。"

2019 年 10 月 21 日，60 岁的郑士谦经村两委、党员干部等推选，正式担任三门县珠岙镇高枧村党委书记和村务工作领导小组组长。高枧村作为珠岙

郑士谦（右一）和村民交流

镇辖区一个大村，2018 年以来，因村里情况复杂、党建薄弱，连续两年被列为后进党组织。为了推动后进村整转，高枧村村两委、党员干部等一致推选了威望高、责任感强的郑士谦担任新的村党委书记。

谈及郑士谦，村里的老人们都亲切地称呼其为"老郑"，不仅是因为他们年纪相仿，还有一个原因老郑总是深入群众，以朋友的姿态与大家沟通交流，为老百姓解决了不少困扰。

经商多年的郑士谦家底殷实、生活安逸，他一直认为企业家不能一味追逐利润，要承担起更多的社会责任。于是，他总是自掏腰包为村民们修建凉亭、还隔三差五捐赠做公益……

对于花甲之年的郑士谦来说，这份期望显得过于沉重。他说家中妻儿一直担心他太过劳累，会为此拖垮身子，还和自己闹过不少脾气。一边是关心则乱的家人，另一边是家乡发展的责任，"我还是多为村里捐点钱吧。"郑士谦说，自己曾回绝过前来登门拜访的镇村干部、同村村民。

"捐赠钱款是一时的，但是把'烂摊子'收拾好却是无价的。"珠岙镇党委书记梅方展的一句话敲开了郑士谦的心门，他终于下定决心要挑起担子，为高枧村多办些实事，他向妻儿保证会爱惜好自己的身体。

上任后，郑士谦就在全村党员干部会议上放出了"狠话"："要么好好干，要么趁早走人！"放狠话容易，但是想要服众就得以身作则。

高枧村的粮食基金会有 20 余年的历史，自成立以来，每年都会给村民发放补贴，由于一些原因，近年来，基金会接近瘫痪。早就对该情况有所了解的郑士谦，在上任后干的第一件事，就是通过法律途径解决此事，为村民追讨回了"粮食钱"。搁置几年的问题被轻松解决，无疑给村两委和老百姓吃了一颗定心丸。

有了老百姓的支持与信任，郑士谦立即跟村干部大刀阔斧，一同解决村内历史遗留问题，积极规划高枧村未来发展，为村子带来了新气象，也为老百姓画出了高枧村的新蓝图。

"新班子上任后，他们没日没夜地工作，我们老百姓都看在眼里记在心里。我相信只要这样下来，我们就能把后进村的帽子摘掉，走在全县最前面，我对高枧新干部班子很有信心。"该村村民郑有严就这样对我们说。

当聊到接下去高枧村领导班子要做什么时，郑士谦显得格外精神："下一步我们打算建造可供老百姓休闲的地方。在高枧村桥头建一个约3600平方米的大型广场，让高枧村和开发区的老百姓都能来这里散步、聊天。广场后面打算建一个2160平方米的综合市场，总投资500万元左右。这样这个区块就是我们高枧村中心地方，附近临海、天台那边的村民也会到这边来休闲娱乐。"

郑士谦介绍，等这个区块建成以后，可以方便老百姓衣食住行。同时由于高枧村宅基地比较少、人口多，区块后面那块区域准备建一片套房，套房建两层楼约70多套。除此之外，还准备将六七年没有修缮完成的高枧桥修起来，让老百姓的通行更方便一点。

在生动而坚定的描述中，我仿佛已经看到了华发早生的郑士谦郑书记正带领着他的村领导班子，继续找差距、凝心聚力补短板，细化实化问题整改清单，巩固主题教育成果，努力把高枧村从"后进村"转变为"先进村"，重新焕发着富裕村、省级文明村等荣誉与光芒。

105. 合作社里的西兰花

> "一生只做一件事，这件事我做好了！"
>
> ——何永杰

"一生只做一件事，这件事我做好了！"在三门县技师学院一间临时采访室里，健跳镇南塘村党总支书记何永杰这样对"台州36村108人共富故事"采访组说。

何永杰身材不高，说话声音也不大，但言谈举止给人一种沉稳感，是一个有头脑、敢做事的农村基层干部形象。

何永杰说的"一生"，其实指的是他担任书记的18年。18年时间不算长，但也不算短了，整整6570多个日日夜夜。何永杰担任村党支部书记时27岁，一晃已经45岁了。

这18年，真是何永杰来干事的18年。

被村民"围攻"的村支书

现在的南塘村，由鸟屿村和乾岙村合并而成。

鸟屿村地偏人穷，村民们大多外出打工，村里抛荒现象严重，举目而望，皆是荒芜的土地。一穷二白，附近的姑娘都不敢嫁到鸟屿来。

2002年，何永杰当选为鸟屿村的党支部书记。他铆足了劲，吃够了苦，但村里的发展变化并不大。看起来，传统的艰苦创业模式收效甚微。

2006年，何永杰连任村

何永杰（右二）在南塘村党群服务中心门前

支书后，开始把目光投向那些被抛荒的土地。从小在农村长大的何永杰，对土地有着深切地感情，他觉得无论在什么年代，土地都是第一资源，能把土地利用好，肯定能做好很多事情。

"我想好了，下决心要把全村农户零散的土地收回来，全部收归村集体。由村里统一管理，集中使用。"何永杰对采访组说，"当时大家都还不太知道土地流转这一说法，所以我们鸟屿村在台州市应该是走在了最前面，是第一个。"

第一个吃螃蟹的人是英雄，英雄可不是那么好当的。

因为没有可以借鉴的先例，国家又没有明确的政策。村民们担心把土地"交"出去，到时候拿不到钱，又失去了地。村民的思想工作今天做通，明天就又反悔了，做通了张家，李家又反悔了，到后来，竟然遭到大多数人的反对。最后发展到村民们集体包围何永杰的家，要把他们全家从鸟屿村里赶出去。为了避免激化矛盾，何永杰就让妻子儿子暂时搬到外村亲戚家里去住，何永杰一个人留在家里继续做村民的思想工作。

"整整一年多时间，一直到 2008 年，村民们的思想工作才全部做通。"何永杰向采访组介绍着当年那场艰苦卓绝的"战斗"，一个坚忍不拔的战士最终取得了胜利。

第二年，村民们分到了土地出让的第一笔红利。

村民们对何永杰的态度开始转变。

第三年，第四年，土地分红的额度逐年上升，村民们尝到了甜头，对何永杰的看法彻底改变了，2013 年村级班子换届改选，何永杰满票当选，连任村支书。

荒村开遍西兰花

土地集中后，村里经过平整，总共有 2000 多亩，带动周边村共 6000 多亩土地，开始大规模种植西兰花。

不久，村里组建成立南塘村股份合作总社，下面有三门绿然水稻专业合作社、贤科机械合作社、乾峇股份农场等合作社，几家合作社以种植西兰花为主业，每年西兰花贮藏量多达 4 千余吨。

每年 9 月，合作社就组织发动全村种西兰花，那真是男女老少齐上阵，场面恢宏，气氛热烈。西兰花长得快，长得漂亮，到 11 月份，南塘村村里村外，几千亩西兰花成熟了，丰收的喜悦伴随着西兰花的清香洋溢着整个南塘村。前来收购的货车一辆接着一辆开进南塘村，装满新鲜的西兰花后，又一辆辆接着一辆离开，销往全国各地，那种车水马龙的热闹景象真让人激动。

"种植业带动了其他产业，如贮藏业、加工业、物流业，甚至带动了餐饮旅游业，形成了产业链……"何永杰介绍道。

"村民们的生活水平大幅度提高了，不但拿到了土地流转的分红，分红的额度每年都有提高。而且还能到合作社务工，不出村子就能挣到钱。"何永杰的语气中充满了自豪。

何永杰给采访组算了一笔账，说："村民们到合作社干活，女的130元一天，男的180元一天，算下来年收入少的2万元左右，高的能有3万多元。"

何永杰接着说："村民们在合作社干活就像城里人在工厂上下班一样，每天8小时。"

当村民们口袋里揣着工资，带着西兰花的清香离开合作社的时候，他们心里肯定会想着这样一个问题：当年何永杰心心念念搞土地集中，真是做对了！

我有两个愿望

当采访组问何永杰接下来有什么打算时，他想了想，说："现在，南塘村的土地集中了，西兰花产业稳定了，接下来我想做两件事……"

第一件事比较简单，何永杰想争取把台州电大下派的王以荣老师留下来。南塘村是台州电大的结对帮扶村，这几年电大对南塘村的支持帮助一直都很大，做了许多实事。王老师来到南塘村后，帮村里建起了葡萄园，为全村安装了30多个摄像头，为平安鸟屿建设作出了贡献。现在他的下派时期快到了，何永杰想把他继续留下来。

第二件事因为涉及国家政策，实施起来可能有难度。南塘村的土地已经集中起来，何永杰现在想把村民的宅基地也收回村里，集中起来，把一些老房子拆了，然后统一进行村庄改造规划，让村民们住上新房子好房子，让老百姓真正安居乐业。

何永杰说："现在我已经向镇里做了汇报，只要镇里能给我5~6亩地，我就能动起来……"

106. "空心村"的美丽蜕变

"最重要的是我们始终坚持全心全意为人民服务的工作宗旨，这样才能带领全村人民共同富裕。"

——吴法林

上栈头村东濒大海，南与洋屿、大鹿岛等岛屿隔海相望，是个历史悠久的渔村，共有 353 户 1023 人，党员 36 人，由于地处山区，基础设施不齐全，村集体经济一直较为薄弱。由于交通基础设施落后，产业资源开发利用率低，青壮年流失，一度沦为"空心村"。

"当时村里都是又脏又窄的黄泥路，交通不便利，村民出行都麻烦，更别提开门迎客了，现在一切都变化了……"吴法林深深扎根这片厚土，一步一个脚印，见证家乡变迁。无人问津的偏远小村落现在成了网红游玩地，村

吴法林接受采访中

子美了，游客多了，村民富了，他的美丽村庄版图也从幻想成为了现实。

要想富，先修路。村庄要发展，必须要破除交通这个瓶颈。吴法林下定决心"必须把路修进村子"，但是没有想到的是，在这件促进村庄发展的大好事面前，

一些村民成了"拦路虎"。修路过程中需要一些村民从家里庭院里腾出地来，村民舍不得，便唱起了反调。"修路的时候，天天闹矛盾，没办法，我就自己在现场守着。"慢慢地，干活的人多了，吵架的人少了。

只要施工，他就守在现场，有时候到晚上八九点钟，才想起来自己还没

吃饭。20 多天的时间，村里的道路终于修好了，上栈台村致富的第一步，迈出去了。

"现在是修路，以后有更多项目要做，村民一开始不支持，不理解，工作很难进行。"为了做通村民的思想工作，一次次东奔西走磨破嘴皮，给村民讲规划，讲发展，终于获得了原先不理解、给"闭门羹"的村民的支持。

以路为媒，他们发展更有了"底气"。生态文化节、采摘游、摄影采风活动等相继成为公路两侧亮丽的风景点。车辆缓缓行驶，一路可以看到异域风情的进村小道、还有讲述着果树从种植到丰收的故事。吴法林介绍说，村里还打算建一座产业发展中心，包括博览园，以旅游产业为特色支撑，实现产业、文化、旅游功能的全面发展。

2017 年以来，吴法林坚持党建引领乡村产业振兴，以问题为导向，针对村集体经济薄弱的短板，带领村两套班子研究考察发展项目，投资 600 万元建设滨海玻璃吊桥项目。创新融资模式，通过村集体控股 51%、村民占股 49%方式建立股份联结机制，使资源变资产、村民变"股东"，实现利益共享，风险共担。运营一年来，玻璃吊桥项目收益超过 1000 万元，既壮大了村集体经济，又鼓了老百姓的钱袋子，成功走出了一条以旅游产业带动乡村产业振兴之路。

"人心齐了，后面的步子才能走得稳健。"为了盘活土地资源，为村庄规划腾出空间，2018 年，吴法林带领村庄以打造"乡村版迪士尼乐园"为目标，投资 800 万元，建成 160 米长的"时光隧道"项目，再次成为网红景点，吸引广大游客。人民网、浙江日报、浙江在线、腾讯网、台州日报、台州网等媒体对上栈头美丽乡村建设，四好农村路建设，乡村旅游业态开发，和合好班子建设进行了多方面的宣传报道。

每次节假日期间，村里 4 个停车场 700 多个车位都停满了车，偏僻的渔村出现了车水马龙、游人如织的盛况。"从来没见过这么多外人来村子里！"当时不少村民发出了这样的感叹。

在他的带领下，上栈头村经营性收入由 2016 年的 2.431 万元，增长到 2019 年的 137.7 万元，足足增长了 55 倍之多，彻底摘掉了贫穷的"帽子"，并先后多次被评为"省、市、县文明村"。

人们看到真抓实干做实事，造路拓宽、整治环境、修建庭院、种植绿化、争取项目、完善配套，将上栈头村建设成为村容村貌整洁、生活配套齐全、交通便利、治安稳定、环境优美的和谐乡村，问起吴法林。他说，最重要的是我们始终坚持全心全意为人民服务的工作宗旨，这样才能带领全村人民共同富裕。

107. 始丰源溪畔的期盼

> "吃亏在眼前，发展在后头！"
>
> ——蒋青海

蒋青海在村里

首次见到蒋青海还是在一次全市村书记培训会上，带着天台口音的普通话，非常健谈，热忱地邀请所有村书记一定去他的村子看看。不久，听闻他受邀台州市委领导作发言，又看到他被授予"浙江省优秀党务工作者"称号！让人一下记住了这位天台县龙溪乡始丰源村党总支书记兼村委会主任蒋青海。

蒋青海，1976 年出生于龙溪乡大样村一个朴素的农村家庭，幼年学习刻苦成绩优异，无奈家境贫寒中途辍学。随后，白手起家艰苦创业。

那些年，每次春节回家，看到家乡老旧危房成群，蒋青海心中有说不出的苦涩。"看得揪心。"从小在这里长大，蒋青海心底始终藏着一份纯朴的"家园情结"。看到周边的后岸等村已经建设得有模有样，而自己村子的发展依然停滞不前，带着"让村民过上幸福生活"初心的蒋青海，毅然投身乡村建设。

蒋青海现在任职的始丰源村，由他原来任职的大样村和邻近的岭下村合并而成。两村位于天台县母亲河始丰溪的源头，因此得名。也因为村界的问题，两村有着不可调和的矛盾。"并村先并心。"两村合并后，他也扛起了原岭下村停了 5 年多的农房改造任务。

合并之初，为了解开村民们心里的疙瘩，蒋青海带着村党员干部挨家走访，与村民谈心、做思想工作。早在合并前，原大样村农房改造就已基本完成，但原岭下村农房改造项目却迟迟没有推进，为此，蒋青海将农房改造作为抓手，让村民的生活发生切实改变，从而对村子的未来充满更多期待。

在蒋青海等村干部们的推动下，始丰源村拆除了老旧农房 4000 余平方米，有 60 多户签订了农房改造协议。随着农房改造快速推进，道路施工基本完成，人居环境大大提升……初尝两村合并甜头的村民们心齐了，心气也更高了。

"当时天台有 40 多个村申报农房改造，我们村是原拆原建最成功的，被评为台州市农房改造示范村。"蒋青海非常自豪地谈到，村民从不理解到理解，从不支持到支持，看似挺轻巧，但蒋青海深知其中的苦辣酸甜。到各地讲课时回忆起这些故事，他常常潸然泪下。"我没想到，有生之年能够住进新房。"一位年迈村民的朴实话语，一下子触动了蒋青海的心，也坚定了他继续朝着乡村致富之路迈进的决心。

当然，村里实实在在的变化，既缘于片区化发展的创新思路，更缘于村干部的担当作为。过去每个村单打独斗，很难形成大的突破。现在县里打通乡镇行政地理边界，以地域相连、产业相通为依托推行片区化发展，真正实现了优势互补。自 2014 年当选以来，蒋青海已经连续两届任职于村支部书记，为了做好村里的工作，他果断放弃自己经营多年的建筑租赁公司，全身心地投入美丽乡村建设，无论是农房改造还是美丽乡村建设，只要村里资金紧张，他都会主动"吃亏"垫资帮村里渡过难关。

2016 年该村 500 余平方米的文化礼堂正式开工建设，但面临的首要难题就是 200 余万元的项目资金短缺，为了补齐资金漏洞，蒋青海带头表率以个人名义去银行贷款 50 余万元，为该项目垫资。据了解，自蒋青海担任村支书以来，已为村里项目陆陆续续垫资 150 余万元。这股实干的劲让村里人真正拧成一股绳。

如今，他的身影总是出现在村民家中，为他们排忧解难，化解纠纷。他为村民做了很多实事，举不胜数，可他认为还不够，常说："我能力有限，不能把所有事都做得周全，我相信群众的智慧是无穷的。"为了让群众更好地监督自己、鞭策自己，他在村里显著位置设立书记意见箱。让村民说出意见，说出困难，说出建议，并定期开箱，将村民提出的意见尽力解决。

据了解，为积极响应该乡党委"狠抓产业项目、大抓实体经济"的号召，蒋青海将"吃亏在眼前，发展在后头"作为村庄发展的大思路，主动对接华顶国际旅行社，在短短的 1 周时间内流转土地 40 余亩、农房 30 余间，并以低于市场 50% 的价格将土地与农房出租给旅行社。在蒋青海的"亏本买卖"感染下，该旅行社决定投资 500 余万元在始丰源村打造全国中小学研学基地、房车基地，以"共享农文旅"模式与"私人定制"模式做大美丽乡村经济，实现乡村共同富裕。

人心齐，泰山移。村干部工作做得实，村民心里自然有数。"现在，游客进村没听过有村民讲村里不好，我心里很充实。"看到昔日两个"矛盾村"如今的模样，蒋青海十分感慨，"我们赶上了好时代，对我来说，有机会为乡亲们做点实事，比自己做企业更有价值。"

108. 民宿名宿"我在天台山等你"

> "我在天台山等你!"
>
> ——陈孝形

清晨的塔后村除了几声鸟鸣外，显得特别寂静，因为夜里下过雨，山谷中的岚风带着一丝丝凉意。岚风驱赶着白色的雾气，将山峰映衬得时隐时现，塔后村显得更加神秘起来。塔后村离天台国清寺不远，在这个与赤城山顶高矗的梁妃塔遥相呼应的塔后村里，天天都有许多陌生人成群结队地拿起手机对着梁妃塔拍照，村党总支书记陈孝形眼里露出一丝笑意来。

随后，这些陌生人又纷纷背起背包驾车离去。他们是塔后村的住客，住在塔后村民宿里。他们中有好多是塔后村的常客，也有许多人是第一次来这里。

说起塔后村的民宿，陈孝形那本已有笑容的脸，突然像乐开了花似的，随口讲起关于村里民宿的故事……

二十年前的塔后村只是一个穷山村，房屋破旧，连条正经的路都没有。村民想要出去，需要花费大半天时间翻越几座山出村。在当时，外村人曾说"嫁女不嫁塔后吞"。面对这样的落后的村庄，村里很多人不是外出打工就是做生意。

2014年，天台县农房改造工作在该村展开。既然农房都要改造了，为何不趁机

陈孝形荣获"浙江省优秀党务工作者"荣誉

做民宿？塔后村出炉了一条新规定：村子里办民宿的，只要对外开张，奖励3万元。尽管开出"重赏"，但"吃螃蟹"的人并不多。陈孝形家地势高、视野好，可远眺梁妃古塔、俯瞰村庄。

"这里地势高、风景好，我不带头，别的位置更没人弄。"陈孝形成为村里第一批开民宿的人，也是天台县第一张民宿营业执照的拥有者。这一年陈孝形放下运输工作，将房子装修好，成了塔后村的第一家民宿。

"当年村子里第一批开了11家民宿。"陈孝形说，随之而来的就是客源问题。为此，街道干部积极对接资源，村两委干部跑到桐柏宫、国清寺等旅游景点做宣传……慢慢地，客人接踵而至，塔后村的民宿火了。陈孝形家的8间房间，天天爆满，最多的一年赚了20多万元。陈孝形的成功带动了村里的其他人，现在村里年度接待游客约25万人次，全村直接营业收入2300万元，村集体经济收入136万元，民宿户均纯收入约20余万元，村民人均收入超过3万元。

对于这样的成绩，陈孝形并不满足，他有他的计划，而且他把塔后村分为三个发展阶段：一是基础设施完善和业态布局阶段；二是乡村文化再造和内容植入阶段；三是新时代乡村社区的营造。他还将村里产业发展分三大板块：

一是鼓励发展精品主题民宿和餐饮，成立村旅游公司，开发村网上共享平台，实现游客快速找房、民宿抱团推广、村级有效管理，用互联网手段来管理和经营乡村。

二是以铁皮石斛产业开创者乡贤陈立钻种仙草为引入口，大力发展康养产业，现引进名中医馆、艾草体验中心。引导开发洛神花、莲花系列产品。在景观中植入开花中草药、天台道地中草药唐诗、养生诗词谚语等。

三是打造乡村音乐节，与当地音乐学校、浙江广电98音乐调频、台州学院合作分别举办了唐韵田野音乐会、乡村丰收音乐会、塔后云上音乐节、醉塔后啤酒音乐节。加上乡村美食节、立夏市集等年轻人喜欢的时尚潮流活动。让年轻人喜欢上乡村，来乡村旅游、回乡村生活、到乡村创业。

当然，在陈孝形心目中的塔后村是一个"夜不闭户""路不拾遗"；人与自然和谐、人与人和睦；弱有扶、病有医、学有教、老有养的村庄；让乡村有城市一样的资源和品质生活，有优秀的乡村文化来滋养身心；让乡村成为文化传承的沃土，成为年轻人喜欢的乐土。

陈孝形的目标正在一步一步地实现，让很多人都充满了期待，正如村里那家"我在天台山等你"的名宿一样，陈孝形正在塔后村等待大家看他心目中的塔后村的模样。

后　记

民族要复兴，乡村必振兴，城乡先共富。站在向第二个百年奋斗目标迈进的历史关口，在全面推进共同富裕示范区建设征程中，浙江示范，台州先行。从"千万工程"到"美丽乡村"，从"乡村振兴"到"共同富裕"，台州始终把眼光聚焦在农业农村领域，发展高效生态农业，创建新时代美丽乡村，推进党建引领"共富工坊"建设，推进"四治结合"治理方式，不断提升农业农村现代化水平，着力增强农民获得感、幸福感、安全感，切实夯实农业基本盘，牢牢守住"三农"战略后院，农村居民人均可支配收入越过 3.5 万元台阶，为高质量发展建设共同富裕示范区的先行先试奠定了坚实基础。

台州开放大学作为台州乡村振兴学院主校区紧紧围绕市委市政府中心工作，将"乡村振兴与共同富裕的台州实践"作为研究内容，以学校培养的 15000 多名农民大学生、村干部学员为基础，以"台州 36 村 108 人共富故事"为题，通过深入台州各地乡村一线采访，将各地乡村在推进共同富裕示范区建设中涌现出来的典型案例和先进个人，以故事加分析点评方式，提炼出 36 村和 108 位能人推动乡村共同富裕的特色要诀。

作为一个共同富裕课题，本书从规划、调研、创作、论证、编印等过程中，得到了省、市、县各级党委政府的关心支持，特别是台州市委组织部、台州市委宣传部领导的指导，同时也得到台州市政府决策咨询委、台州市农业农村局等相关部门及各位专家老师的帮助，在此一并表示感谢。

由于时间仓促，水平所限，编写中难免存在疏漏和不足，本书中相关数据资料均为编者采访时获得，书中人物图片均获得授权，如有疑问请联系本书编委会，恳请大家批评指正！

编者

2023 年 1 月